人间自有真情在

新中国电影教育开拓者田風传略

主编 李前宽

副主编 侯光明 张会军 郭宝昌 崔君衍

2014·北京

中国电影出版社

中国电影艺术家传记丛书

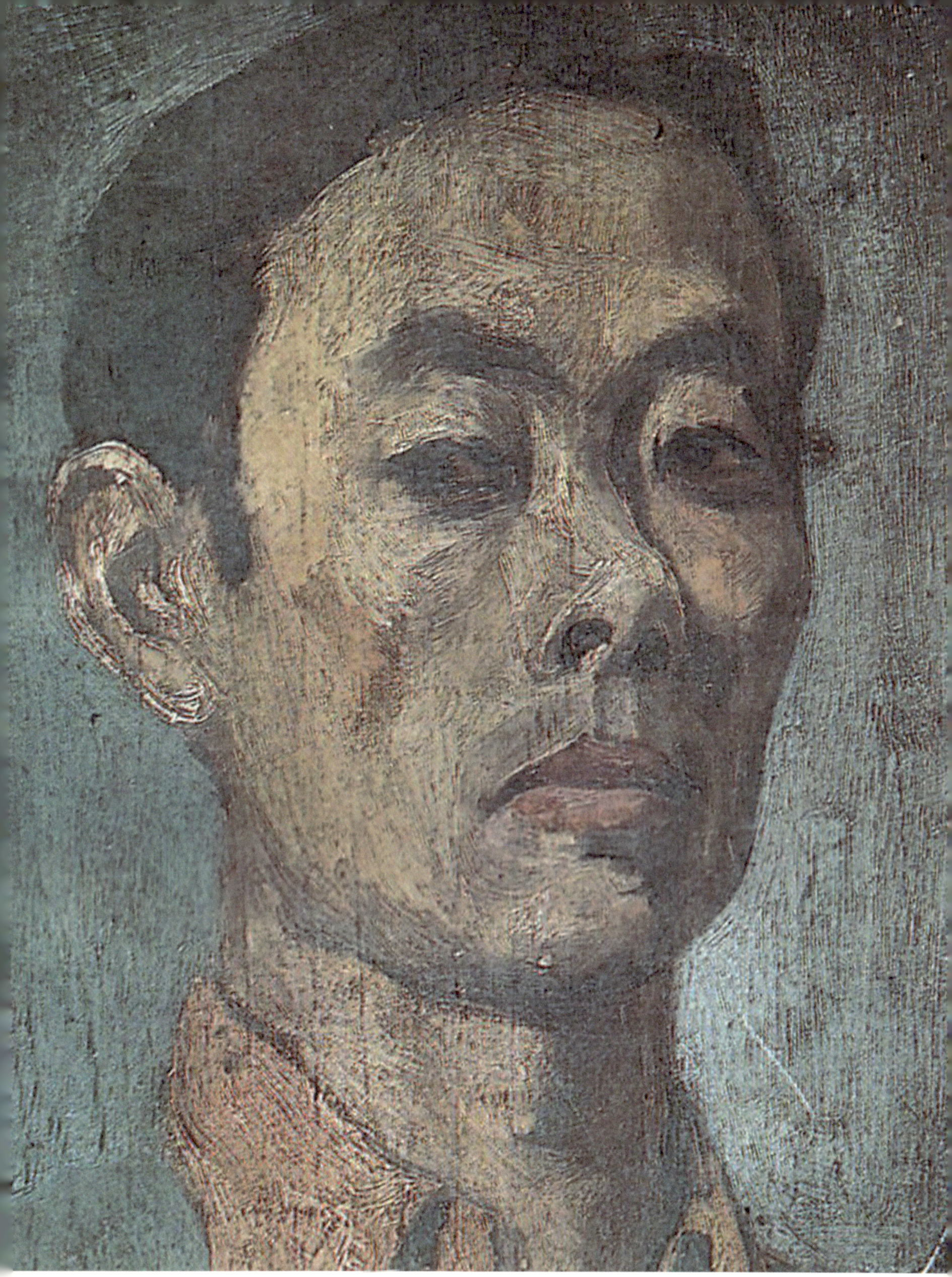

▶ 田风自画像（1935年作）

接近了更多的日本同学、一些学文艺的人们，如吴天、聶耳、王亚平、邢同华、杜宣、張水华、任白戈、黄新波、黄鼎、宫以民、林林、雷加、王式廓、魏孟克、張天虚、吴剑声等，並且参加了戲劇座談会、同后来的劇協，和文化座談会、美術協会等，这一些組织都是留学生組织起来的，東京当時文化的活动是非常的厲害，尤其是戲劇，我到日本后就開始演劇，后来考入東京美術学校，可以說我大部分的時間除了演劇就是画画了。我在文化座談会裡曾讀过哲学同經济学的講座，在那時我正式開始对社会科学的研究，对馬列主义有進一步的了解。

我那時是以偽滿的名义到日本去的，而我從沒参加过滿洲國的任何組织，当時連東北的学生我都有些盡可能的避免不同他们接觸，我深恐怕他们知道我是在作些什么。

"七七"事变的当時我正是回到家裡，被家裡制止了我的行动，在最后的允許只許我再回日本，当時自以為是一條出路，沒想到在日本的一些熟人都回國了，日本的海関又是那样的檢查加紧，同時对日本的情形又不了解，那時唯一的办法就是等待時机，加紧充实自己，后来就同一個同鄉（姜剑）組织、讀書会，加入的有十多個人，讀了一些國内出版的哲学、經济学，同時研究过日本永田廣志的一些著作，一直讀了七八個月的時間

▶《田风自传》手迹

田风（1912–1965年）

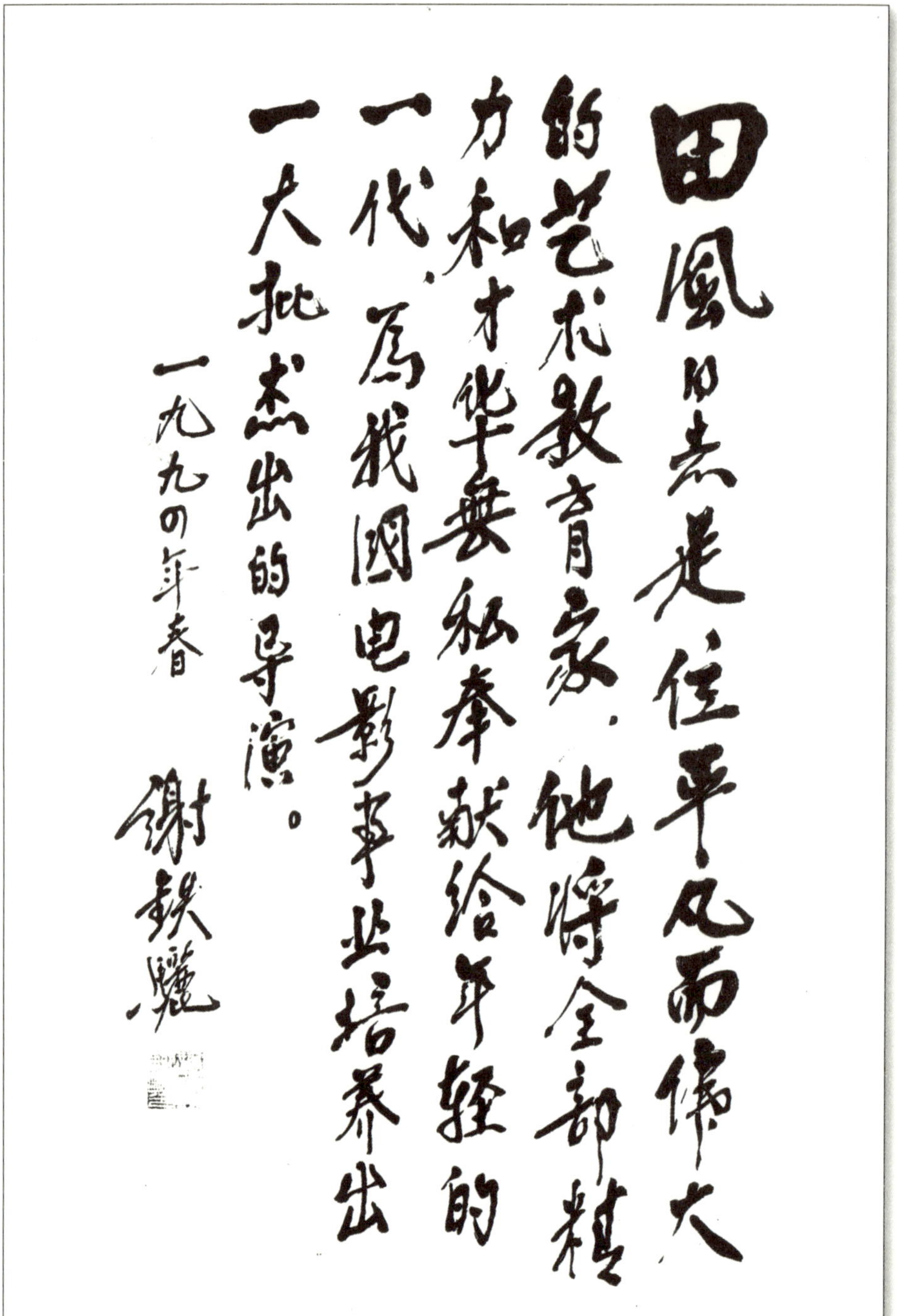
田風同志是位平凡而偉大的艺术教育家，他将全部精力和才华无私奉献给年轻的一代，为我国电影事业培养出一大批杰出的导演。

一九九〇年春

谢铁骊

▶ 谢铁骊题词

田風老师是新中國电影教育的开拓者，他把毕生心血和才华献给了革命文艺事业，献给了年青一代，他是平凡而伟大的艺术教育家、导演、和画家，他是天地间大写的人。

李前宽

二〇一〇年五月十八日

李前宽题词

1933年北平美术专科学校郊游留念（后排左三为田风，左七为王式廓）

青年田风在北平志成中学读书时的照片

1936年田风在日本东京国立美专留学时的照片

1960年田风和妻子于华于大连

1936年中华留日戏剧协会在日本东京剧场演出《洪水》后演职员合影（后排右一为田风）

《洪水》剧照

▶ 田风（左一）在“晋察冀《挺进报》百期周年纪念大会”上演出战地话剧

▶ 1946年田风在白山艺术学校任副校长

1947年旅大文工团成立时合影

1947年田风在旅大群众大会上讲话

▶ 1948年田风执导的秧歌剧《李贵香》剧照

▶ 田风为话剧《美国人民的呼声》所做的舞台美术设计

1949年田风执导的话剧《钢铁是怎样炼成的》剧照

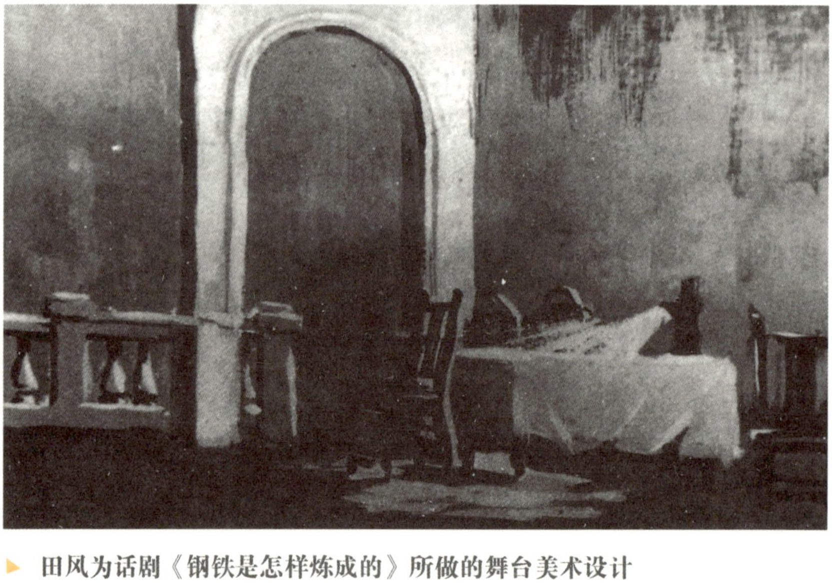

田风为话剧《钢铁是怎样炼成的》所做的舞台美术设计

60年代田风和北京电影学院主要领导在香山合影（右起：钟敬之、田风、成洁、郧力、吴印咸、章泯、于学伟）

1963年田风在“导五九班”默片《虾球》、《伤逝》组停机时与全体同学合影

1963年田风在北京房山县外景地指导学生拍摄毕业作品（前左一为李前宽，正中背身者为田风，前右一为卢萍，后右一为吕志昌）

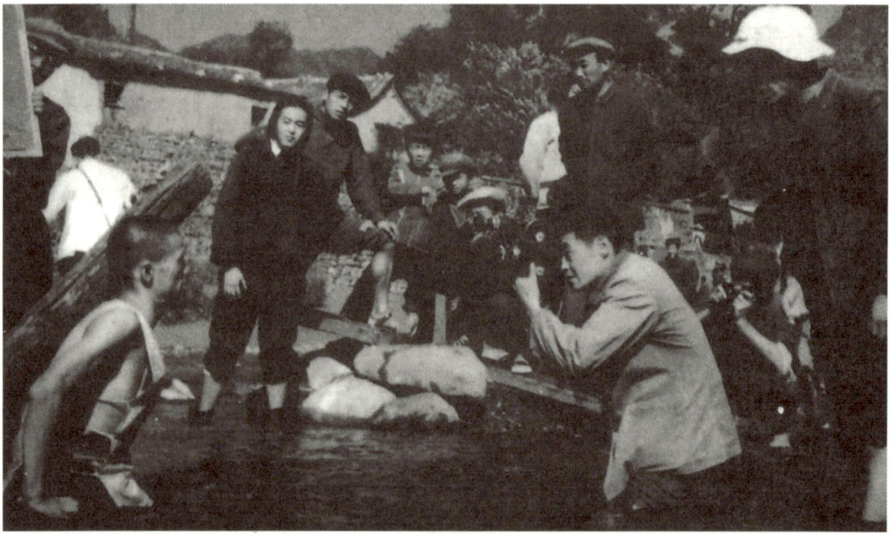

1963年田风指导拍摄现场（左一为马精武，左二为黄蜀芹，左三为刘好学，中立者为田风，右一为吴天忍，摄影师为甘泉）

1963年田风在北京房山县外景地指导李前宽拍摄《搭桥的人》

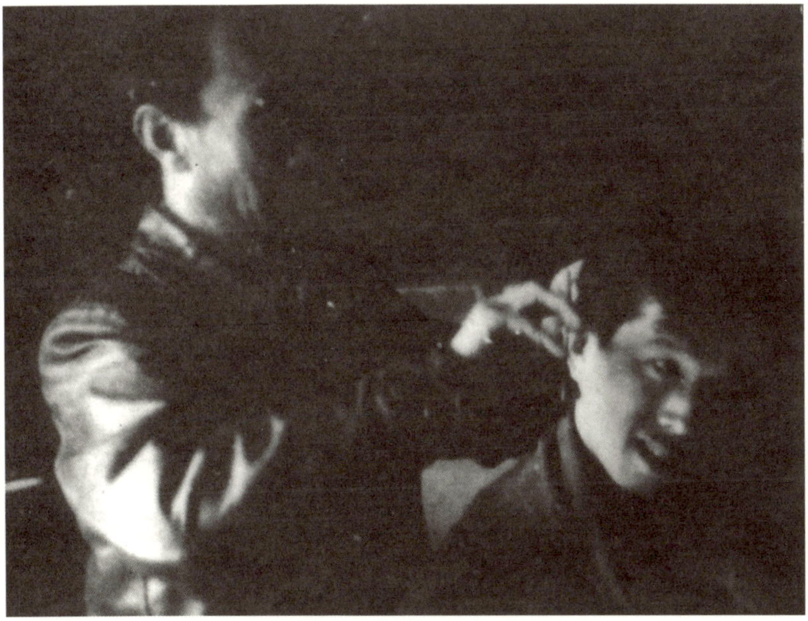

1963年田风在北京房山县外景地为学生李前宽理发

▶ 1994年10月30日，于华老师（前排左三）与大连市文化局主办的“忆田风”座谈会的主要与会者合影

▶ 1995年“忆田风——纪念田风教授逝世三十周年”座谈会在北京电影学院举办时于华老师（前排右三）与田风学生合影

▶ 2012年9月22日“人间自有真情在：新中国电影教育开拓者田风同志诞辰一百周年”纪念会在北京电影学院隆重举行（前排右起：饶曙光、侯光明、郭宝昌、于华、张丕民、鲁炜、李前宽、丁荫楠、杨永安、赵毓秀）

▶ 国家广电总局副局长张丕民致辞

▶ 北京市委常委宣传部部长、北京市副市长鲁炜致辞

▶ 北京电影学院党委书记侯光明致辞

▶ 北京电影学院院长张会军主持大会

▶ 田风家属（左：田冬冬；中：于华）向中国电影博物馆（右：杨永安）捐赠田风作品

▶ 田风的夫人于华发言

▶ 北京电影学院导演系五九班代表郭宝昌发言

▶ 中国电影家协会主席李前宽发言

▶ 大连市文广局副局长董福君发言

“田风同志育人思想与实践”研讨会2012年9月22日在北京电影学院导演系召开

北京电影学院文学系教授
黄式宪发言

北京电影学院导演系教授
司徒兆敦发言

肖桂云导演发言

北京电影学院摄影系教授
甘泉发言

2012年9月22日参加在北京电影学院举行的“人间自有真情在：新中国电影教育开拓者田风同志诞辰一百周年”主要领导、专家学者与田风家属合影

▶ 田风为王同禹、辛野结婚所作《静物》（油画，1954年）

▶ 田风画作《老虎滩》（油画，1956年）

▶ 田风画作《德胜门雪景》（油画，1957年）

田风画作《静物》
（油画，1960年）

田风画作《大连南山公园》
（油画，1960年）

田风在北京房山县指导学生拍摄毕业作品期间画作《初春》（水彩画，1963年）

▶ 田风留学日本时期的同学日本美术学会理事长北冈文雄送给于华老师的手绘新年贺卡（上为1993年贺卡，下为1995年贺卡）

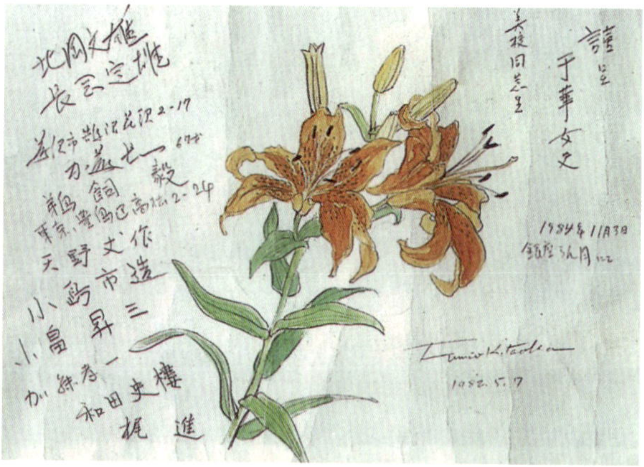

▶ 1984年11月王式廓夫人吴咸到日本与王式廓、田风在东京国立美术专科学校的同学聚会，与会同学签字送给于华同志的纪念画

李前宽导演将在景德镇特制的长寿图瓷瓶作为八十大寿贺礼敬献师娘于华老师（2009年）

2003年在第四代导演研讨会上，颁发给于华老师最佳感情奖的、美术大师韩美林创作的《白天鹅》

▶ 中国电影博物馆新增设的新中国电影教育开拓者田风物品捐赠展的展柜部分

▶ 田风同志使用过的皮箱和砚台

▶ 田风同志常年戴着的国产手表

▶ 田风同志所绘扇面

于华老师和三个女儿及女婿、外孙、外孙女的全家福（2009年，北京）
（前排右起：大女儿田兰、于华、二女儿冬冬、小女儿冬梅）

目录

在白山：现代文艺的开拓者

在旅大文工团：新时代的启蒙者

在北京电影学院：俯首甘为孺子牛

人间自有真情在：忆念田风

序一

田风：甘做“垫脚石”

——《忆田风》序

■ 陈荒煤

阅读了这本怀念田风同志的文集，面对着田风那张聪颖清秀的照片，我不能不感慨万千！

我认识田风同志，但没有很多工作上的联系。直到这一次读罢了这许多真挚感人的回忆和怀念田风的文章，我才可以说是真正认识和了解田风。也因此，我觉得，应该支持这本文集的出版，并且相信，有必要让更多的同志认识和了解田风——不只是电影界与戏剧界的朋友们，包括整个文艺战线的朋友们。因为，当前的形势，文艺事业的发展和精神文明的建设，我们非常需要有田风这样的战友和老师，勤勤恳恳，任劳任怨，为了培养新的艺术人才，具有无私奉献精神的好干部。

现在，因为国家还不能完全满足农村教育的经费的需要，团中央某些单位号召社会和人民自愿资助，命名为“希望工程”，这个活动得到了广泛的支持。

我认为，对文化战线来讲，精神文明建设的最终目的，就是为了提高整个民族的思想道德、科学文化的素质，培养有理想、有道德、有文化、有纪律的社会主义新人。这其实也是文艺战线上一个伟大的希望工程!

我们常常说:寄希望于青年,未来的希望在于青年。这句话简单明了,很朴实,很容易懂,这是一条颠扑不破的真理。

任何一个民族和国家要真正得到解放和发展、繁荣富强,都有赖于青年一代的崛起:拥有自己民族的优秀的青年理论家、思想家、革命家、政治家、军事家、教育家、科学家、文学艺术家……去推动历史前进。谁也无法否认这个历史发展的客观规律。

"文革"期间的荒诞:认为知识分子都姓"资",知识越多越反动,无数优秀的专家被打成"反动权威"、"黑干将"、"黑帮分子",青年知识分子是必须改造的"知青",各个战线上培养出来的青年都是"黑苗子"……那么,我们这个民族和国家还有什么希望?!

这场噩梦消逝了,现在,以邓小平建设有中国特色的社会主义的理论为指导,党和国家都反复强调要坚持一个中心、两个基本点的基本路线,提出了尊重知识、尊重人才,教育第一,科技是第一生产力,要坚持两手抓,加强精神文明建设。我们今天只有真正不断努力去实现这些要求,然后,我们才可以说:

希望在于青年,青年是我们的未来。

但是,毋庸讳言,文化教育思想战线上一个伟大的"希望工程",还面临着严峻的考验。我们既要警惕"右",但主要是防止"左":长期以来,我们对学术研究、理论问题、艺术创作等等思想问题的争论,动辄以阶级斗争为纲、搞大批判,以群众运动方式去进行激烈的斗争……这些简单的错误的方法必须予以防止。另一方面,又要看到随着改革开放、际文化交流的扩大,有些人也不可避免会受到西方文化思想的影响。我们的文化工作既要弘扬自己民族文化优秀的传统,又要吸取世界上一切优秀的遗产和精华,但又要清除封建主义的残余和资产阶级腐朽文化的侵蚀,反对资产阶级自由化。

我们必须清醒地面对这样一个复杂的形势。所以,这个"希望工程"要顺利进行、不断加强,坚持正确的方向,就必须不断加强、改善文化教育的环境和条件，首先要建立起一支优秀的、无私的、坚强的教师队伍——“希望工程”的工程师，真正的灵魂工程师！田风原有自己的爱好、专长，从事美术工作，而后为了革命的需要，又不断担任行政领导工作，经过战争年代到建国之后，最终却走上电影教育战线，做了一位无名无利的教师。但是田风早就认定：

> 这是该着，命中注定的。这个命就是革命。为了有更多的人成为名画家、名导演，我甘愿做块垫脚石。

这种“垫脚石”的精神，不仅是革命教师的崇高品德，这也就是无数教师终身为培养新的人才，鞠躬尽瘁、死而后已的最坚硬、最扎实、最可贵的思想基础。田风的学生们写这些衷心怀念老师的文章就是最好的证明。没有这样的“垫脚石”，俯首甘为孺子牛的灵魂工程师，我们又怎么去建设社会主义精神文明的希望大厦？！

田风死于“文革”的前夕——还是“文革”的序幕刚刚拉开的时候，他不能承认是“反革命小集团”的总后台，岂只是为了保卫自己的人格、表现自己的愤怒，也是对极左思潮的一种抗议，更重要的还是要保护这些青年。可见，他的心始终是属于青年和未来的。

总之，田风不愧是我们党、国家和人民的一位优秀的教师，对戏剧、电影教育工作做出了重要的贡献；他那种热爱青年，循循善诱，精于业务，勇于探索和创新，坚持正确方向的精神，是我们每个人都应该学习和发扬的。

尤其是今天，一方面改革开放的形势大好，另一方面，在文化艺术战线上也存在许多严重的不良倾向，电影事业也受到严重的冲击，在建设有中国特色的社会主义精神文明的过程中，如何正确引导青年艺术家们坚持“二为”方向，坚决贯彻“双百方针”，在描写和培养社会主义新人方面做出更重要的贡献，这的确还是一个长期的极为艰辛的历程，复杂的工程，伟大的历史任务，我们需要有更多更多的像田风这样的好战士去承担这个历史的重担。

祝愿这本文集的出版，使得田风为革命事业培养新的人才甘当垫脚石的这种精神更加发扬光大，这就是我们今天对田风最好的纪念、最真挚的怀念。

1993年11月

（陈荒煤：作家、文艺理论家、电影事业家；曾任文化部副部长、电影局局长、中国电影家协会副主席等职）

序二

舍小家 顾大家*

■于 华

今年是田风同志诞辰一百周年，北京电影学院、大连市文广局和中国电影家协会等单位，共同举办了这次纪念田风的活动。早在1995年，北京电影学院、大连市文化局就曾主办过《忆田风》纪念文集的出版和座谈会，付出了大量的人力和物力，令人感念至今。人间自有真情在，田风去世快半个世纪了，人们始终没有忘记他。这种深情厚谊深深感动着我，我也为田风感到骄傲。特别要感谢北京电影学院在六十周年校庆之际，为田风颁发了“新中国电影教育开拓奖”，这是对田风革命一生的最高奖赏。我想，田风在天有知也会深感欣慰。

田风一生不为名利。他在美术方面有着极深的造诣，本来可以成为一名很有成就的画家。1932年他在北平美术专科学校学习。1935年他又在

* 本文系于华同志2012年9月22日在“纪念新中国电影教育开拓者田风同志诞辰一百周年纪念会”上发言整理而成，题目为编者后加。

东京国立美术学校学习。他是学美术的，但他却喜欢戏剧，在日本时，他就与颜一烟等同志组织成立“中国留日剧人协会”，在业余时间搞戏剧演出，宣传进步思想。

1938年在国家兴亡的关键岁月，他毅然回国参加革命，投奔了晋察冀抗日前线，在火线剧社担任导演，组织战地演出，发动群众，教育群众。解放后，他在白山杂志社担任社长时，每期杂志的封面设计和重点文章的插图都是出自他的手，但他从不署名。他在白山艺术学校担任副校长时，既教书又育人，培养了一批著名的作家和戏剧家。尤其是在大连担任文工团长时，他带领着大家深入生活，不分昼夜创作了很多剧本，却从不署自己的名字。大家在他带领下一起讨论的作品，谁执笔就署谁的名字。有一次一直写到天亮。大家都要署田风的名字。田风坚决不同意。他说：“天快亮了，你们不署，就叫‘谢天亮’吧。”

田风一生始终过着艰苦朴素的生活。他把母亲留给他生活用的十几两黄金全部捐出，组建了当时一流的旅大①文工团西洋乐队。但在“三反”时，他却因为单位分给他一套破沙发而无端地横遭指责和批判。岂不知，解放初期，他把自家在北京、上海、天津、广州等地洋行的股份全部交了公，把田家在沈阳的全部房产都交给了国家。这一切他从未向任何人讲起过。

在家庭生活上，1957年我大女儿贝贝不幸夭折。我和田风都十分悲痛，我们商量，我先带孩子回大连。我回到大连以后，把在农村的父亲、弟弟、二嫂和她的女儿以及大哥的女儿，都从山东老家接到大连一起生活。田风对我这样做从来没有一句怨言，他自己却过着简朴的生活。

田风一个人在北京电影学院把全部精力放在教学上，白天上课，晚上

---

① 1905年1月，日俄战争结束后，日本取代沙俄侵占大连，2月改俄称“达里尼市”为“大连市”，1945年8月日本投降。11月8日，大连市政府成立。1946年10月，旅大行政联合办事处成立。1949年改为旅大行政公署，隶属东北人民政府。1950年12月，撤销大连市、大连县，成立旅大市人民政府。1981年2月9日，旅大市改名大连市，至今。为避免歧义，在本书中，除专有名词保留其当时的名称，其余均统称“大连”。

辅导，没日没夜地和学生们在一起，对同学们的学习和生活关怀备至。同学们称赞他是一个塑造人才的大师。

纵使寒暑假回到大连，田风也整日被各个文工团的同志请去排练、指导，难得与家人在一起。有一年春节除夕晚上，全家等他回来过年，到九点他还没有回来。我打电话到话剧团、歌舞团，最后在杂技团找到他。他说："杂技团很多年轻人家不在大连，要我和他们一起过年，我怎么好意思走呢。"田风顾了大家，顾不了小家。我的孩子们得到的他的爱和教诲太少了，他却培养了一代文艺精英。半个世纪过去了，每当田风的同事、学生忆起他，仍感慨万千、热泪盈眶。田风的诲人不倦、无私奉献、舍身忘我的精神，令人无法释怀。

田风是一个光明磊落、诚实正直的人。当他受到迫害的时候，他从不推卸责任，更不诬陷别人。他能忍辱负重，始终坚守一个共产党员的清白和纯洁，坚守着一身无私无畏的浩然正气。我为有田风这样的伴侣而自豪。田风是一个实实在在热心于人的大好人。他的这种精神一直在感召和激励着我。他永远活在我心中。大家今天纪念他，说明他具有高尚的人格魅力和日久弥新的革命精神！这使我十分十分的感动。

谢谢同志们。

（于华：曾任轻工业部政治部组织处长、机关党委副书记，盐务总局副局长、党委副书记，中国盐业总公司副总经理，中国盐业协会副理事长等职；田风同志的夫人）

序三

永远的怀念

■ 李前宽

春天是大地复苏、万物萌生的季节。人们把春天比喻生机、活力和希望，以春天的温暖比喻人间爱的象征。五十年前，1964年的春天，电影学院校园是春寒，以阶级斗争为纲的寒意浸袭着宁静的校园。那场极“左”的“整风”运动，将斗争矛头直指导演系五九班所谓“反革命小集团”后台田风教授。经残酷斗争无情打击后，这场斗争的“成果”是揪出了一个有才华的“反动学生”郭宝昌，逼死了德高望重的导演系主任田风教授，这是极“左”路线制造的校园悲剧。

历史是最公正的裁判，寒冬过去是春天，大地依旧春常在。党的十一届三中全会后，拨乱反正，1979年田风教授冤案得到平反昭雪。一个电影学院的教授，一个没有骨灰的“骨灰”安放仪式却惊动了党中央、国务院，时任中共中央总书记的胡耀邦同志、文化部长黄镇同志、国家民政部长程子华同志、中央纪检委副书记任仲夷等同志，那么多领导同志，那么多文艺界知名人士、艺术家，以及中共中央宣传部、文化部等单位代表与个人总共有八百多位，纷纷送来挽幛与花圈，对田风教授革命的人生给予了高度评价。这样规格是罕见的，我想田风教授在天有知，可以笑慰人间正道和真情。

“人间自有真情在”，在他走后三十年，北京电影学院和大连市文化局为他出版了《忆田风》纪念集；他的战友和学生在北京和大连举办了“缅怀田风教授座谈会”；北京电影学院六十周年校庆为他颁发了“新中国电影教育开拓奖”，这是对田风教授崇高的奖赏与公正的评价。2012年9月22日，“人间自有真情在”纪念新中国电影教育的开拓者田风教授百年华诞，在北京电影学院隆重举行，由中国电影家协会、中国电影基金会、中国电影博物馆与北京电影学院等联合主办，国家广电总局、北京市的领导、大连市文化局以及中国影协和电影学院领导和师生等参加了纪念大会。

田风教授没有惊世之作，也没有叱咤风云之举，是一位默默耕耘的人民教师。他的高尚情操和人格魅力，没有因为他的位卑而被掩盖，他那平凡而伟大的做人品格与境界，让我们看到他是天地间大写的人。

田风教授出生于一个旧军官家庭，从一个不承万贯家业，但求人生真理的少年，到渡东洋、学西画的进步青年，再到民族危亡之时，毅然回国投奔冀中抗日前线，成为一名革命战士，他将自己投身于争取民族解放的革命熔炉，以极大的热情和才智、组建革命文艺队伍，为党和人民培养了一大批文艺骨干，为新中国电影教育事业做出卓越贡献。他是一个忠心耿耿、无私奉献的人，他是把全部心血都倾注在培育年轻一代的平凡而伟大的教育家，是新中国电影教育事业的开拓者。

55年前的今天，在电影学院新学期开学的日子，我和田风教授相识，从此开启了我这个美五九班学生与导五九班老师的师生情谊。半个多世纪前在电影学院校园、在他的书斋，在大连枫林街39号他那美丽的小凉台我们建立了美好的师生情谊，我们一起在大海边写生，他带我去排练场，一起听音乐会，一起看画展。田教授让我参加由他指导的两部毕业作品拍摄，让我做《搭桥的人》和《新任队长》的美术设计，他跟我谈人生、谈艺术，常常彻夜不眠，他直率、达观、潇洒、谦和而严肃，我们时常受到他严厉批评，却让我们受益匪浅。我得益于田风教授的教导，是他让我懂得在学习电影艺术的路上应持有的心态和做人的品格。

他教我做人要“真”，学艺要“苦”，从业要“实”，真诚面对人生，实实在在学本领真诚做事。五年师生相处，我得到艺术营养和感悟，同时，也感受到恩师精神境界的崇高和博爱之心，他对学生有慈父般亲情。1964年金秋时节，正是田风教授被批判最严酷的时候。我毕业向他辞别，他依然含笑告诫我："到长影要好好干！事业是干来的。"这成为师生决别的赠言。

几十年来，田风教授的话一直鼓励我前行。如今我成为田风教授期望的电影人，这是对恩师的承诺，也是对恩师最好的纪念。

田风教授的一生虽短暂，但他的精神境界却那么高尚。他以一颗赤诚之心、爱国之志、大爱育人、无私奉献，谱写出华彩的生命诗篇。

五十年过去，弹指一挥间，当前国家呈现繁荣发展的喜人景象，我国电影事业正逢历史最好发展时期，北京电影学院今非昔比，一派生机。今天，由中国影坛多家单位联合在北京电影学院隆重召开田风百年诞辰纪念大会，充分表明了后人对一位前辈的敬重，说明在当今社会里，还有比金钱和名利更贵重的人间真情，也说明在培育电影人才的校园里，充溢着真善美的文明气息，在传承中华民族传统美德的实践中，这里尊重知识、尊重人才、珍惜真情，我们为母校的发展而自豪。充溢着无限春光的美丽校园里，沐浴着阳光的青年学子们是幸福的一代，也是肩负重任的一代，中华民族的伟大复兴，实现中国电影的强国梦，要依靠青年一代去完成，田风教授的未尽事业，要由后辈去实现。

在《人间自有真情在：新中国电影教育开拓者田风传略》即将出版之际，我们高兴地看到，中国电影博物馆为田风教授设立一个专门的展柜，以图文和实物介绍了田风教授短暂而光辉的艺术人生。田风教授的大美大爱气象，永远定格在新中国电影史册上！

在2014年迎春花开时，《人间自有真情在：新中国电影教育开拓者田风传略》的出版，弘扬了人间美德，传承了电影教育应有的育人之道，是中国电影界的一件大好事。这件事也表达了所有熟知他、热爱他的人共同心愿。

我们永远怀念田风教授！

2014年4月

自传

■田　风

我原籍是河北省交河县泊头镇下店街，祖父是做点心的手艺人。父亲七八岁上祖父去世，家中就依靠父亲同伯父在书店印书为生，但也维持不了。父亲十四五岁时由乡亲介绍下关东在江省长顺镖局学艺，后入镖行保镖，后来当镖行吃不开时就改行入伍。父亲在保镖时就同东北的军阀如吴俊升、裴春生、万福麟这些人认识。所以入伍后一步步地就上去了，后来他一直当了陆军少将。他是个十足的旧军人，从小并没有念过一天书，学了一套武艺。他的性格粗暴，但为人朴实、诚恳，颇有行侠仗义之风。他在三十岁才结婚，母亲是个农家的女儿，结婚后就同父亲到关外。那时父亲当连长，驻防在辽宁省的北部兴城县，1912年我出生在兴城县，那时家里生活并不太好，不久家又搬到了洮南县。

洮南这个地方当时人烟稀少，居民大多数是蒙古人，有些汉人也都是做买卖的商人。当我记事时，全城的居民也不过有百十多家，家里那时还不十分好过，当地的土地都是荒野，父亲在白城子七十户占了些荒地。父亲那时在二十九师吴俊升那里当营长，后来同他的关系弄不好，于是辞职去天津做事，这时我已经六岁了。

我们姊妹四个，姐姐比我大四岁，哥哥比我大三岁，我还有一个妹妹。母亲同我们就在洮南过活，母亲经营一切，雇了很多的长工，拴了两辆大车，在舅父的帮助之下就种起地来。那时每年有百十多石粮的收成，母亲把每年的积蓄都买了土地，她又很节俭，不过几年我们就成了有名的粮户，一直到今天我家里的土地究竟有多少我都弄不清楚。我只知道沈阳有一处住宅，有十几间房子，洮南城里有十几间房子和四五亩园子，再有就是在洮安县有三四百垧地，详细的数字我也说不清，那时我家里的生活是十足的庄家户的生活。

我们所受的教育是很差的，父母都是没有念过书的人，只知道万般皆下品唯有读书高。所以我们很小就都上了私塾，我从五岁一直念到十三岁，念了一部四书，八本共和国文还有一些杂字等。家庭里的教育只是受到母亲的一些影响。母亲是个不识字的人，非常的迷信。我记得我九岁、十岁上家里全家吃素，一直吃到十三四岁才开荤，母亲信“归一道”。每天是烧香念佛，我们也都成了善男信女了。因为父亲是个在清礼的，所以我七八岁时也在了清礼，每到公所有斋日时我是没有不去的。当我到初中时就吸起烟来，谁管它在礼不在礼呢？因为我们是河北省的人，在这里很少有亲戚，父亲不在也很少朋友，母亲对我们的教育不允许同人家接近，所以我的幼年就是在这样的地区、家庭里度过的。父亲在天津干了几年的奉军驻津办事处的处长，从来就没回过家，家里只有母亲同我们一起生活。后来直奉战争奉军失败后，父亲也就下来了，把家搬到了沈阳，这时我才开始入高小一年级，没到毕业我就考入辽宁省立第二初级中学，一直读到毕业。

这时期的家庭有了很大变化。在生活上，我们是由一个庄家户的生活变成了都市生活，家庭的经济状况，除掉每年可以收入的地租之外，父亲在天津还有一些存款，家里的生活是比较阔气的。父亲当时是不打算做事了，想纳福在家，后来他的朋友把他叫出，到沈阳被服厂做事，不久又到第四旅当副官长，遇到郭松龄反奉又到米春麟那里做事，米那时是奉军兵站总监，他在那里当陆路股长。后来因为他同万福麟的关系，调他到第八军当兵站处处长，这个时期他一直是上升的，所以家庭的状况也自然上升了，哥哥在这期间也做了事，这时期我正在初中读书。

我没上小学时就很喜欢画画，后来我认了一位老师，姓关叫关子衡，是一个画国画的。他以画画为生，我同他一直学到我初中毕业。这个人的性格非常孤傲，生活很困难，他有一种文人隐士之风，置一切于度外，一生埋头于绘画。我受他的影响很大，一直到后来我在日本时，我同他的关系还是不断的。

我在初中读书时期，只能说是思想上萌芽的时期。当时的时代正当大革命时期，东北虽然在全国比起来是最落后的地区，但也不能例外，革命的浪潮早已波及到那里，学校的教员也有些进步分子，书店里也有些新鲜书籍。这时我开始读到一些文艺作品，我记得我最初读的是蒋光慈的《鸭绿江上》，这是我读的第一本新文艺作品，后来读了很多。同时，东北这时期的国耻纪念很多，日本帝国主义在中国北方各地屡次制造一些侵略暴行，如尖岛设领、万宝山惨案以至济南惨案等。这些对我的民族意识产生了很有力的启发。我初中二年级时，东三省才将五色旗换掉，那时我对中国的革命才刚刚知道。总之，初中这个阶段是我从封建愚昧的教育和环境下脱离出来，在思想上开始有一些国家民族的意识，对封建的制度、旧社会的传统抱着不满，新的进步的思想不断增长的启蒙阶段。

但是我和当时一般的学生不同，人家都是努力学习功课，可我唯一的想法同爱好只是画画。人家都是作什么升官发财的打算，我这种观念可以说是淡得很。我一向对东北那些军阀抱着恶感，我在思想上有一种消极的想法，只想画画。这种画画至上的想法在我的思想里不断起伏。

初中毕业后没有考取高中，补习了一年后，就到北平考入了志成高中。在我去北平前两年，我的家已搬去黑龙江，父亲已经不在粮秣厂做事，到望奎县任征收局长。我的家庭这时在经济等各方面已经达到顶点，以后就只是下降了，我在初中时就开始住校，到北平后完全是个人生活。我在志成高中的第二年发生了国家最大的灾难“九一八”事变。

“九一八”事变给我很大的刺激，使我的民族仇恨更加深了，在政治上有了更清楚的认识。对国民党的腐败、蒋介石的专制误国，有了更进一步的了解。当时在爱国的热情下不顾一切地行动起来，做各种宣传工作，后来加入了东北同乡会。当时我的目的是可以自由地进行爱国活动，当时我曾同他们到过一次绥远作长途的宣传，画了许多宣传画，做了些街头宣传。在这期间接触了一些人，受到一些影响，特别是在思想、学识上，他们大多是清华、北大、燕大各大学的学生，当时那个队里只有两个中学生，人家实在是比我们强得多，自己在当时觉得太不行了。他们曾给我介绍过一些文艺书籍，后来在我苦闷的时候，这些书就成了我唯一的同伴，它在我的思想上解决了许多的问题。

我那时读过许多很好的书，如《一周间》、《毁灭》、《屠场》、《石炭王》、《煤油》、《母亲》、《夜店》、《士敏土》等，还有一些国内鲁迅的文艺作品同一些文艺理论的书籍。这些书籍使我在阶级认识上、阶级观念上有了很大的进步，使我对共产主义和社会主义的苏联发生很大的兴趣，从此对中国共产党更加关心，对当时北平左翼的活动很敬仰。那时曾有同学同我谈过参加组织问题，我当时没有勇气，认识太差。我那时的想法是为人类解放是伟大的，牺牲是光荣的，但是我有什么能力可以解放人类，改造世界呢？以至我后来决心画画，都是因当时我以为这是我唯一的革命工具。我才下了决心。

高中快毕业的那一学期也是我思想上最苦闷的时期。自己对自身的前途想的最多，后来决心画画了。在高中未毕业考入北平美术专科学校。在美术学校埋头干了一个时期，那时的学校能学到什么呢？自以为画得很好，特别是在一次展览会后得到了一些人的好评，对学校、对环境更为不满，自以为再学下去只是浪费时间。后来决心离开学校，离开北平。那时自己对技巧上的要求是高于一切的，想去杭州美专，家里不同意。恰好这期间伪满限制东北的学生进关求学，对在北平上学的学生家庭，用种种方法为难，同时大批的学生就去日本上学，当时我知道我有个小学同学也去了东京，我就写了封信给他，我很想了解一下东京的情形，他的回信鼓起了我去日本的决心。他说日本很可以学到一些东西，学校的设备好。为了学到东西，我什么也都不顾忌了，我很快的回到家里，由于当时去日本念书所用的钱并不多，于是得到家里的允许，在1934年的9月9号我一个人就到了东京。

我初到日本东京时，为了补习日文入了东京神保町的东亚日语补习学校，这个学校是日华学会专为留学生补习日文设立的，有很久的历史，到日本学习的人大多入过这个学校，据说我在时人数是最多，有四五百人。这个学校并没有什么制度，交了学费就可以上课。为了准备考东京美术学校，同时我又入了川端画学校，这个学校是专为考美术学校或者是一些对美术爱好的人自修设立的，学校的设备很简单，有一个先生每礼拜来看两次，也并不指导什么，学生是不少，最多时有二百多人。我在这里学了半年，1935年的2月考东京国立美术学校未被录取，于是又在川端美校补习了一年，第二次考试（也就是1936年的春天）我和王式廓同志一同被录取了。

我先后在日本东京住了四年半，在这个期间，我接近许多的中国留学生，我虽是以伪满的名义留学，但是我很少接近东北的留学生。那时我是很进步的，所以我参加了许多的进步留学生组织和

活动。我参加过中国留学生组织的“艺术座谈会”、“戏剧座谈会”、“美术座谈会”和“文化座谈会”。后来戏剧团体成立了“剧协”我也参加，中国留学生成立“学联”时我也参加。总之，在“七七”事变以前留日进步学生的一些文化活动，大部分我都参加过。那时一方面是由于自己的进步的要求，同时为了可以学习一些东西，接触更多的人，所以我很自愿的参加各种活动。

东京中华青年会是留日学生集会的地点，我最初到东京时在那里吃饭，每天都去，所以认识了许多中国学生，我在那里参加几次的“艺术座谈会”，这个组织是些留日爱好艺术的同学们组成的。它团结了东京所有学艺术或者爱好艺术的进步同学。每一个月就开一次到两次的常会，讨论一些关于艺术上的问题，交换一些意见。同时可以聚餐一次，主持这个会的人当时有杜宣、魏孟克、林换平、张香山、陈松等，每次开会都有五六十人参加，后来这个组织成为东京所有文化团体的母体，我从这个团

体认识的人最多，如：吴天、聂耳、丘东平、邢同华、杜宣、张水华、任白戈、黄新波、宫以民、林为梁、刘涤（雷加）、颜一烟、魏孟克、王式廓、张天虚、吴剑生、黄鼎等，这个组织曾发行过一个文艺刊物《东流》，后来由魏孟克等又出了一个刊物《杂文》，以后改成《质文》。另外从这个团体产生了许多的团体，如“诗歌、戏剧座谈会”、“美术座谈会”、“文化座谈会”等，都是从这个团体分出来的。

曹禺的《雷雨》在东京上演时，我就参加过那次的演出，那时是郑振铎他们开始搞起来，后来因为他们是外行搞不通，于是洪叶（吴天）、杜宣我们就都参加进去。演出后我们就成立了戏剧座谈会。他们是什么“话剧同好会”。我们成立后首次的公演就在东京筑地小剧场演出果戈理的《巡按》（又译《钦差大臣》——编者注），同洪叶写的一个独幕剧《堤》，我们的会员最多时有七十几名。如任白戈、邢同华、丘东平、高原、吴天、杜宣、林为梁、刘涤（雷加）、王式廓、张水华、张天虚、韦布、陈伯欧、聂耳、蒲风等。这个团体除了演出外，我们还组织技巧与理论上的研究。当时东京的戏剧团体就有三个，我们的立场是很明显的。“话剧同好会”是由一些阔少们组织起来的，“国际戏剧协会”是亲日分子搞的，后来国内正当中共提出统一战线时，我们就进行东京戏剧运动的统一活动，将所有的团体统一起来成立“剧协”，共同演出《洪水》。后因内部不团结又各个分立。我们又成立了“中国留日剧人协会”，演出过易卜生的《娜拉》。我在这几个团体里都是负责演出，做演员，当时伪满“大使馆”曾屡次命令伪满学生不许同中国学生一起活动。但我是从没考虑那些，每次演出我都参加。

我曾参加过“留东文化座谈会”，这是个读书会的组织，有各种讲座，哲学、社会学、经济学、世界语、新文字。我曾读过哲学、经济学两个讲座，读了有一年多，这个团体是由林为梁他们搞的，美协是由陈学书、宫以民、黄新波等一些在东京画画的学生成立的，曾开过多次的座谈会，开过一次展览会。

“东京留日中国学生会”最初是由国民党的家伙们包办，对留学生的活动不但不给以援助，反而从各方面加以压制。郭沫若的两次讲演他们都是从中捣乱，以至对各个团体不承认为合法的组织，而从多方面破坏。于是留东进步的学生成立新学联，组织改选，使那个大会以至动武，一直闹到大使馆去向徐大使请愿。那时留东的学生活动可以说是盛极一时，东京在1935到1936这两年间不断的演戏、开会，同时有一些刊物发行，如《流东新闻》、《杂文》、《东流》、《诗歌》等。但是随着日本帝国主义同中国法西斯的发展，在“七七”之前留东学生的活动也就不断的被禁止、查封，留学生被逮捕，团体被解散，后来一步步地被压制下去。

“七七”事变爆发的当时我正准备回国，回来后想日本是不能再去了，到哪里去呢？那时只想到天津一次，如果能找到机会就可以走掉。后来被家里知道，就给监视起来，绝对的不许。平津的情况也弄不太清，当时使我实在是走投无路。当时家里的情形是这样的，我哥哥在事变前死去，家里只有我父母同一个寡妇嫂子，她还在外面当护士。姐姐在事变前两年同一个中央政治学校毕业的学生结了婚，为了她的结婚我曾去过一次广州。我的妹妹结婚比较早，她同我的一个初中同学结婚，家也是住在沈阳。家里的经济情况是日见下降。父亲是七十多岁的人，再也没人叫他去做事了，我知道家里的余款已经无几，生活所指望的只是洮南的地租，每年可有个千八百块钱的进款，再有沈阳的房子，每月可进几十块钱，北平有一家铺子（永兴洋纸行）有我们几千块钱的股份，这是1934年才加入的。我同铺子里的经理赵建臣很好，我在北平读书时，在经济上我们常有来往，来往平津，这个铺子就成我最好的关系了。

在上海，敌人已经开始登陆，战争是不可想象，一定要成为民族的战争，自己在当时有说不出的痛苦，但又有什么办法呢？就想从日本走掉，没想到完全成了空想。当我这次去日的途中已经不是从前那样对待外国人了，几次遇到特务的检查，因为我有学校的证明总算还没有什么，到了东京情形就越发的使人想象不出了。日本全国弥漫着战争空气，各港口出入的检查都非常严，没想到又走了一条绝路。过去在一起的人们这时都不见了，中国留学生大部分回国，东京所遇到的只是些伪满的学生，当时是再也没有更好的办法，只好每天画画，多看一些书，当时唯一的想法就是待机。

后来有一个同乡，又是我在北平时的同学娄钊，在一次偶然的机会遇上了，谈起来，没想到他很进步，我们的痛苦都是一样的。后来从他那里又认识了几个东北的学生，为了解决我们的内心苦闷，当时唯一的办法就是读书，我们就秘密成立了一个读书会，开始对马列主义理论的研究。过去我虽在“文化座谈会”读过一个时期的哲学、经济学，这次我们从起码的读起，我们在半年多的时间读了很多的书，在哲学方面我们从大众哲学读起，后来读日本永田广治所著的唯物辩证法同历史唯物论。经济学是从通俗经济学读起直至沈志远的经济学大纲，用很长的时间研究政治经济学，礼拜天是我们在公园、茶馆开会的时间，我们这个读书会，最多也不超过10个人，经常集会的有娄钊、于国勋、黄青涅、闰光，还有两个女同学。后来大家都读不下去了，战争一天比一天地紧张，我们每个人都有这样的感觉，每天读书而不实际去做又有什么用呢？同时日本法西斯对日本的人民，不论在哪方面都一天天的加紧统治，对留学生的行动更加注意起来。过去虽然不能活动还可以自由看书，此时连看书的自由都没有了，并且经常逮捕学生。1938年东京的冬天，是留学生最恐怖的时期。在这以前我曾发现了两本宝贝书籍。一本是毛主席所著的《论持久战》，另外一本是《游击战术》，这两本书都是翻译成日文的，同时还读过《八路军从军记》，是一位美国女记者从延安到前线的日记，也是日文的。从这三本书里我发现了我的出路，知道八路军到了华北，是怎样的英勇抗战，同时更清楚地了解了中国共产党对抗战的主张和办法，使我非常兴奋。但怎样才能找到八路军呢？在很长的时间我们都是谈的这个问题，可是谁也没有路线。我想我在北京念了几年书，一定有认识的人的，何况我还接到过同学的一个亲戚王兰充满温馨的信，也可以从她那儿了解一些情况。于是我在大家的期望下，在1939年的春天回到了北平。

离开几年的北平已经被敌人给弄得不成样子了。过去的一些熟人遇到的没有几个，有的同学已经在北平的艺术院校当了教授。那时除了王兰，我所遇到的只有梁津，当时他还没有做事（他也是美专的同学，思想是很进步的），他也有意出城（参加八路军），他告诉我美专的同学周梦已到平西去了。这消息使我太兴奋了，虽然还不知道周梦在哪里，但我觉得已经有了指望似的。

我总认为一定能从这个关系出城参加队伍，后来我在北平住了一个多月，每天都在盼望周梦回来。但是始终没有消息，只好托梁津将关系打通，到暑期我再回来就可以实现我的目的了。那时学校已经开学，我就又回东京了。

我在北平这一个多月心里非常着急，我急着离开日本投到我理想中的祖国怀抱，参加那伟大的人类斗争，结果是没能实现。但我不能一直在北平住下去等着，只好把一切希望寄托到暑期。我到北平后的第二天就和王兰见面了，在一个多月的时间，她谈到她在"一二·九"北平学生运动时她是怎样的活跃，对环境的不满，对敌人种种的愤恨，同时她在文艺上有些修养，对我很热情诚恳，又因为几年前她就给我留下了一个好的印象，所以我对她产生了爱的感情。她很爱我，她写信给我希望我回北平，这次她对我表示过更勇敢的态度，她曾对我这样说过："你如果要同我结合，那只有我们一同出城（出城在北平就是参加八路军去）。"这次我们进一步明确了我们的关系。可以说，我这次回来虽没直接达到目的，但有周梦的线索，又有了王兰，心里感到充实些了。

3月的中旬我又回到了东京，东京又有很大的变化。法西斯统治一天比一天加紧强化，随之到来的两三个月间留学生不断被捕，日本比较进步的学生也有许多入了狱。我们同年级的那个朝鲜同学奇雄已经被捕，还有几个日本的学生，当时东京伪满的学生是异常的恐怖，我们那时的行动更谈不到自由了，尤其是我刚从北平回去，对于国内的情形有了了解。这次我回去只住了三个月不到，我每天都像是在牢里一样度过，好容易盼到了暑假，我是提前回来的。在家住了几天我就到了北平，同时在东京我还约了一个叫韩树铮的同学，他也是同我一样想离开日本，这是1939年的7月。

当时华北正闹水灾，各处的交通几乎断绝，所以把我们就困在北平，周梦的关系也没接上。当时我们就只好等待。后来因为没有头绪我的那位同学就不能再住下去，他就又回日本了。我是无论如何也要等候着，即使周梦他不回来关系总有一天会接得上。我当时每天在跑这件事情。当时我们东京的同学还有两个在北平，一个是娄钊，一个是于国勋的。他们也都是等着机会呢，后来他们同样是因为没有办法自己就想自己的出路。我当时因为北平有铺子，在经济上丝毫没有恐慌，我就一直等到暑期完了，突然一天一个美专的老同学王文趾找到我说："过去美专的同学周梦从平西根据地回来了，他的任务就是扩大一批人到根据地去。"梁津也来告诉我周梦回来了。这消息简直像从天上掉下来似的，我太兴奋了，当天我就跑到周梦那里，从晚谈到天明。他向我介绍了平西根据地的情况，说："你跟我走吧！"第二天我决定跟他到平西去，第三天，也就是1939年的10月5日，我同周梦出了城，同来的还有王文址、凡坡、王兰、李有仁、周华等。10月5号到了平西马栏村挺进军军区政治部，这就是我在八路军入伍的第一天，也是我得到自由的日子！

在日本：“不务正业”的美专生

相识田风

“不务正业”的美专生

田风和“中国留日剧人协会”

战斗年华见真情

在隐形的战线上

相识田风

■ 北冈文雄

我是在伪满迎来了第二次世界大战的结束，随后从长春躲避到安东市（今辽宁省丹东市）郊外，和妻子、长女住在鸭绿江造纸厂的宿舍，等待着返回日本。当时安东市在八路军的管辖下，治安恶劣的情况不见了。我们一家人依赖不多的存款过日子，生活的不稳定常常威胁着我们，妻子由于精神不好和营养不良，奶也没有了，我们穷得连买奶粉的钱都没有。

有一天，朋友河村先生带来消息说：八路军在安东市办一所艺术学校，据悉要招聘绘画、舞蹈、戏剧教师，日本人也可以。当时，戏剧演员芦田伴介夫妻俩也住在安东市，于是我们三人分别以戏剧教师、舞蹈教师和绘画教师的身份，由河村先生做翻译，访问了该校。该校叫白山艺术学校，地址在安东市中心的原协和会馆大楼。当我们和作为音乐家的副校长谈话的时候，突然门开了，进来一位皮肤浅黑、高个子、精干的男子，我一看他的脸，猛地一惊，这不是我在东京美术学校时代的同学、中国留学生田风先生吗？他也认出了我，我们立即互相问候、对话。

经学校录用，芦田先生做了戏剧教师，他的夫人盼子做了舞蹈教师。我由于不会中国话没当教师，留在八路军办的《白山艺术》杂志社工作。当时田风先生也是这个杂志社的负责人。

经和田风先生商量，我们一家人搬到了白山艺术学校住，并得到了田风先生各方面的照顾和帮助，我也感到有了前途。当时田风先生从绘画转到戏剧，后来又转为搞电影教育。

我的工作是为八路军发行的杂志画插图，这使我的木刻技术有了用场。搬到学校住不久，田风先生给我看一本画册，画册的纸张粗糙，印刷质量也不高，但我只看了一眼就留下很强烈的印象，那是一本著名的版画家作品，版画家有古元、彦涵、力群、李桦、王琦等，作品的表现力很强，吸取了欧洲现实主义技法的卓越的木版画。版画的主题是抗日战争和社会主义革命，具有中国独特的风土人情。

我们一家人得到了田风先生的保护，一时平稳地生活着，但到了6月中旬得知在沈阳的日本人已开始返回日本，我们一家和芦田一家也决定去沈阳。田风先生劝我留在中国，为社会主义的建设出力，我动心了，但妻子坚持要返回日本，结果选择回日本的道路。分别后，田风先生送行的身影永远也忘不了，一种永别的心情充满了心头。

和田风先生的相识，又在安东奇迹般的相遇，这些事说来话长。1936年4月我在东京美术学校油画系读书，同班同学中有两位中国留学生，其中一位就是田风先生，他干练好学为人热情。另一个人是王式廓先生，是高个而稳健的人，后来成为中国著名画家。

东京美术学校是国立学校，学制是预科一年，本科四年，是现在东京艺术大学的前身。当时，预科一年学习石膏速写和人体素描，本科的第一学期也是学习人体素描。第二学期学习人体油画。后来进入本科后，学生可以在四个教授中选择一个教授作为指导教师，田风先生、王式廓先生和我都选择了藤岛教授。

他们两人都很努力学习，田风先生的日本语很好，常和同学们拜访藤岛教授的家，一次田风先生还应藤岛教授的请求，为先生唱了中国民歌，歌声充满了悲哀的情绪。

田风先生与王式廓先生关系很好，我们日本学生很难推测出中国留学生的复杂心情。1937年中日事变（七七事变）开始，第二年在教室中见不到他们俩人的身影了。后来在安东会见到田风先生时，才知道田风先生和王式廓先生都回到中国参加八路军，投身于抗日战争中。

从伪满返回日本的第30年，我应中国美术出版社社长李平凡先生的邀请，在中央美术学院讲授木版画。1980年2月正式接到中央美术学院的聘书，5月访问中国见到了力群、李桦、王琦等中国版画家，他们对我很热情，当我谈及1946年初，在田风先生那里看到他们的作品就给我留下深刻的印象时，他们都非常高兴。

讲课结束后，承中央美术学院的好意，由田风先生指导过的梁栋先生陪同从苏州经上海返回日本。

我在北京讲学时，曾打听过田风先生和王式廓先生的消息。他们两人的去世是非常可惜的，但作为艺术家受到高度评价和尊敬又是值得欣慰的。田风先生从戏剧转到电影教育方面，“文化大革命”中吃了很大苦，王式廓先生也吃了很大苦。我真不理解他们作为艺术家，为抗日战争和新中国的建设做出了贡献，还受到了“文化大革命”的打击，全然无法理解。可惜，这次访问中国没有见到田风先生和王式廓先生的家人。值得欢喜的是6年后，再次访问中国时见到了二位的家属。这次访问受到了田风先生的夫人于华女士和美丽女儿的热情欢迎。还会见了王式廓先生的夫人吴咸女士和次女，并在王式廓先生晚年居住的寓所招待了我。她们俩人的意志都非常坚强，不是想象中因人生受过波折遭遇后的女性。她们两人的中心话题是，田风先生和王式廓先生都很怀念在东京美术学校的时期。我没有体会到两人当时的心情，现在想起来还很后悔。

在安东，我们一家受到田风先生的保护，建立了深厚的友情。当时在安东出生的长女，现在已经是两个孩子的母亲了，并幸福地生活着，我已74岁了，过着幸福晚年生活，这一切都是田风先生赠予的。

1992年7月

（北冈文雄：日本著名版画家、日本美术学会理事长；田风在日本东京国立美术学校同班同学。翻译：张福生、黄秀清）

“不务正业”的美专生

■雷　加

我和田风相识于日本东京，这就得从东京那段日子谈起……

我在东京的日子，过得十分沉重；但又有不少机遇。说到机遇，它可遇而不可强求。它不期而遇，最初似乎是可有可无，但凡是真正的机遇又都会在后期显示出它举足轻重的后果。我和田风相识，就是一种机遇。同时我也意识到每一代人，都会有相似的经历。比如我们这一代人，都经历过“九一八”，“一二·九”和“七七事变”这一系列意义重大的日子，它就在这一代人精神上烙下某种印痕。我说的沉重的日子，就是指此而言。我如此，田风也如此。

我和田风在东京经历了不少事件，如日本少壮派军人制造的“二二六”事件；轰动一时的《日出》在东京的演出；《质文》杂志的出版；郭沫若在某个会馆讲演时遭到国民党党徒的袭击，以及千叶县北条海岸聂耳不幸的溺水事件……

当时留学生散居在东京各处，但都在东亚日语补习学校相聚而又相识。补习学校在神田区，那里是有各种书肆集中的地方。日本书肆给我留下了深刻的印象。它是一座座低矮的环形建筑，门前的书摊连着室内的书橱。在这里可以买到世界各大文豪各种版本的全集，也可买到当月出版的各种杂志……日本各种杂志大多提前出版，第一个读者浏览之后，马上投入书摊，转入第二个读者手中，周转快，利用率高。东亚日语补习学校，也与此有些相似，铁打的兵营流水的兵，班上同学来了一批又一批，周转不息。有从上海、北平来的，有从被敌占领的东北来的，都在这里相聚相识，同学之间的友谊和活动，多半从这里开始再慢慢扩大……

田风这个“美专”学生，偏偏爱好戏剧活动，几乎到了不务正业的程度。他和“美专”同学王式廓是一对好朋友。据说他们办过一次美展，我没有参加,也没有同他谈过什么美术问题。他经常穿一套日本大学生黑色制服，戴一顶有个“美”字帽徽的大学生四角帽。他会讲一口流利的日语，天天参加各种活动，又不显出匆忙的样子。他对我十分亲切，也许因为他来得早，我又比他小，也因为他交游广阅历多，处处对我加以关照。然而现在，我已记不起有些事是怎样发生的了。我不记得到过他的住处。我和他不曾有过什么正式约会，然而我同他总是常常见面，又一起参加活动，或一同出游和访友。我和他两次一起去千叶北条海岸就是一个例子。第二次我们又是一起住在一个日本渔民家中。

在东京演出《日出》那些日子，我们就是这样度过的。1935年和1936年，那也是留学生在日本最活跃的日子。

田风告诉我，从他参加戏剧活动以来经历了不少斗争。他是1934年来东京的，1936年考入东京“美专”。最初有个中国留日学生会，由国民党分子把持，采取包办压制手段，限制各种进步活动。郭沫若在日本东京对留学生两次讲演，他们都进行了破坏活动就是例证。有一次我参加了。这次是在神田区一青年会馆举行的，讲题是“中日文化交流”。郭沫若由外地匆忙赶来，不及终场，一些捣乱分子将鸡蛋和烂梨向台上掷去，并呼出各种反动口号。后来进步学生成立新学联，在大会酝酿选举时动起武来，以致闹到大使馆。当时最大的组织是文化座谈会，它由共产党人林为樑[①]

① 林为樑，即林基路，1943年9月27日同陈潭秋、毛泽民一起被新疆盛世才杀害。

领导，下设各种讲座，有哲学、社会学、经济学、世界语、新文字等。无疑，文化座谈会是一个母体，由它正式成立了各种协会，有诗歌，有美术，有戏剧……尤以戏剧协会最活跃。当时戏剧团体有三个，

其中“话剧同好会”是由一些戏剧爱好者组织的，“国际戏剧协会”是由亲日分子搞的。后来由于提出了统一战线口号，戏剧活动也跟着统一成立了剧协，共同演出了《洪水》，后因内部不团结，又正式成立了“剧人协会”，先后参加者有杜宣、任白戈、丘东平、高原、吴天、林为樑、王式廓、张水华、聂耳、蒲风（诗人）、田风和我……成立后首次演出在东京筑地小剧场，演出的是果戈理的《巡按》和吴天的独幕剧《堤》，以后又演出易卜生的《娜拉》……戏剧活动之外，美协办过展览，文学团体出版了《留东新闻》、《杂文》、《质文》、《东流》和《诗歌》。剧人协会演出之外，又组织了舞台艺术和戏剧理论研究会。值得一提的是各种活动都得到郭沫若谆谆指导，戏剧方面又与日本的戏剧大师秋田雨雀有过联系。

我喜欢东京当时那些台上台下的人，因此我也喜欢起戏剧来了。我觉得戏剧最能显示人生，也是最能显示爱国热情的。爱国热情是当时青年之间不可缺少的标志，又是一只只寒暑表，祖国上空阴晴变化无时无刻不显示出来。

戏剧又是一颗颗火种，它与任何活动有关，各种活动有了它就变成有组织有力量的了，1936年夏天大部分留学生集中在千叶县北条海岸，就不能说与此无关。

北条海岸在东京湾对过，与东京隔海相望。北条海岸不那么热闹，散落着一些小小渔村。每个渔村都有一条小街，出售鲜鱼、水果和日用品，而每户人家夏天都有房屋出租。它的自然环境如此优雅，又如此低廉的房租和生活费用，它当然不能与那些高级避暑地相比，这也就是中国留学生之所以愿意到这里来的原因了。

这一年我同田风来了。和我们一起住的还有剧作家吴天和小说家丘东平。两个房间用纸壁隔开，每个房间里都有一个炕桌。我们习惯于席地而

坐，每天上午都在读书或写作，中午用炭火烧饭，下午才到海边进行海水浴。

每天下午才是大家集会的时间。整个海滩热闹起来，他们来自各个学校和各个学术团体，都是异国相遇的祖国儿女。这时我们觉得这倒是一条那么富丽堂皇的海岸，这里才是我们穷学生的天堂。它虽只有一架儿童秋千和浪木，但海滩上却是那么光灿灿，暖融融的。它的海风也更有诗意。

这里一阵阵欢笑，像那起伏的海浪，或者这又是一篇创作和一个学术问题讨论的继续。总之。这一切都是在东京街头所没有的。

一个令人震惊的事件发生了，那就是聂耳同志不幸的溺水事件。聂耳的死，在我们心中像是爆发了一场远离祖国的地震，而它的余震又是那样连绵不断，不久，在国内爆发了震惊中外的“一二·九”学生运动。这时东京政治气温下降，许多留学生纷纷启程回国。后来，在各种学生运动中抗战歌声不断，而其主旋律就是聂耳的《义勇军进行曲》。这是时代产生了聂耳，聂耳又用他的歌声呼唤着全国人民进行神圣的抗日战争。

我和田风也是在这一片回国声中互相告别了，也都先后不同地投入了解放区的怀抱。“九一八”前后他在北平美术专科学校读书时就加入了东北同乡会，进行爱国宣传活动，也曾组织一部分同志去绥远做过一次长途旅行宣传活动。他早已使用过宣传画这个武器了，这次他又由北平直接进入冀中和晋察冀解放区，我则是由武汉直接到延安的。我们在不同的解放区，天各一方，但抗日战争一胜利，我们都回到自己的故乡。我们再一次见面是在1945年冬天，我在安东造纸厂工作，田风在安东省委领导下创办了《白山》艺术杂志，同时他还与白鹰等同志领导着辽东地区的白山艺术学校。当时我们交换了各自在前线用过的手枪作为纪念，这也是我同田风一生中珍贵的战斗友谊的象征。当时，田风一如既往，仍然醉心于戏剧表演艺术。他对我当时在《白山》上发表的《五月的鲜花》、《姊之家》两篇文章进行了分析和评论，无疑他的艺术见解都是正确的，但他很少涉足文学，犹如他仍闭口不谈美术一样，始终醉心于戏剧舞台工作。这时，他已不是一个演员或一个舞台指导者，而是担负起培养新一代人的任务了。

白山艺术学校，的确培养出一不少人才，至今仍活跃在全国戏剧和电影工作中了。

田风的艺术道路，从日本东京“剧人协会”开始，一直这样锲而不舍地走下来了。安东撤退时，他到了大连，仍在主持戏剧团体工作，后来他又调到北京电影学院。他的艺术道路经过两个时代，两个社会，又经过战争的洗礼和“讲话”的指引，他为自己塑造了一个真实的人民艺术家的形象。

今天我仍然要说，田风这种追求光明、追求革命的精神具有代表性。他代表了我们这一代人。我们这一代人从“九一八”起过着流亡生活，都有着坚定的目标，又为此奋斗一生直至抗日战争胜利。

田风又是这样一个人，他从不滥用感情，又对每个人有着潜移默化的力量。这是一种无形的辐射，渗透力强，他对我就是如此。在我的革命生涯中，他的身影一直伴随着我。

1994年1月

（雷加：作家；曾任中国作协北京分会副主席，中国文联第四届委员等职；田风留日期间的同窗）

田风和“中国留日剧人协会”

■ 韦　布

抗日战争前的几年里，在东京，中国留学生的演剧（话剧）活动比较活跃，前前后后有好几个团体演出过不少剧目。1936年下半年，“中国留日剧人协会”成立了。加入这个协会的，包括出于支持、赞助而只参加过几次活动的朋友在内，共六七十人。田风同志是正式成员，做了实际工作，在公演中他担任了一个较重要的角色。

协会打泡戏，选的是易卜生的名作《娜拉》。我们在中野区租了一所房子，协会的日常活动，以及主要的排戏等许多工作，就在这所房子里进行；这样，原来分散的各个成员，也就有个见面的联络点了。好多朋友都是在这里认识的，田风，也是这样。

他在我印象中，瘦长脸、高颧骨、鼻梁挺直、鼻孔似乎大了一些。穿的总是一套日本大学生的制服。这种制服要愈破旧愈显得不是刚进大学的新生，而是老资格。田风正是日本千千万万老资格大学生中的一个，他的制服也是破旧的，很邋遢。不过他的个子比一般日本大学生要高一头，年龄也稍大一些，这就不一样了。他的脸色不像一般北方人那样红润，但很有精神，显得很刚健。在冬天，他的衣服好像穿得少了一点，有些营养不良的样子，所以一看就是个穷留学生。他经常挟着画夹，大学生帽的帽檐上明显的有个黄铜色的“美”字，一望而知是国立东京美专的学生。整个模样，是个搞艺术的人。

参加《娜拉》演出的演员有：俞佩珊、王锡武、蒋宛如……等。田风扮演的是医生。这些演员和我们工作人员有的是自告奋勇担任的，有的是在留学同学中物色、挑选、邀请而来的。大多在舞台实践经验方面还不是很多，然而都是二三十岁左右的年轻人，满腔热情，醉心于文学艺术，绝大多数人都知道演剧活动的社会效果，才心甘情愿来参加这种非但没有什么物质利益回报，而且还要自掏腰包的活动。

我后来想，在当时当地极不平常的环境里，尽管大家的认识程度不同，但是大家都有一个共同的信念。否则，团体怎么会组织起来，工作怎么会热气腾腾地展开？然而，那时候，大家都没有彰明昭著的夸夸其谈，没有在集会上或相互间公开的谈论观点和主张，更不用说有什么教条、八股式的言论了。可是彼此心照不宣，相互默契，在实际行动中表现出了积极努力，朝气蓬勃的事业心。很多同志都在大学读书，还有各自不同的社会活动，田风学画，又参加这次演出，每天要从很远的地方赶来赶去，其辛苦、紧张、忙碌的情况是可以想见的。不仅如此，他和其他一两个同志还有着更严峻的精神负担，那就是他必须隐瞒身份，避免官方找麻烦。因为他是当时伪满来的留学生！在日本帝国主义法西斯者的眼睛里，我们这些尚未被它们统治的“支那人”是未来的奴隶，而伪满则是它们“既成事实”的奴隶了，怎么允许你公然搞进步的演剧活动呢！比如我们还有一位朋友“老许”，协助我联系布景和头发套等的制作订货工作，他是“台湾人”，更是早被敌人奴役的“被殖民者”了，所以他的行动就只好更“诡秘”一些。因此我们可以想象到，田风和“老许”等当时参加这些活动的心情和精神压力是沉重的，同样，他们的意志和斗争精神是坚强可敬的！

不要说伪满洲或“台湾”那些已经被敌人看做“奴隶”的朋友们的处境是如何，就连我们这些尚未正式被奴役的“堂堂中国人”，除了拿国民党官费去日本镀金的少数“未来汉奸”之外，像我们这些穷学生，不过演演戏而已，可是所受的监视、侦察以至迫害，也就够受了。只举一例，杜宣同志和我为了召开一次有关《娜拉》演出的妇女问题座谈会，我们两个过了一个很特别的新年。那是在1936年12月31日深夜，东京牛!区派出所把我们拘留了几个小时，并请我们各人吃了东洋“火腿”，被大声叱骂：“大日本帝国的皇法你们知道不知道！……”因为他说我们事前没有得到申请批准就开会，触犯了皇法！穿了长统皮靴的日本警官就狠狠地踢了我们两脚！这个除夕之夜的一幕是很难忘却的。

《娜拉》在东京著名的左翼演剧阵地“筑地小剧场”上演，那已是1937年春天。还有几个月，日本全面侵华战争即将爆发，“中国留日剧人协会”也只能演出这么一次，之后，大家先后回国，无法再继续活动了。

我原来保存着一些中日进步演剧的照片，其中也有《娜拉》舞台照，有一张是公演时拍的全体工作照，经过浩劫，全都荡然无存了！

这个团体的主要组织者是杜宣。《娜拉》的导演是水华，我担任舞台监督。音乐是请一位姓蔡的福建籍音乐家搞的。戏里的一段舞蹈由原是学跳舞的演员俞佩珊在她老师高田妙子的指点和同学的帮助完成的。舞台照明是“筑地小剧场”的照明工作者热情帮助的。我与田风以及好些朋友在东京分手后，就再也没有见过面，快半个世纪了！但往事和故人，在记忆中留下的痕迹，是无论如何抹不掉的，不过有的深些，有的浅些。

1994年1月

（韦布：戏剧、电影人；曾任昆仑影业公司制片人、上海电影制片厂第二摄影场主任等职；1936—1937年田风在“中国留日剧人协会”的话剧同行）

战斗年华见真情

■ 颜一烟

我于1934—1937年在日本早稻田大学读书。当时在日本的我国留学生是很多的，而且相当多的同学热衷于从事戏剧活动。仅在1935年一年内就有三个戏剧团体演出了近十个剧目。

1935年12月中旬的一天，小林同学通知我：下午四点在宾月楼三楼举行两位同学婚礼。我想，参加婚礼迟到点也没什么，就下了课才去。到了宾月楼，大红“囍”字和鲜花彩纸把会场布置得喜气盈盈的，小林正在讲话，可是，他讲的并不是结婚祝词，却是——

……北平的同学沉痛地叫起来：“华北之大，已经安放不下一张平静的书桌了！北平的同学们不能再忍受下去了！”……

原来，小林是在传达国内的“一二·九”学生运动。因为，我们留学生集会没有自由，要集会必须先向日本警视厅登记，写明：会议名称、时间、地点、参加人数……，经批准后才能开。我们这次集会，登记的是两个同学举行婚礼。

小林在传达之后说：“由于这次的学生运动，大家更明确地认识了团结的力量；也正是由于这次的学生运动，使大家坚定了‘青年们必须起来担负救国责任’的决心啊！”

留日同学们高喊着“团结就是力量”，战胜了一切的艰难险阻，集中了留日所有爱好戏剧的同学们，一致地紧密地团结起来了。“中华同学新剧公演会”、“中华国际戏剧协进会”和“中华戏剧座谈会”三个团体抱有共同奋斗目标的留日剧人们联合起来了——“中国留日剧人协会”诞生了。会员们读着：“为了我们祖国的自由而劳动，对我们是最大的幸福，最大的快乐！”

“中国留日剧人协会”成立公演，安排两个戏：田汉的三幕剧《洪水》和白薇的独幕剧《姨娘》。我被分配在《姨娘》中演母亲，在《洪水》中演“农妇”。

在《洪水》的排演场上，我认识了田风同学，他在剧中扮演一个老农民，是我扮演的“农妇”的“公公”。

“中国留日剧人协会”确实是个统一战线的组织，会员中，有共产党员，当然是地下，有国民党员，有无党无派的同学，有少数民族同学，有台湾省籍的同学，还有不少来自当时所谓“满洲国”的东北同学。田风是东北人，也就是所谓的伪满洲国的留学生。由于当时祖国的贫弱，我们中国留学生本来就是受歧视的，在日本帝国主义法西斯侵略者的眼中，我们是未来的奴隶，被蔑称为“支那人”。没有言论集会的自由，住所常常被搜查，个人经常被日警视厅传讯……至于伪满洲国的留学生，是所谓“既成事实”的奴隶，更是毫无人身自由，所受的精神压迫，更是十分沉重！参加进步的、左翼戏剧活动，是要冒着坐牢，甚至杀头的风险的！但田风等同学不顾一切毅然参加，确是令人钦敬的！

“我们真是险极了！洪水就像野猪似的到处咬我们，除了天灾就是人祸，我们不手拉手地救自己，我们不变成鱼肚子里的粪，也得变成人家的奴才！”——这是《洪水》中那个老农民的一段台词。田风是怀着切身的亡国之痛，充满激情地念这段台词的，因此更加激动人心，当我们坚毅地共同喊出：“只要我们大家联合起来干，还怕什么洪水！”时，观众中爆发出雷鸣般的掌声。我们感到不是在演戏，而是在高喊着："起来！不愿做奴隶的人们！把我们的血肉筑成我们新的长城……"

《洪水》演出之后，我参加了追悼高尔基公演，田风参加了《娜拉》的演出。此后我们再没有见面的机会，虽然分别半个多世纪，但当年在那战斗年华中结成的战斗友谊，是我永远不能忘怀的！

1992年4月

（颜一烟：编剧；曾任东北电影制片厂编剧、文化部电影剧本创作所编剧、北京电影制片厂编剧；田风留日期间的同窗）

在隐形的战线上

——和田风战斗在东京

■ 王式廓

1935年，由我以前的同学王化坡带我到日本东京，当时王化坡在日本大学美术系学习。我在东京美术学校学习。

东京美术学校是国立学院派的学校，和法国巴黎美术学校一样，或者说就是巴黎美术学校的翻版。学校是五年制，一年预科，四年本科。每年考试只限一名外国学生。学校有日本画科、油画科、雕塑科、适用美术科，还有二三年研究生班。当时在东京美术学校的中国同学有田风、于成辉、杨佳福等人。1935年该校例外录取了我和田风两名外国留学生，我和田风是同班同学。我在那里仅学了两年，于1937年“七七”事变后回国，田风是1938年底回国的。

一、关于“学联”和“留日学生会”斗争的情况

当时留日学生中的组织，按专业分是很多的，美术方面的组织有“美术协会”（我未参加），戏剧方面有“中国留日剧人协会”、有“文化座谈会”（是读书会、读政治经济学等），而且读书会的组织不只一个。当时，“中国留日剧人协会”和“文化座谈会”都参加了东京的进步留学

生组织“学联”。另外一个由国民党组织的反动学生组织是“留日学生会”。1936年左右，留日学生在东京发起组织“学联”，它是留日进步学生的最大的群众性组织。但这个组织必须经国民党驻东京的留学生监督处的批准才算合法。“学联”被批准的条件均具备，可是留学生监督处负责人陈次佛，对进步的学生组织非常仇视，百般刁难，拖延不予批准，并妄图进行破坏。

陈次佛在刁难和拖延期间，竟然拼凑了一些反动学生和拉了一些不明真相的人，按照他们意愿组织一个反动的留学生组织——“留日学生会”，企图先予批准合法，以使取而代之，抵消“学联”的成立，拒绝对“学联”的批准。

可是国民党反动派陈次佛的阴谋已被“学联”事先察觉，就在“留日学生会”召开成立大会的那天，“学联”就发动了成千的进步学生，去参加他们的大会，捣毁他们的会场。“留日学生会”的人在门口手持木棍示威，还有腰间佩挂短刀的士官学校的学生，看样子很厉害，其实总共不过百人，还未到开会的时间，就抢在“学联”的留学生之前进入会场，宣布开会。“留日学生会”的人一看就急了，双方少数人就开始扭打，不久即被日本警察发现，赶来会场首先把身带武器的士官学校的学生赶出会场，然后驱散一切参加会的人。这时“学联”负责指挥的人就高喊：“化整为零，分头到大使馆集合继续斗争”。在大使馆坚持斗争的结果，终于取得胜利。国民党驻日大使许世英和留学生监督处处长陈次佛，不得不出来道歉，接受“学联”提出的要求，即承认“学联”为留学生的合法组织，答应解散“留日学生会”和把“留日学生会”的坏头头遣送回国等。我和田风都直接参加了这些斗争。

二、在日本东京参加“文化座谈会”的情况

1935年我去日本东京，为了考学校即入东京高等日语补习学校，学习日语（二三个月），这时认识了同班同学吴渤，后来与他有来往，他是学习政治经济学的，由于他的宣传和介绍，约在1935年末或1936年初我参加

了“文化座谈会”政治经济学研究小组，学习列昂捷夫的政治经济学（日语本），当时记得除吴渤外，有郭而刚、鲁兆揭，其他人不记得了。后来我介绍田风参加，就另编了三人小组，我、田风和鲁兆揭，由鲁辅导，以沈志远的政治经济学为参考。

三、关于参加“中国留日剧人协会”的情况

在日本东京美术学校，田风和我的关系很好，他喜欢戏剧，所以他就邀我参加“中国留日剧人协会”，本来我对戏剧的兴趣不大，但想到可以学习画海报，（没画成，只在演出说明书画了些小图案）就参加了。我是1936年参加“中国留日剧人协会的”，但不常去。剧人协会曾在东京排演过易卜生的《娜拉》和《群鬼》。他们搞演出都是在业余时间，并且是自己筹集资金。通过演出宣传爱国主义思想。田风是积极参加这些活动的，是“中国留日剧人协会”的骨干之一。

1967年

（王式廓：画家、美术教育家；曾任中央美术学院教授、研究部主任、院党委委员，中国美术家协会常务理事等职；田风留日同窗）

在晋察冀火线剧社：真正的“土”八路

烈火见真金

魂系燕赵大地

历尽苦难痴心不改

烈火见真金

■黄　中

1942年我和田风同志都在晋察冀军区火线剧社工作，我也是田风同志入党介绍人之一。不仅是我，就是那个时候过来的老同志，每当回忆起田风同志，也都感慨万端。

1942年5月，盘踞在我国华北地区的日本侵略军出动了三个师团、两个旅团的兵力和700辆汽车，扫荡我冀中根据地。当地群众被杀害和抓走的有五万多人，区以上干部牺牲了三分之一左右。偌大的冀中平原，竟然“无村不戴孝，到处闻哭声”，一片萧杀景象。一向活跃在这一地区的我冀中军区火线剧社同样也遭受重大损失：导演路玲和一些同志牺牲了；有的负了重伤；更多的人失散了……直到这年秋天，剧社的同志们才从四面八方，历经艰辛，重新汇聚到冀西山区进行整编。

田风同志恰就在这个时候被派到剧社当导演。他身材颀长，面颊消瘦，随身只提着个污渍斑斑的油画箱和一只破旧、老式的日本背包，里面装着他的全部家当。剧社的同志们听说他曾在日本留过学，都好奇地打量着，暗自思忖着，背后议论着，怀疑这个“洋包子”能给他们排好戏。我和崔嵬对他的到来很高兴，但也担心他能否吃得了这里的苦。再三叮嘱同志们对他要精心照顾，还特意给他单独开小灶。然而，他拒绝了。从开始，他便把专门为他做的白米饭倒进了同志们吃的黑豆粥的大锅里；把多发给他的几块津贴分送给别人，或者交给一个爱跑腿儿的小战士，到街上买点零食，大伙儿聚在一起，一面吃着，一面分析当前的形势，畅想抗战胜利以后的情景。每逢这种时候，他总是默默地坐在一旁，用心地听，脸上带着宽厚的笑，眼里闪烁着希望的光。

在那艰苦的岁月里，他和同志们一样，吃着黑豆，穿着单薄的粗布军衣，睡在铺着干草的土炕上，把腿伸在袄袖里和大家挤在一起；行军的时候，他也和大家一样，背着汽灯、道具，翻山越岭，从不掉队；他患有严重的胃病和小肠疝气，腰里总围着一条带着钢卡子的腰带。一疼起来，他便使劲地按按钢卡子，他的脸色越来越消瘦、苍白，豆大的汗珠儿从额上滚落下来，但他强忍着，尽量不让同志们发觉。在大生产运动中，不论是开荒、背粮，还是下窑背煤，从不因他是导演，或是病号，少干一点儿。而且，在小歇的时候，他还翻过山岭，背来冰块儿，然后架起锅灶，给同志们烧水。偶尔找回点烟叶儿来，便分散给大家，各自卷好，又都围起来遮住风，请一位有把握的同志擦火，为的是保住这唯一的火种……能够做到这些，虽称不得什么英雄业迹，却也并非易事。他的心和同志们贴近了，大家也不再把他当做“洋包子”了。

那时，剧社是在敌人眼皮子底下活动、演出的。舞台就设在农村的破庙前、土台上、场院里，或者街道上。天黑后，挂起汽灯，摆上简陋的道具、布景，演员们从老乡那里借几件破衣烂衫披到身上就登场了。因为剧本是配合当时形势，反映了乡亲们的苦楚、心愿和理想，台下总是挤满了人。吹糖人的、烙馅饼的、卖针头线脑的挑着担子赶来了；扛长活的、打短工的、做童养媳的挤进了人群；就连地主老财和伪军家属也悄悄地站在后面，踮起脚尖儿，或者从墙头探出脑袋朝这边看，他们一面看戏，也为着摸摸共产党的政策，暗自琢磨着今后怎么办。常常就在这个当口，枪声响了，敌人扫荡来了。于是，剧社的同志们匆忙地收起道具，扛起枪，组织乡亲们转移，或者投入战斗。有一次，演出刚刚结束，敌人来了，剧社立刻转移。在走到峪口的时候，同敌人遇上了。峪口两头已被敌人卡住，左右两侧的山虽然不高，但是笔直笔直的。几十名男女社员背包挑担地围在一起，不言不语，静静地等着领导做出决断。社长崔嵬同志沉思片刻，果敢地决定突围。他自己带一队向峪口西头冲，

另一队……他看看同志们，考虑由谁带队向东头冲。这时，田风同志说了句："我吧。"声音不高，然而沉稳、坚定。按理，他是病号，属照顾之列的。那高高的眉骨下面深陷的眼睛里，有着一股深邃而锐利的目光。从这目光和神色中，崔嵬同志似乎看到了一种不可战胜的力量，便信任地点点头，走到田风同志跟前，重重地拍了一下他的肩膀，说了句："行！"这重重地一拍和肯定地一个"行"字，蕴含着领导和同志们的无限信赖。作为一名战士，在那时候，这是莫大的幸福。田风同志激动得热血沸腾，似猛虎下山，洪水决堤，率领同志们，勇敢地冲出重围，终于化险为夷。

在火热的斗争中，田风同志迅速地成长起来，在关键时刻，能够将生命置之度外，挺身而出，终于从"洋包子"变成了地道的"土八路"。这不仅是因为同志们的信任和帮助，还凭着他那崇高的信仰和改造自己的决心与毅力。田风同志出身于剥削家庭，父亲自幼习武，据说在军阀张作霖部吴俊升和万福林的手下做督队官。他满心希望田风长大后能够承继祖业。然而，在少年时代，田风同志因受着"一二·九"运动的熏陶，就对这个封建家庭开始反叛，他鼓动姐妹们放足走出家庭，生活自立，自己也只身前往北京读中学。1934年，他又远渡重洋，东渡日本，考入东京美术专科学校，做了著名画家藤岛武二的学生。而且很快便得到了藤岛武二的赏识，并对他寄予很高的期望。然而，在国家和民族正处于生死存亡的时候，一个热血青年，怎么能安心于画室里呢？他参加了中国共产党海外支部领导的"文化座谈会政治经济学小组"和"留日剧人协会"。参加了"学联"组织的革命活动。抗日战争爆发后，他毅然放弃学业，返回祖国；奔赴晋察冀抗日根据地，参加了八路军。先是在挺进军政治部作宣传干事，1942年，亦即战争形势极为严重的时刻，调到"火线剧社"做导演。田风同志导演的第一个戏是胡丹佛同志写的《把眼光放远点儿》，他

创作态度严肃，导演构思严谨，因为他在日本学过美术，又十分注意舞台造型和富有表现力的场面调度。他所参加的“留日剧人协会”，曾在正规剧场里演出《娜拉》、《钦差大臣》这样的大戏，演员们多是大学生。现在却在战火纷飞中，在街道、村边的土台上，为适应战斗形势，配合宣传，自编自演些短小剧目，演员又多是战士，无须隐讳，在排练中，是会产生矛盾，甚至冲突的。用俗话说，这叫“卡壳”。每逢遇到“卡壳”，田风同志总是虚心地听取同志们的意见，从演员、战士、群众身上汲取营养，提高思想认识，丰富生活经验。使创作适应战斗化。所以，经过一次“卡壳”，田风同志的思想就升华一步，戏的艺术质量亦提高一步。由于田风同志的艰辛努力，通过战斗生活和艺术实践的锻炼，他于1945年6月，光荣的加入了中国共产党。

1945年8月，日寇无条件投降，抗日战争胜利结束。但是，国内矛盾却日趋加剧起来。以蒋介石为首的国民党反动派，在抗日战争期间，消极抗日，积极反共，袖手旁观，等待胜利，保存实力，准备内战。日本投降后，他们又进一步投靠美帝国主义，妄想重演1927年的历史，再把人民推入内战的血海，以便恢复卖国独裁的黑暗统治，把中国拖回殖民地半殖民地的老路。因此，中国仍然存在着一个新中国和还是一个旧中国的两种命运、两个前途。

抗日战争结束后，在革命的征途上，田风同志一刻也没有停歇。为了建立独立、民主、自由的新中国，同年10月，他和我一起调到东北开辟工作。他和同志们告别时，依依不舍。是啊，几年来的共同战斗生活，使他和剧社的同志们产生了深厚的感情。他紧紧地握着同志们的手，低着头，长久地沉默着。他是一个不善辞令的人，而这种无言的告别，更是强烈地表达了他内心中最真挚和深厚的感情。晋察冀边区军民在他心中培育的革命种子，已经茁壮地成长起来，就要在新的时代开花、结果了。

1945年的10月，我与田风一起到沈阳，田风同志担任“中苏友协”宣传部长。当时，国民党已经进入，形势很复杂。特务们几次要捣毁我们党的这个机关。然而，田风和同志们毫不紧张，每天埋头于宣传、办报的繁忙工作中，积极揭露美蒋反动派玩弄“和平”欺骗和实际上准备内战的反革命两手，充分阐明我们党的革命方针，提醒人们一方面要尽力争取和平，反对内战；一方面要丢掉幻想，不怕威胁，坚决保卫人民的斗争果实。不久，组织上命令紧急撤退，田风同志是最后离开的。他环视着“中苏友协”的所在地，人们亲切地称它为“红色堡垒”，沉着而又坦然。一个年轻的女同志看到墙角丢着一个洋娃娃，像个孩子似地急切地问：“这个可以带走吗？”田风同志笑着说：“带着吧，带着吧。”就这样，在漆黑、凶险的夜晚，他平静微笑着率领同志们离开了沈阳。他知道，一个新的战斗开始了，新中国也就临近诞生了，他们会很快回来的。

1994年5月

（黄中：曾任共青团中央军体部部长，国家体委副秘书长、副主任，体总副主席，中国奥委会主席等职；田风同志在晋察冀火线剧社的战友）

魂系燕赵大地

■ 周 克

抗日战争时期的晋察冀军区第十军分区，地处北平、天津、保定三角地区中心，自古人称燕南赵北之地。1941年日寇为发动太平洋战争确保战略后方，便首先用重兵（调动了几个师团和无数的汉奸伪军）血洗了这块地区。燕赵儿女擦干了眼泪，掩埋好亲人们的尸体。在共产党率领下，披荆斩棘，重新恢复与开辟地区，坚持维护人类尊严的抗日战争，保卫着中华民族世代相传的这块神圣土地，至1943年第十军分区军民，在蒋日伪合流的重重包围中，在日寇点碉林立、保甲联防的白色恐怖下，在无日不战斗，无时不斗争的岁月里，却又在敌人的心脏地带建立起了几块隐蔽的抗日民主根据地。随着形势的发展，1944年8月8日，第十军分区又恢复重建了一支七八个人的文艺工作队。冀中军区“火线剧社”也已从山地打回冀中腹地。专职导演田风同志，不甘于一般的敌后战斗生活，却通过层层封锁线，渡过了大清河，来到战斗特别频繁的“敌后的敌后”第十军分区部队深入生活。他和“火线”音乐队的王涛同志，除了下部队参加战斗外，还抽出精力扶助我们这支转战在数块隐蔽根据地的小小文艺轻骑兵。

记得是在一次战斗之后，忘了是隐蔽根据地的哪个村庄了，田风同志刚刚从“地区队”远征，开辟新区回到军分区政治部，一踏进文工队队部的门放下大背包就同文工队指导员钟惦荣和我商量排演大型歌剧《血泪仇》的事。但这时文工队才七八个人，都是土生土长的青少年，演出独幕话剧《呆不往》，还得从宣教科找人帮凑哩！何况要排演这样的新型大歌剧？“乐队”哪里来呢？田风同志提议：本地流行河北梆子，差不多人们都会唱几口儿。我们不搞西洋式大歌剧，就采取河北梆子形式。演员嗓音不够高，就在弦儿底下走（低八度）。那“文武场”（锣鼓家伙板胡）咋办？不是演员不够请人帮凑吗？这“文武场”就邀请当地民间艺人帮凑呵？主要演员，就在曾呆过剧社、宣传队的人员中挑选。女演员实在不够就从部队卫生部门或“妇救会”中去借调……嗨，这样一来，“天大的困难”却迎刃而解了！

事不宜迟，开辟地区的部队和各联合县军民在等待着、渴望着享受新文艺的精神食粮哩！说干就干，经军分区首长批准，从司令部电台调来杨友义饰演《血泪仇》剧主角王仁厚，从容城妇救会调来的胡芳演姥姥，王志英演媳妇，调卫生所护士康玉仙演二嫂，请“堡垒户”（有地道的可靠群众家）王大娘的闺女王秀林演桂花，一个同志的孩子演狗娃，戏剧队长徐振武会打“落子”，说是不久前战斗部队调来的一个排长，由他演田保长。为了给大家鼓劲，四川口音的钟惦萂指导员自报奋勇上场饰演开荒干部，因我在火线剧社创作组呆过，“打着鸭子上架”叫我演王东才。“文武场”如何解决呢？从隐蔽根据地“堡垒村”米家务南庄请来擅长拉板胡的艺人老孙（小名孙狗子），还从安着日本岗楼的八洋庄请出来会打小鼓和梆子的艺人邓殿昇，并由他俩转请了会打大锣打钵镲的乡村能手。人手凑齐，就在“堡垒户”屋内，由田风导演指挥着，新型河北梆子多幕历史剧《血泪仇》开排了。这时的大清河北基本还是三里一敌楼、五里一碉堡，日伪汉奸还不时出动“清乡”，只因为军分区武装部队时时在外线打击敌人，牵扯住敌人的注意力。隐蔽根据地的村保甲长和联络员多是共产党员或抗日积极分子，又有秘密民兵站岗放哨，周围“大据点”敌人一举一动我们都清楚，虽有几次敌人出动“扫荡”，我们都乘夜转移到另一块隐蔽根据地，照样在室内对台词练唱腔、听田风导演讲“导演阐述”，分析角色……只记得有一次，中心据点上的伪军进到驻地村公所了，我们才知道消息，田风导演就和我们一起钻入地道，他在地道的“客厅”里还坚持为演员们说戏。就这样，日日夜夜，风雨无阻，伴着敌人的枪炮声和敌人捉着迷藏。大约经过一个月左右时间，田风同志的络腮胡子更长了，脸也消瘦了，但他那两只大眼睛依然炯炯发光，嘴里叼着他那个大树疙瘩雕刻的烟斗微笑着……大型河北梆子歌剧《血泪仇》终于排演出来了！

记得一次在程岗村“彩排”时，房东老大娘、粮秣主任、邻居妇女们看着看着流出了眼泪，田风导演提议为本村父老兄弟姐妹试演一场，一再答谢群众对剧社的关怀。试演后，根据群众反映对每个角色又进行了总结讲评和不厌其烦的校正。紧接着迎接在十地委机关的隐蔽根据地杨相庄开大会慰问开辟地区回来休整的主力部队。《血泪仇》作首次正式公演，而这次的演出效果之佳，却出人意料之外。不但主力部队和机关领导人们没想到，就是从事演出的文工队自己也没有想到。

当演到王仁厚儿子被国民党抓丁，而保长又逼迫他卖地时，小孙孙狗娃牵着爷爷的衣襟问：“爷爷，卖了地咱吃什么呀！……”王仁厚泪流满面，哽咽无声，在“行弦”乐声中，王仁厚，乘着狗娃哭着用一只小手擦眼泪，悄悄地移动那另一只小手，把自己的衣襟换成了狗娃的衣襟，低头转身轻轻走掉了！顷刻，狗娃忽然发现爷爷不在了，顿足大哭……”拉板胡的老孙的泪水，“刷”地流了下来，再看打鼓的艺人邓殿瘅早已泪流满面，请来打锣的能手，更止不住抽抽咽咽地打一声锣，“刷”地一下眼泪当演到王仁厚一家被迫逃难投奔“边区”，中途又遭国民党军队残害时，台上台下一片哭泣声……接着是一片怒吼……；进“边区”受到共产党、八路军和边区人民热爱，又是一片欢乐……

从此，由田风同志在抗日战争最前线的战火中，导演创作的这出《血泪仇》，这出深刻细腻地表现人民群众心向光明、心向正义心向民主的大型民族形式的新歌剧，像插了翅膀似的，自由飞翔在东至保定附近，西至天津远郊，南至大清河两岸和白洋淀，北至北平以南的大兴、固安等永定河边。与第十军分区开辟地区的战斗部队和政权工作者形影相随。部队打到哪里，这出《血泪仇》就跟到哪里，哪里的抗日政权和群众呼唤，这出《血泪仇》新歌剧，就到哪里演出。毫不含乎地讲，田风导演因地制宜进行《血泪仇》的歌剧创作，直接有力地配合了第十军分区军民的开辟抗日民主根据地，鼓舞了燕赵儿女，在“黎明前的黑暗”紧要时刻，发扬光大了中华民族的浩然正气！

1994年3月

（周克：曾做过导演、记者；田风同志在晋察冀火线剧社的战友）

历尽苦难痴心不改

■ 汪 惟

田风同志在日本投降后来大连工作，在新中国成立前后的六年间，为惨遭日本侵略者蹂躏的废墟上创建人民的文化事业做出了卓越的贡献，成为大连文艺史上居于显赫位置的重要人物。他与50年代中期大连文艺所呈现的大繁荣有着密不可分的关系。

1912年辛亥革命推翻了旧中国持续两千多年的封建帝制，在这一年后，也就是孙中山即职就任中华民国临时大总统的前夕，在中国最后一个王朝的东北故都——沈阳的一个军官家庭，生下了一个男孩——一个最新的民国国民，他叫田广生，后改名为田风。他的父亲田玉山，又名田润辉，自幼习武，青年时代在镖局学艺，做过保镖。后来这位武士投入张作霖军中，在吴俊升、万福林的部队里任过连长、奉军驻天津办事处处长等职。在田风记事时，他们家里还有些旱田和房产，并在天津、北京永兴洋行里有股份。从这里看，田风的家庭不失为一个殷实富户。但不知为什么，田风没有走武行的路，也没去经商。他在小学时代开始学国画，从此与艺术结下了不解之缘。20岁刚出头，他进了北京美术专科学校；1934年留学日本，先后补习了两年日语，解决了语言不通的问题后就考入了著名的东京日本国立美术学校，在东京学了油画，成为日本著名画家藤岛武二的得意门生。这位颇具美术才华的大学生，同时酷爱戏剧艺术。往往是黎明前登自行车赶到海滨画日出，而其他休息时间和假日，则全泡在剧场里，把热情和心血投入到留学生在日本的戏剧活动中。他在曹禺的《雷雨》、果戈理的《巡案》、易卜生的《娜拉》等戏剧的排演中做演员、导演和组织工作。他待人诚恳、思想进步，赢得了很多同学的友谊。就在这期间，他同后来中国艺术界的名流吴天、张水华、任白戈、杜宣等人结成为事业的好友、革命的同志。

“五四”以来民主革命思想的崛起，以及民主运动的蓬勃发展，使他萌发了独立进取、救亡祖国于危亡的民族民主意识。他不仅走出家门，去寻求真理与正义，同时也关怀和规劝他的姐姐放开天足，冲出深闺，投身社会，自强自立，争取妇女解放。马克思主义的共产主义运动刚刚传入东方就像磁力强大的磁场，很快吸引住立志献身社会的中国青年知识分子。留日学生田风，刚到日本就参加了中国共产党在日本领导的留学生“学联”的左翼文化活动，如“艺术座谈会”、“戏剧座谈会”、“留日剧人协会”等，他成为中共海外支部领导的“文化座谈会政治经济学小组”的成员。从此，酷爱艺术的田风，更看重民族解放事业的分量，时刻不忘自己的家乡沦陷在日寇的铁蹄下，他甘心情愿让革命的政治主宰他的生命。

1938年，作为东京美专三年级学生，还有一年毕业的田风同志，参加抗战的愿望迫不及待，毅然决然回到了祖国，在北平等待着党的组织联系投身革命的途径。终于在1939年10月奔赴解放区，于平西马栏村入伍参加了八路军。

从这时算起，到抗日战争胜利整整六年。这是田风同志自我意志磨炼和接受生活考验的六年。考验是严峻的，严峻到一般人很难承受的程度。

舍己为公，做无私的奉献，是当时一些真诚投身革命的知识青年自觉的思想准备。田风同志正是这种类型的青年，他既已决定献身革命，便能激励自己除掉一切物欲，包括割舍纯洁的爱情也在所不惜。在北京等待的那些日子，他被王兰爱上了，她经常到他的住处看望他，即使他不在或睡着了，她也把一束鲜花放在他的枕边。当她知道他即将到解放区参加革命时，便要求同他一起去。田风同志当时考虑到她年轻没吃过苦，怕她过不了艰苦的生活不愿意让她去，可那位痴心的姑娘坚持要与田风同志一起参加了革命工作。后来组织上发现她有政治问题，对她进行审查，田风不得不与她划清界限。田风同志既是个重感情的血肉之躯，又是一条能够战胜自我的硬汉子，面对这猝然而致的感情重创，他以超人的毅力抑制了于事无补的伤感情绪，把全部怨恨发泄给民族的敌人，把全部精力投进革命事业，投进大生产运动和血与火的战斗中。

田风同志不容许自己的身心出现一时一刻的停滞状态。在为改变解放区营养严重匮乏的大生产运动中，他忍受慢性胃炎的折磨，对抗着小肠疝气的疼痛，手按着抑制疝病的带钢卡子的腰带，不声不息地行军，从未掉过队；在大生产劳动中同健康人一样背粮、背水、下煤窑背煤。休息时他弄来烟叶给大家抽，拾来干柴给大家烧水喝。参加革命第二年他担任了晋察冀北方分局社会部调研所干事，他做着翻译工作的同时，主编《挺进军》画报。为了团结自己消灭敌人，他暂时放弃了对油画新艺术流派的追求，竟然操起了创作漫画的笔，发表了不少结合时事进行宣传的漫画作品。他更精于戏剧艺术。1942年之后，他作为冀中军区“火线剧社”的导演，集中精力苦心探索如何把旧现实主义和现代主义戏剧艺术与解放区革命的新文艺有机地结合起来。他成功地排演了《十六条枪》、《血泪仇》、《白毛女》等振奋民族精神促进革命事业的戏剧。

田风同志把抗战的利益作为自己一切行动的准则，只要抗战需要，他的一切都可以献出来，在日寇向解放区残酷扫荡的恐怖时期，他所在的火线剧社不仅没有停止演出，还要经常在敌人的眼皮底下演戏，村中的广场、场院和破庙前就是他们的舞台；这舞台随时都会变成战场。有一次剧社正在一个山沟村庄里演出，突然听到了枪声。有人说日寇部队正向这个村子围上来。情况十分紧急，生死考验的时刻到了。剧社社长崔嵬同志立即决定向谷口两头突围，他自己决定带领一些同志从西面冲出去，同时问大家：“谁带人往东面冲？”田风同志挺身而出说：“我！”他眼盯着崔嵬同志，心里默默地说：请信任我吧！崔嵬同志望着他那坚定自信的目光，毫不犹豫地点头说：“可以！”就这样，田风带领一部分同志迅速安全地冲出了敌人的包围圈。

这时田风同志还不是党员。他虽然以自己坚强的意志力甩掉了失恋的感情重负，而政治上一直背着包袱，直到抗战胜利前几个月才入党。这位虔诚的共产党员，直到临终前也未必想过：那是否是一件错案？

抗战胜利了，田风同志终于得到了组织的信任与重用。他被派往东北开展工作；1945年秋，沈阳第一次解放时，他被任命做韩天石同志任会长的中苏友好协会宣传部部长。不久，他又被派往安东开辟文化工作。在安东他接受安东省委的指示，创办了文艺期刊《白山》，他任杂志社社长，同时还兼任白山艺术学校领导工作。恰在这时，从山东解放区来了几位年轻干部，被安东省委分配到白山工作。其中有一位面色粉白，白里透红，神情聪慧名叫于华的妙龄少女，很快点燃了田风心中已近熄灭的爱情之火。田风既已爱上了于华便一往情深，忠贞不渝，直到离开人世。

1946年，国民党军进犯安东，我东北民主联军做战略撤退时，组织上授命田风、白鹰等同志带领一批文化战士奔赴大连地区开辟革命文化工作。从安东去大连，乘汽车不过一天的路程。但由于国民党的封锁，他们在海上颠簸了六七天，又在陆上一再耽搁，10月出发，11月才到目的地，花了整整一个月时间。这段行军路程的风险是对这支文化队伍和它的领导者的一次新考验，也是田风同志和他的战友们来大连工作的战斗序曲。他们走的是水路，乘两条小船，船起锚扬帆不多时，刚刚进入黄海就遭遇了大风浪。同志们几乎全都晕了船，只有田风同志挺住了。他为同志们反复处理呕吐物，甚至接屎接尿。在风浪稍稍减弱时，船好歹停靠到大孤山海滩上，大家以为可以结束颠簸之苦了，可是一打听才知道，大孤山已为国民党军队占领，下船自然有被吃掉或当俘虏的危险。不下船，就得继续在颠簸中冒风浪的危险。危难当头，大家的思想情绪如海涛般动荡起伏是很自然的事。为稳定思想情绪，鼓舞斗志，田风同志到每一个船舱里找同志们谈心，解除思想顾虑……终于保全了这支小小的文化队伍，到皮口登陆后点名时，只少了几个人。接着，在复县普兰店滞留的那些日子里，他们进行了演出，在演出活动中又扩充了队伍。

田风同志自1946年冬风尘仆仆来到大连，在大连工作又是整整六年。可以说这是他一生中操劳最重，倾洒心血最多，只有奉献毫无索取的六年，也是给大连文艺事业做出宝贵贡献的六年。田风同志是大连几个重要文艺团体的组织者和奠基人之一。1946年冬出现的第一个旅大文工团就是在田风同志与陈陇、白鹰等几位解放区来的同志领导下创建的。当时白山文艺战士有百来人，后来又部分撤走北上了，余下二十多人与中苏友协的三十几名文艺工作者一起工作。为适应当时大连为苏军管理的无党派民主地区的特点，又补充了人力，文工团改名为关东社会教育工作团。陈陇任团长，田风任副团长。1949年4月1日旅大区党委公开后，于八九月间，区党委决定，以关东社教团（以下简称“社教团”）为核心，将金县、旅顺、大连县文工团和属于总工会的职工文工团等五个团合并，成立了新的旅大文工团。田风任团长。合并旧团、筹建新团全面的复杂工作，从原则到具体，事无巨细都是由田风同志主持的。那时的官员大都没有贪权如命一心搞专制的脾气，大家靠相互信任工作着。党组织信任田风同志，他也就一心一意地主持着全面工作。到了1951年4月，开过第二次旅大文代会后，田风同志当选为大连市文联主席，兼任文工团长，在党内又任总支书记。旅大文工团一出世就接受了一项无上光荣的任务。这就是承担了组织中华人民共和国开国盛典在大连的文艺庆祝活动。田风同志是庆祝活动的具体筹划者和总指挥。文工团为大会提供了一支200多人的大乐队，乐队穿着的乳白色哔叽服装，也是田风同志亲自设计的，可是谁曾知道，这支乐队，是田风用他母亲给他的那包做生活费的金子装备起来的。

文工团布置了供全市人民游园狂欢的设施……而且，早在几个月前便为庆祝盛典准备了大型话剧、音乐和歌舞。那空前绝后的盛况是经历过的人永怀不忘的。就是在这一年冬天，文工团为在沈阳召开的第一次东北文代会派出了乐队，演出了大型话剧《钢铁是怎样炼成的》，并为不少兄弟文艺团体演出了音乐歌舞节目。这些独具风彩而技艺精湛的艺术是当时人们未曾见闻的，一时引起全东北文艺界的震惊。以此，文工团为大连人民赢得了极大的声誉。不仅如此，还在决定文工团赴沈参加文代会的同时，派出了一支阵容很强的戏剧演出队，奔赴乡镇为农民演出。

田风同志是当之无愧的文艺事业的开拓者和改革家。他的开拓和改革不是外行的蛮干，而是基于他对文学艺术的深邃理解和远见卓识。在培育关东社教团团员的艺术素质的过程中，以及在后来领导五团合并后的大型文工团的工作中，他意识到：那种战争年代作为政治宣传、鼓动工具的文工团和“万金油”式的文工团员，其演出质量和艺术技能很难提高，已经不能适应和平时期人民群众日益提高的艺术欣赏要求。他有意识地注意了专业分工。到了1950年初，他便按照比较周到和科学的专业化结构和规划，在文工团全面地实行了专业化。按专业化的要求，为各演出单位请专家，进行了基本功训练；为提高文化素养，除正常请专家做报告外，还实行了相当正规的业余文化教育。按新体制为大连建立了第一批专业的文学、戏剧、美术、音乐、舞蹈创作组。文工团成为培养一批作家、诗人、剧作家、导演、作曲家、歌舞编导的摇篮；两个戏剧队是今日大连话剧团的母体；音乐队和舞蹈队分别是东北局交际处乐团和大连歌舞团的前身；舞台美术队、文工美艺社和艺术学校的成员，后来有的成为美术、音乐院校教授，大部分人则成为各剧团舞台美术工作的领导者和骨干……

田风同志为大连艺术团体的建立和走向正规化、专业化起了奠基的作用，为大连地区培养了一大批文艺骨干，建立了难以磨灭的功勋。可是，正当他全身心地进行新的改革试验的时候，由于受“左”的思潮的影响，他在1952年遭到了极不公正的批判和受了不应有的党纪处分。1954年，党的七届四中全会以后，旅大市委为田风同志平了反，宣布处分作废。1955年他被调到北京电影学院工作，从此，他离开了多年苦心经营的大连文艺事业。他悄然离去了。但他的影响留在大连人民和每一个文工团员的心中。他带领同志们创造的业绩是不可磨灭的；受他启蒙教诲的各门类文艺人才中，今天不少是颇有成就的作家、艺术家，至今仍活跃在文坛、艺坛上。他们正在影响着下一代。

“历尽苦难痴心不改”，田风同志这种坚韧的性格，决定了他的命运。1955年5月，他做了电影学院的教授、党委委员，并担任导演专修班的主任。后来又任导演系主任教员。他几十年如一日的，以艺术家坦诚的襟怀和诲人不倦的蜡烛精神培育自己的学生。不幸，政治运动又来了，在1964年开始的“文艺整风”中，他执教的被院党委命名为红旗班的“导五九班”半数学生被打成“反党小集团”，并诬陷田风同志是这个小集团的后台，对他进行了迫害。也许他更不甘心的是他用心血培养的这批学生被毁掉，竟于1965年1月25日含冤与世长辞了。“文化大革命”的动乱结束后，北京电影学院党委为田风同志彻底平了反，为他恢复了名誉。并于1979年4月为他举行了隆重的骨灰安放仪式，骨灰安葬于北京八宝山革命公墓。

1994年5月

（汪惟：田风同志领导的社教团音乐队队员、旅大文工团演员）

在白山：现代文艺的开拓者

田风与《白山》杂志

捅破那层纸

开启表演之门的领路人

“舞美师：后台的英雄”

亭亭山上松

穿越封锁线

大海逃生

田风与《白山》杂志

■鲁　琪

1946年，初春3月，我从辽南来到了安东（丹东）市。这个地处鸭绿江边，刚刚解放不久的城市，在当时东北解放区，算是个大城市了。不多几天，我便被分配到了白山社。

《白山》杂志是文艺期刊（月刊），创刊号于2月刚出来，16开本，50多个页码，这也可说是当时东北解放区，党直接领导下，最早创办的一个“大型”文艺刊物了。

蓝天、白云，浩渺的苍穹下，一座巍峨的雪峰，横空出现两个鲜红的大字：“白山”。这就是创刊号的封面，多么朴素、大方！我一见就喜欢上了。

白山社的领导就是田风同志，他是社长，我是编辑部里的一名编辑。

《白山》编辑部的人员并不多，除了我之外，还有韶华和刘荣光。韶华是个比我还年轻一些的老同志，他是从关内来的，刘荣光的年龄比我们都大，他是安东解放后参加工作的新同志，而我，只不过是个刚从监狱出来不久的学生。

此外，编辑部里还有一个十四五岁的孩子，他叫王同禹。他是个苦孩子，从一家什么工厂里跑出来参加“八路”，田风同志将他收下，留在身边做通讯员。他经常来编辑部，帮助我们干点杂活。这孩子念书不多，但很聪明，又喜爱文艺，田风同志很喜欢他，不仅过问他的学习，而且亲自教，亲自检查。王同禹同志后来能成为一个作家，写出了几十万字的长篇小说，这与田风同志当初的关心和一个字、一个字的教他学文化，恐不能说没有关系。

田风同志消瘦的面孔，高高的身材， 还有一双总带着微笑的眼睛，是一双工作起来热得灼人的眼睛，是一双谈起事业，谈起追求，就闪闪照人的眼睛。那双诚恳、宽厚，含着不知有多少殷切期望的眼睛。这是亲人的眼睛，兄长的眼睛，是一双真正能与你同忧共患、同生共死的同志的眼睛。当目光落在你身上的时候，你感到的是信任、安全、温暖。我就是在这种目光下，与田风同志一起工作了半年。

田风同志性格豪爽，待人真诚，在与他相处的日子里，从没见过他冷言冷语对待过一个同志，从没听他说过一句言不由衷的话，打过一句官腔，写过一篇官样文章。

这半年的时间里，我与韶华、刘荣光，在田风同志的主持下，共编辑出版了五期《白山》（创刊号在内，《白山》共出版了六期），那时我们吃在编辑部，睡在编辑部，工作在编辑部，没有什么上班下班，不分什么黑天白天，几个人，工作得那么愉快，心情那么舒畅，从不知什么是疲倦，什么是烦恼。

多年来，每逢想起，都心驰神往，田风同志给我参加工作初期，留下了一段最美好的回忆。

在当时，《白山》团结了一批年轻的知识分子，他们在《白山》上发表作品，抒发情怀，每期还设有一个“学生园地”专栏，而且也为一批作家、文艺工作者提供了阵地。如今有些知名作家，雷加、白刃、韶华、相如等，当年都在田风同志主办的这个刊物上发表过作品。

田风同志不仅是文艺事业家，也是美术家、戏剧家。《白山》杂志所有封面的设计，每篇重点作品的插图，那一幅幅刀锋苍劲，不署名的木刻作品，几乎都是出自他的手下。他在安东写了一部反映敌伪统治下，东北农民苦难生活的四幕话剧《妻离子散》。《白山》第六期发表了两幕，下半部稿已排版打出来纸型，可惜由于1946年10月安东的撤退，第七期没印出来就停刊了。

我到《白山》编辑部后，前一段与田风同志接触得多些，后来，由于白山艺校的成立，那方面的工作较忙，他来的次数就少了，编辑部有些事，都由韶华同志与他联系，我们接触也越来越少，有时许多天也不见一面。10月撤退的当天，市内的各机关几乎已经都走了，我们还一边奔跑印刷厂，打印《白山》第七期的纸型，一边收拾编辑部的那点家产。

七期的《白山》马上就要付印，但已来不及，只好打一副纸型带走。当时想反正我们不久就会回来，有了纸型就不用再制版了，再说就是撤出了安东，用纸型在外地也可以印出来发行。编辑部没什么家产，只不过辛辛苦苦积攒了几本书和一些稿纸等办公用品，瞅了又瞅，也舍不得丢掉。

这个时候，真想能见上田风同志一面，听听他说点什么，可是直到夜间，我们离开安东的时候，也没见到。后来听韶华说，田风同志已与白山艺校一起撤离走了，而且前不多日子，组织上已决定他不再负责《白山》杂志的工作。

当然，我怎么也不会想到，这一别竟然是永世之别。今天分离，说不定哪天又相见，聚聚散散，已是革命队伍中极平常的事了，谁又能怎么在意呢！只是想，虽然田风同志不再负责《白山》，但白山社并没有与白山艺校分开，撤退后到了地方，自然就会见到。岂不知，从此不但永别了田风同志，也与白山社、《白山》杂志永别了。

1992年11月

（鲁琪：编辑、作家；曾任黑龙江省文联党组书记、主席，黑龙江省作家协会在主席等职；田风同志主持《白山》杂志工作期间的同事）

捅破那层纸

——从白丁到演员

■ 田成仁

1946年4月，我作为庄河县政府文工团一名演员有幸进入白山艺术学校学习。那时对于戏剧我还是个“白丁”。进校后结识了田风老师。那时他除了办杂志担任“白山文艺社”的社长、主编，还在艺校任教美术课、戏剧课。

我接触他，更多的是在排戏中。白山艺校始终贯彻理论与实践结合的方针，当时他排的戏有《兄妹开荒》、《离离草》和《十六条枪》，排这些戏使我大开眼界，在这之前我并不懂怎么演戏，在县文工团时没有明白人指导，只是大家凑在一起背了词就上台，稀里糊涂就演了。到白山艺校开始排戏，我还适应不了，总出洋相。同学们笑我的庄河家乡话的口音，笑我走路时踱腿僵硬。哄笑使我受不了，感到丢丑，就向老师提出换人。这时田风老师却耐心地安慰我，总是带着微笑启发我：“慢慢来，你的戏会出来的。不要紧张，要放松，思想要集中在人物身上。”他还亲自做示范，边做动作，边讲人物的心理活动。我真的慢慢开窍了。做对了，看他点头，心里非常高兴。拍完戏以后我总是利用休息时间偷偷到排演场，按他的要求一遍一遍地复习。心想，不能让老师失望，要对得起他对我的培养。在排戏时，我总渴望他多导我的戏。就这样，我们在排戏中建立了师生的感情。我越来越靠近他，对他佩服的五体投地。同时，也加深了我对戏剧事业的认识，坚定了干好这一行的信心。

我暗暗庆幸自己遇上这样一位德才双全的老师。

不料，就在我们紧张的学习过程中，安东的局势发生变化。1946年八九月间，国民党军队加紧进犯东北解放区。在安东经常能看到从前线下来的伤员。我感到恐慌，怕八路军顶不住国民党的部队。这时，同学田芳伦就动员我和他一道离校，并且告诉我他是国民党地下党员，还约我第二天早九点钟在头道桥子见面。我思前想后，怕走了连累亲属，又带不走行李和衣服，又怕一走再也看不见田风老师了。想了一夜，决定不跟他走。这样我就留下了。后来，我向组织交代了和田芳伦的关系，以及约好一道离校的实情，组织相信我的话，没有再追究我。以后，形势一天比一天紧张，有的学生偷偷地离开了学校。学校为了稳定情绪，田风老师在大会上宣布："革命是自愿的，愿意革命的就留下，不愿意的可以离开，不必偷偷摸摸地走。当时究竟有多少人离开了艺校，我记不清了，只知道庄河县支工团来的十多人中，只剩下我和于二1（牧风）俩人。

我当时所以不走，很重要的一个原因是经过前一段党的教育，思想上起了变化，相信共产党是为工农劳苦大众打天下的，这样的党怎能垮台？另外我看到艺校的共产党干部个个都精明强干，不论学识还是见识都比我高得多，首先我想到的就是田风老师。这之前我也耳闻到他的一些经历，他是留日的，在东京学过美术，当年是个爱国青年，日本侵占东北，参加了"东北同学会"，上街进行抗日救亡宣传。他在晋察冀当过翻译，是"火线剧社"的导演，导过《把眼光放远点》，在敌后还导过《母亲》、《血泪仇》等。他能编、能导，才能很全面。那时他的仪表也很吸引人，经常穿件鹿皮夹克，围着一条灰色的围巾，头戴着一顶灰色呢帽，面型瘦长，身材均匀，一副文人气质，地地道道的知识分子模样。我想人家不比我高明吗？人家跟定了共产党，不怕苦不怕牺牲，我这个小小的百姓还有什么可怕的？我想来想去，决心跟着共产党干到底了。这是我人生道路上一个重大转折，1946年10月白山艺校撤离安东时，我痛痛快快地上了船，和大家一起踏上了新的革命征途。

出发时全校师生分别登上两只木帆船，我有幸和田风老师在一只船上。两只船在海上遇险时，我进一步领略了田风老师的崇高品德。那时暴风雨骤然袭来，海浪溅进了船舱，几天以来船只被颠簸得几乎要翻进海里，船已离开航标，被刮进海洋岛，船老板已感到生存无望，他几十年都没遇到这么大的风浪，一再向田风老师表露无救的情绪。田老师此时沉着镇定地挺立在船头，临危不乱，即要做船老板的思想工作，又要照管好学生，忽上忽下，一反平时的沉默寡言，稳定大家的慌乱情绪。他说："革命遇到风险，对革命者是考验，要拿出红军爬雪山过草地的劲头，坚持就是胜利。" 大部分同学进舱后，呕吐过去昏睡了，可是这时的领导们顾不得自己的安危，一直坚守在船头，整整熬了七天七夜，终于风平浪静才得脱险。船老板佩服八路军的革命作风，同学们敬仰领导的大无畏精神。经过这场搏斗，大家都觉得田风老师的行为与他这个文质彬彬的长相不相称，我们这些初出家门的学生从他身上获得一种莫大的力量，让我们看到了真正的八路军、共产党！我在思想上更加靠近了他。

1946年冬，革命形势在不断变化，随着革命的需要，艺校的师生辗转到了城市——大连，当时大连地区受苏联军队管辖，我们偷偷进大连以后，两次与当地文艺单位合编，以,通过艺术发挥宣传的作用。田风老师为我们提供施展才华的机会，带领我们排出《把眼光放远一点》、《十六条枪》、《母亲》、《白毛女》等剧目，在这几个剧目中我都担任了重要角色，几出戏上演后观众反映强烈。给我印象最深的是他把《白毛女》搬上舞台，这样一出大型歌剧，摆在我们面前相当艰难，除了几位老同志懂表演，能胜任角色，其余绝大部分是刚入门的小青年，有的女演员和男演员对台词时张不开嘴，害羞；有的演员表演过火、生硬；记得扮演喜儿的于萍对词当中感情一上来就哭个不停，导演几乎是把着手教。由于我在安东时得到田风老师的启蒙，在演虎子一角时很快能达到导演的要求。

其实我对虎子不陌生，我生在农村，熟悉农民。这出戏的舞台美术设计非常成功，也是出自田风老师的手，在布景、灯光、音乐的衬托下，让人感受到一种浓厚的农村生活气息。我一上场人物的戏就带上来了，情绪非常激昂，多次得到导演夸奖，说我的情绪和虎子的心情融为一体了，我也觉得越演越能体验到虎子的思想感情。导演经常讲，演员要一专多能，门门都应该熟悉，如美术、音乐等。他给演员创造各种实验机会，如有的演员由台上下来马上操起某种乐器，或帮助挡灯光，有些演员在幕后参加合唱，大家对各种尝试都能做到合拍。他导演的成功也得益于美术，他把舞台调度与人物造型的表演融为一体，让人能感受到舞台的美，既调动激发演员的感情又感染了观众。显然在演出上他继承了当年导戏的风格，有战斗性、民族性，是很好的典范，这些艺术实践既教育人民，又提高了我们的思想艺术水平，从中感受到为人民的艺术的威力。我们这支队伍得以锻炼成长与田风和其他几位领导的努力分不开，其贡献在于把白山艺校办成一个进步的具有优良校风的、艺术质量高的、为国家培养了一大批人才的艺术学校。他的战友刘相如同志对他有过很高的评价，他说："在战争时期，白手起家办起这座艺术学校是很不容易的事，田风有功劳。"他在回忆录写到："田风同志曾留学日本专攻美术，但对戏剧也有研究，艺术造诣很高。他来晋察冀根据地，很有艺术家的风度，我们相逢不久，便亲似老友。"

通过昨天的教学和今天的实践，田风老师在我们这个集体中威信更高了，受到普遍的尊敬爱戴。他真诚、坦率、热情，对同志热情，导戏热情，导的戏充满了昂扬的激情。他的作风平易近人，所以到了大连后我与他的感情更密切了，经常和他在一起相处得很亲热。《白毛女》演出后，我对未来更充满了希望，向往着再度参加他导演的戏，那将多么幸福！

当战争形势有了新的发展，艺校待命返回辽南时，一天当我听到上级领导宣布分编的人员名单中由田风同志带领部分同学（20余人）留在旅大文艺工作团时，很震惊。在艺校到大连后，白山艺校已被合编改为旅大工作团，陈陇任团长，田风为副团长。虽然我明白这是白山艺校的一次播种，但非把一个大梁柱留下，我想不通，全团都不会舍得与这样一位全才的领导分开，我对分离感到茫然，我原来的希望一下子都化为乌有。经过几天不安的沉思，我竟毅然决然要求留在大连，留在他身边。我想，首先我要知道他能不能留我？当见到他时我满心的话只说出一句："愿意跟你留在大连。"他停顿了片刻，带着深沉的笑说："知道你有这个想法我很高兴，但你和全体同志都必须服从大局，要服从革命需要，服从分配，这也是关键时刻的考验……"这以后的几次见面他总是和蔼地安慰我、鼓励我。就这样我恋恋不舍地随着大队人马离开了大连，离别了我的启蒙老师田风。

1954年我由丹东考入中央戏剧学院，学习两年毕业后被留在（北京）中央戏剧学院中央实验话剧院。听说他于1955年由大连调到北京电影学院任教，我亲自去看望了他，畅谈很久。

1965年听到他去世的消息，不可想象，明显是文艺整风所迫，诀别了与他半生为之奋斗的文艺事业。那时文艺界很多人同他有着相似的命运，就是文艺整风逃脱了，可"文化大革命"也逃脱不掉的。

谈何"对抗党的文艺路线"？如此要命的罪名强加在他身上，有口难辩。这与事实，特别是与他历史上的作为不符，解释不了。他是响应党的召唤投入革命队伍的，有时穿上军装奋不顾身奔赴前线作宣传鼓动工作，有时身为文艺战士，到革命前沿以满腔热情为"火线剧社"导演出一出出生动感人的戏剧，哪一步不是遵照党的指示以文艺为武器，打击敌人，教育自己。解放后，他筹建艺术学校，为党培养大批人才，在遇到艰险时迎着风浪生死置之度外，与同学同生死共患难，不露丝毫惧色，难道这不是一个共产主义战士、革命的英雄吗？想起鲁迅的一句话："自杀是对环境的一种抗议。"田风的死岂不也是一种抗议吗？那时不让他革命，非把人推向敌人的一边，他无非是坦荡地说了真话，善意地谈出自己的观点，今天看那些意见都是对的。

1992年5月

（田成仁：导演、演员；曾任辽宁省话剧团副团长，中央实验话剧院演员、导演、编导主任、艺委会主任等职；田风同志领导的白山艺校第一期学员）

开启表演之门的领路人

■王　为

1945年“九三”后，八路军解放了安东（即丹东市），第二年夏天我参加了革命。不久，我被派到安东白山艺术学校，成了“白山”第一期学员。这时我有幸遇上了田风这位老干部、好老师。在他的耐心教育和正确引导下，我懂得了做革命人、走成才路的道理，努力学习文化、钻研业务，为我后来成为一名专业戏剧创作干部，奠定了基础。我从事戏剧工作40多年，现在已经离休了。我常常想到白山艺校那些领导和老师们，在他们的领导和教诲下，使我们这一代人成长起来。尤其使我难以忘怀的是田风老师。可以说，田风老师是促使我走上革命的戏剧道路的启蒙者和引路人。

我和白山艺校其他同学有着极其不同的遭遇和经历，思想和文化基础也是有很大差距的。因此，我在学习上、工作上的难度就比别人大得多。我刚到白山艺校，虽然已18岁，但是思想很不开化，文化程度也很低，对艺术更是一窍不通。我在戏剧系（后来改成文剧队），成天只知干活儿、学文化，根本没想上台演戏。白山艺校撤退到大连以后，改编为旅大文工团，田风老师任副团长。在文工团里，我和通讯员王同禹文化程度最低。田风老师就鼓励我们学文化，并为我们订出课程表，每晚让我们到他那里学10个生字，他还为我们讲课文，每周还要求我们写一篇作文交他批改。

有时他还给我们讲些戏剧、美术知识和社会知识。他还要求我们写日记。起初我在日记里写一些日常生活琐事，甚至连和谁闹意见，谁跟我讲私房话也都写下来，全是大实话、大白话。尽管我写的挺认真，日记本上文字密密麻麻，歪歪扭扭，还有错别字，田风老师不厌其烦地为我批改日记，对提高我的思想、文化水平有很大帮助，使我获益匪浅。从那以后，我养成了写日记的习惯。直到“文革”中造反派抄家时，他们从我的日记里找“罪状”，还把过去的日记搞散失了。不然，今天写这篇回忆录，内容也许会更丰富些。我还记得当时我写过一篇作文，文中把田风老师比作可爱的妈妈，说他如何关心我的工作、学习和生活，关心我的成长，甚至每天吃什么饭菜他都要问问，他对我体贴入微、关怀备至，就好像慈祥老妈妈。出乎我的意料，这篇作文竟惹得田风老师捧腹大笑，甚至还笑出了泪花。笑得站在一旁的王同禹和我，都直发愣。笑够了，他擦擦眼泪，风趣地说：“王为，你这篇作文，在文字上有进步，语言通顺简练了，错别字也少了，写出了你的心里话，还很有感情。可是，你不应该夸耀我个人，太过分了。你的进步，是因为你走进了革命队伍，是因为你主观上很努力。不可忘记‘少壮不努力，老大徒伤悲’的道理。这样努力学下去，一定会获得丰硕的果实的。”我一生都忘不了这段谈话。并常用“少壮不努力，老大徒伤悲”这句话教育我的孩子们。

那时，王同禹同志同我的文化水平不相上下，但在田风老师的精心培育下，经过他自己的努力学习，自强不息，后来终于成了一名作家。粉碎“四人帮”以后，我们到北京参加田风老师的追悼会时，我和王同禹还谈起过这段学文化的经历。我们都记得老师讲过的一段话：“我们培养文艺人才，不求个人大富大贵，只要能为党的文艺事业培养出一批革命文艺事业骨干，也就心满意足了。你王为只要肯努力学习，就能成为一个优秀的演员。”这段话一直激励着我前进。我们都十分钦佩

记得1947年年初的一天，我心情格外舒畅愉快。因为头天晚上我的作文受到田风老师的表扬，所以吃完晚饭老早就到老师那里。我和王同禹都

高兴地坐在日式的大方棉垫子上，等老师为我们上课。这个晚上，老师并没有讲课，他叫王同禹回房去写作文，留下我谈话。田风老师开门见山地问我："王为，你愿意演戏不？"我也直截了当："我不会演戏，也不愿演戏。"他说："那不要紧，我可以教你。这次我们准备排话剧《母亲》，想让你扮演那个母亲，这是对你的锻炼。你说过，干革命工作，你什么都愿干。现在组织决定了，你就应该接受任务，不能拒绝。"我可着急了，心想：在家常听人说唱戏的没正经人，是下九流，像我这样的大姑娘，怎么能上台演戏呢？田风老师看透了我的心思，耐心地开导我："我们演的是革命戏，是反映穷苦人心愿的戏。你不是因为受地主婆的折磨才跑出来参加革命的吗？我们就是要为像你这样受地主气的人，找个出气的机会，到舞台上去宣传劳苦大众的反抗压迫精神。"听了这番话，我觉得有道理，就勉强地答应了。当我拿到剧本，从头到尾看完一遍，就心慌了。一个姑娘家让人叫妈妈，使我太难接受了。想不接受任务，又怕推不掉，只好硬着头皮去念词。对词时，剧中的儿子叫我"妈妈"时，竟臊得我面红耳赤，泪水在眼圈里打转。连对几次词，叫妈我都不搭腔。后来我连自己的词也不说了，实在憋不住就哭了起来。导演只好让孙婉同志替我演母亲这个角色。换下来以后，我感到自己辜负了田风老师对我的苦心栽培，觉得拒绝组织上交给我的工作任务也是不对的。想着想着，就好像自己惹下了大祸，真有点晕头转向了。经过一番激烈的思想斗争，我下决心不演戏了。就向领导提出请求改学音乐专业，当合唱队员或做演奏员。领导上答应了我的请求，把我从文剧队调到音乐队。可是没等我音乐学出点头绪，领导上又决定叫我去演戏。

1947年春节后，文工团决定排演大型歌剧《白毛女》，并在一次隆重的动员大会上宣布了排演计划和角色分配。宣布之前，我还暗自庆幸自己改行学了音乐，否则又该让我去演戏了。事实完全出乎预料。当宣布让我扮演王大婶时，我只觉眼前一阵发黑，心都快跳出来了。心想：话剧我还演不好，这回叫我连演带唱，再加王大婶还有个儿子，再叫我妈可怎么办呢！我真又怕又急。我想哭不敢，想解释和推辞又没勇气。会上讲了些什么，我全没听见。会一散我就拿着刚刚发的剧本，低着头走出了会场。刚到一楼走廊，我正左右为难心神不定时，田风老师从后面走上来叫住了我。这时我怎么也控制不住自己的感情，泪如泉涌。我跟随田风老师迈进他的房间，就泣不成声了。田风老师笑着递给我一条新毛巾，让我坐下，又让我吃糖果，还倒了一杯开水给我。他说："王为，你喝点水压压火，听我跟你讲……"他看我情绪稍稍稳定了，就心平气和地接着说："你不想演戏的想法是不对头的。那是旧社会给你造成的愚昧无知，是封建意识在作怪，也是没有文化的表现。你现在已经参加革命，是一个革命的文艺工作者了。经过前一段学习，你虽然有了很大进步，但是由于你干革命的起点低，进步的速度也比较慢。你应该正视这一点，不能让自己停留在较低的思想境界上。你必须继续前进。当演员演戏并不是不正经的坏事，也不是丢人的事。我们今天演戏是搞革命宣传工作，是向老百姓宣传革命道理，教育群众、发动群众的一种特殊的手段，它表现力强，能打动人心。干这种工作，不但不丢人现眼，反而是件光荣的事。你不是常说，是共产党把你从地主家庭里解救出来的吗？让你演戏，是党给你的工作任务，你说你应不应该接受这项任务呢？"说到这里，他收敛起笑容严肃地说："你不要小看这一行，有人想干还不一定够条件。我认为你会成为一个好演员的。你在旧社会吃了不少苦，对受苦人的生活体验得深，这是你的优越性；再说，你还有个好嗓子，加上感情饱满，热情好学，你一定会成个很好的演员。"在他语重心长的教诲下，我的思想终于开始转变了。我承认自己愚昧、封建的弱点。回想我刚进军大学习时，就极力避讳同男同志接触，到白山艺校以后还是总躲着男同志，甚至不敢和男同志同桌用饭。所以同志们给我起个绰号叫"老封建"。经过田风老师的开导，接受任务这一关算勉强过去了。接着还得过第二关——对台词。导演知道我思想封建，自尊心很强，没有严格要求我，这一关又算过去了。我看得出担任导演的田风、左凡两位老师对我的谅解和照顾，我心里有一种说不出的感激和惭愧。第三关是排练。我不会演戏，刚进行排练时，我的情绪还停留在对词阶段，根本没有进入角色。这时，我害怕剧中人大春叫我"娘"。大春一叫“娘”我就脸红。导演启发我：“多年不见的儿子现在突然回来了，妈妈应该扑上去，仔细地看着儿子、抚摸儿子……”导演不厌其烦地一遍遍教我，我仍然一筹莫展。我心里总有个疙瘩——总想自己还没结婚，在众人面前让大小伙子叫我“娘”，还让我抚摸这个儿子，我真有点难堪，真是强我所难。我看得出来，田风老师不想伤害我的自尊心，憋着气给我排戏。一天晚上，我到田风老师那里去上课，开始他还像往常那样对待我，一提到排练场上的情况，他问我：“戏到你那里就排不下去了，你打算怎么办？”我说：“只要不叫我演戏，干啥都行。我不怕吃苦，我会干活，就是不愿让大小伙子叫我娘。”他哈哈大笑，然后说：“我跟你说过多少遍了，你这种想法是错误的。让你演戏，这是组织上看中了你这块材料。有人想演还演不上呢！叫你演是培养你、信任你。你只要打掉封建思想，一定会出色地完成这个任务。”看我没有动心没有反应，他有点生气了。他提高了嗓门严肃地说：“你知道这次排戏任务多么紧迫，怎么能让你一个人扯后腿而影响整个戏呢！明天要全剧连排，再不按导演要求去作戏，我对你可就不客气了。”他又加重语气说：“别看我平时对你挺好，你再这样下去，可别怪我翻脸不认人，小心我当众狠狠批评你。自己回去好好想想吧。我劝你还是认真排好戏。”听了这些话，我真心烦意乱，很难过。我什么也没说，低着头含着泪离开了老师的房间。当时我认为，田风老师从来没有这样批评过我，这次也不过是吓唬吓唬我而已。可是也觉得自己理屈，回到房里躺在床上，翻来覆去怎么也睡不着。第二天一早，我一个人老早就跑到排练场去练习，连早饭也没有吃。这一早晨的练习，我觉得自己发挥得还不错，以为这回该差不多了。可是等到大家都进了排演场时，我坐后边反而害怕起来。今天连排，来看排戏的人可真不少，还有几个外边来的人，我也不知是谁。这时，我可紧张了，我很怕在这种场合挨批评。排练开始了，我走到前边一看，不禁出了一身冷汗。我看坐在前边的全是领导干部，有团内领导，还有陌生人。这时，我紧张到喘气都困难的程度。导演要求大家认真对待这第一次连排，要大家别出差错，排演进行过程中演员、乐队不准停排中断，上下场一定要衔接好，效果也要配合好。我看了田风老师一眼，他也扫了我一眼，我领会他在警告我。第一幕，有我的那几场戏都顺利通过了。连排到第四幕第二场，大春离家三年随军归来。当大锁领大春上场时，我还没上场就紧张起来，这时扮演张二婶的仲洁心同志拍了我一下肩：“嗳，该你上场了！”我好似触电一般，晕头转向地跟着大家喊着“大春”就一起上场了。当大春冲着我叫了一声“娘”，大锁跟着叫我“大婶”时，我却呆立在那里，完全忘记了自己同他们交流作戏这码事。当时，我真像故意跟导演过不去似的。这下子可把大家急坏了，可把田风老师气坏了。他拍桌吼道：“王为！你想不想干了？革命不能白养活你这样的。你不干就说痛快话，马上就送你回家！”这段话对我真好像一场地震。排练场上鸦雀无声，只有我在抽泣。过了好半天，田风老师厉声说道：“王为，你给我下去，重新上场。你再不好好演，就送你走！”我真怕了，真要把我送回地主家，我就更苦了。其实当时丹东已是敌占区了，怎能送回去？再说因为一次排演上的事故，组织上也不会那么办的。当时我没有想这些，强忍着委屈，跟在场的演员们一起静静地走下去。重新上场时，刚才那股委屈情绪正为我所利用，按导演的指示，意外地把戏做出来了，这次表演感情充沛。演完这场戏，田风老师大声地说：“你们看，这场戏感情多饱满。太好了，成功了！”意外的成功，不仅给我很大的鼓舞，也使我更加镇静。我偷眼看田风老师，他此时此刻的心情是用笔难以形容的。老师对我这个笨学生的一番苦心和努力，终于喜获初步的成果。看我在演戏上的一点进步，比他个人得到优胜成绩还要激动和喜悦。我感到自己在这之前的努力是很不够的，自己进步得太慢了，觉得很内疚。我当时暗下决心：从今以后，决不辜负老师的教诲，一定努力克服封建思想，打消一切思想障碍，勤学苦练，更好地完成党交给自己的任务。经过继续努力，后来不但扮演老太太成了自己的专长，而且在表演技巧和戏剧理论水平上都有所提高。这件事，成了我终生从事戏剧工作的转折点。我一生都没有忘记田风老师的这段恩情。每当我在戏剧艺术上有点成就时，我总会联想到田风老师当年对我的苦心栽培！

这次《白毛女》的连排，我虽然收获很大，但是自己毕竟还是个初学演戏的姑娘，当时对老年人的理解、体会和表演能力还是很不够的。这天连排完了，喜悦、轻松、感激、羞涩的心情缠绕着自己，我连晚饭也没去吃，想去看看田风老师，讲几句道歉的话，却又不好意思。一个人站在后院想着白天排练场上发生的事情，埋怨自己不该惹老师生气。正在这时，王同禹走到我身旁，见到他我有点尴尬，他笑着说："怎么样，挨熊了吧？别小心眼啦！田团长叫你去呢！"我既高兴又不好意思。犹豫中，王同禹没容分说拉着我就跑。田风老师早有准备，桌上摆着点心糖果。我跟王同禹刚进屋，老师就笑着说："快来吧，怎么还在生我的气哪，啊？"我进屋半天没吭声，呆了一会儿才说："是我把老师气坏了！"他说："我不是在生气，只不过是想给你开开脑筋，帮你摘下那顶'老封建'帽子，把你培养成个优秀的演员罢了。"他说完话，就哈哈大笑起来。一会儿他倒了两杯水，一杯递给我，一杯自己留下，又说："听说今晚上你没吃饭，快吃点点心喝点水吧！"我看了看王同禹，心想："又是你汇报的！"他挤挤眼，笑了。老师看到这种情景，对王同禹说："你回房去写作文，写完交给我。"同禹走了，我轻松了不少。老师喝着水，一板一眼地说："你今天的戏演得好嘛！角色的感情很对头。我这一炮真击中了。要早知道这付药管用，早点给你吃上就好了。不过现在也不算迟，你说对不对？"我难为情地点了点头。我信服了。他又递给我一块点心，接着跟我讲王大婶的形体动作。他表演得像极了，我看得入了神。他看出我接受了他的启示，干脆教我随着他念台词、做动作。过了一阵子，他坐下来让我自己做，足足折腾了一个多钟头。我练得正集中精神，他笑着站起来说了："好极了，真像！我相信你一定会成为一个好演员的！"这次排演《白毛女》，经过田风老师多次引导和耐心帮助，我的戏进展很快。该剧在大连公演时，得到了广大观众的好评。从那以后，我更坚定了当演员的信心。这出戏在大连还没公演完，组织上又决定让我回了文剧队。没有这段排练演出

《白毛女》的经历，也就没有我10年的演员生涯，更没有我主演歌剧《儿女英雄》，参加东北区戏剧观摩演出大会演出的成就和殊荣。像我这

样一个原来是个半文盲的幼稚的姑娘，参加革命后能走上革命戏剧舞台，当上主要演员，当过导演，最后成为国家二级编剧，这一切，我不能不感谢党的教育和培养，不能不感谢白山艺校的老师们，特别是田风老师辛勤培育。田风老师的亲切教诲，是我终生难忘的！

1994年5月

（王为：演员、导演；田风同志领导的白山艺校第一期学员）

“舞美师：后台的英雄”

■ 梁　栋

当我在安东建国学院时，就梦寐以求的想学美术。1946年九十月间，国民党反动派疯狂的向辽东进犯。党为了保存干部实力，组织有计划地撤离安东，经过碾转周折，我来到了白山艺术学校。这天早晨全校师生正忙着撤退，我们到了鸭绿江码头，乘上了两只木帆船，从海路向辽南开进。当船行海洋岛附近时，突然遇上了台风，把两只船刮散了，田风老师乘坐的那只船，被大风刮到海洋里边去了，正在大家面临生死危难之时，田风老师奋不顾身的站在船头上，鼓励大家坚持到底，向狂风恶浪作斗争。就这样在大风大浪中搏斗了 7 天 7 夜，最后终于把同志们安全地带上了岸。我们无不为田风老师的这种舍己为公的精神所感动。

我们全校师生到达了辽南省委行署所在地普兰店一带，开展支援前线的宣传工作。田风老师和其他领导一起组织同学连夜演出《参加八路军》合唱等，配合地方政府开展备战宣传活动。以后又向普兰店以南的矿洞子村转移。为了适应战争环境，我们住在一个小学校里，过着敌后的战地生活。这时田风老师带领着我们，一方面开展游击战争，另一方面排练节目为部队和群众演出。为了配合当时的战争动员，赶排了《打城隍》和《帮助主力》两个剧目，动员支前和宣传人民军队的俘虏政策。

12月初根据辽南战局发展，敌军已向辽南逼进，党为了保存一批年青的文艺骨干，辽南省委和行署决定，白山艺术学校向旅大地区转移。当时国民党政府与苏联政府签订了《中苏友好同盟条约》这是党不能公开活动的特殊地区，由田风老师和其他的领导带队分两路，经过许多风险和周折带领大家转移到了大连。为使我们能在旅大地区合法的开展文艺工作，继续培养文艺干部，辽宁省委和旅大区党委决定将白山艺术学校和中苏友好协会所属友好剧团合并，成立“旅大文艺工作团”，任命陈陇同志为团长、田风老师为副团长。从此后田风老师为了建立旅大地区的革命文艺，又开始了新的历程。

一次为了新年的演出，经团部研究选定反映抗日战争的话剧《把眼光放远一点》、《十六条枪》、《母亲》，由田风、白鹰、左凡等老师担任导演。

为了向群众进行阶级教育，团部又决定选排《白毛女》歌剧、执行导演是田风和左凡老师，排练《白毛女》歌剧的难度很大，但在导演、演员、舞美和乐队的通力合作下，日日夜夜不辞辛苦地排练，终于在1947年2月27日在大连公演了，田风老师在繁忙的导演工作中，亲自担任了舞台美术设计工作。那一幕的布景是田风老师亲手画出来的。田风老师对我们讲：“戏剧是综合性艺术，演员、音乐、舞美都要相互配合，才能把戏演好”，又说：“你们是后台英雄，要很好的发挥你们的作用，要分析剧本、了解剧情，像演员一样深入角色才行。”

田风老师很重视舞美工作，要求严格，一丝不苟，我们制作的布景，不适合剧情要求时就要改、甚至重新做，直到满意为止。大家记忆犹新的是那场“山洞”的布景。我们费了九牛二虎之力，也没有搞好，田风老师亲自动手把一块墨绿色幕布，东拉西吊地造成一个阴沉沉的大山洞，既简便，又逼真。《白毛女》的海报是田风老师亲手画的，一个喜儿的形象他画了五六张，直到最后画出满意的一张为止。他描绘喜儿的形象，用生动有力的笔法，刻画喜儿向封建势力作英勇斗争的气质。大家非常崇拜田风老师的美术才华。

1947年4月中旬，由于辽南局势的好转，白山艺术学校待命返回辽南，辽南省委与旅大区党委协商决定，除原旅大文工团的人员外，田风老师和其他20名原白山同学、干部留团一起工作。记得其中有王杰、王石路、于华、王同禹、刘长喜、王贵林、田奎一、钟厚、孙秋声、张家庆、刘炎清、路曼、董伟、梁栋、戴绍康、寒冰、柳寒生等同志，建成了“关东社会主义教育工作团”。演出的第一个剧目是田风老师编剧并导演的四幕话剧《妻离子散》，这是田风老师在深入辽宁省岫岩县农村生活时，搜集到的一个贫苦农民的血泪史，创作而成的。剧情反映佃农石广生租了地主关兆喜的地和一间破草房。关兆喜看中了石广生的媳妇，为了达到霸占石妻的目的，关兆喜使尽卑鄙的手段，使石广生一家落得妻离子散的悲惨境地。

此剧的布景是田风老师亲手设计的，巧妙地利用一个固定的内景，从窗外可以看到春、夏、秋、冬四季的变化。一天晚上，田风老师找我到他家去，拿出画好的舞台设计图对我说：“梁栋，《妻离子散》舞台装置的任务就交给你了，要用你在旧社会的生活经历去调动阶级感情，把工作做好”。在田风老师的启发鼓励下，我苦思冥想、日夜苦干，最后终于完成了布景的绘制任务。田风老师对我说：“任务完成得不错啊。”剧上演以后，得到观众的好评，在创模运动中我获得了甲级工作模范。我每一点成绩和进步都是在田风老师的关心和培育下取得的。

1947年8月，在田风老师的带领下，我们全团同志，分别奔赴沙河口、寺儿沟区，深入群众、深入实际，一面进行群众文艺辅导，帮助“回忆”运动，一面收集素材进行文艺创作。当我把在寺儿沟深入生活的感受和创作构思向田风老师汇报时，他指出，“你在生活中看到的都是一般人所能看到的表面现象，要深入下去才能发现生活的本质，创作出来的作品，更集中、更概括、更有教育意义”。

我记着田风老师的谆谆教导，再进一步深入生活时，感受就不同了，创作思路也提高了。在田风老师深入生活思想的指导下，我创作了歌曲《寺儿沟有个白玉江》，歌颂了一位英雄模范的事迹。还有儿歌《幸福的童年》和年画《劳动模范归来》等作品；这些作品都是田风老师推荐在《旅大日报》上发表的。

同年9月，田风老师又率领我们到旅顺农村，担负征收农业所得税的工作，在田风老师的具体指导下，我们在生活实践中创作了《缴公粮》、《自寻烦恼》两个剧本，以及诗词、歌曲、年画、连环画等反映现实生活的作品。

1948年春，为了配合旅大地区的大生产运动，田风老师根据晋察冀解放区创作的歌剧《王秀鸾》改编并导演了十四场歌剧《李贵香》。这个剧的舞台美术也是田风老师设计的。美术队的全体同志参加制作，我负责舞台装置的绘制。这个剧在旅大地区演出了一个多月，观众达5万多人。剧演出后对推动旅大地区的大生产运动，起到了积极的影响。

1948年5月，又在田风老师的指导下，我们全团深入工厂，一面参加劳动拜师学徒，一面深入车间生活，和工人交朋友，了解工人，向工人学习，进行艺术创作。1949年春，我团演出了四个新剧目：《一条皮带》、《一个电灯泡》、《一只手功臣》、《一勺水》。我也在田风老师的指导下，创作了《张德功立功》九幅连环画和木刻《锻工》、《剪刀车间》，这些作品都在《中苏友好画报》上发表。

田风老师为了使每个文艺工作者都能得到全面的发展和锻炼，让我参加合唱队、乐队，排练《兄妹开荒》等。我虽然没有成为歌唱家、演员和乐师，但参加这些艺术表演活动，对我所从事的美术专业是有很大的帮助的。

田风老师不仅是一位很有造诣的戏剧家，同时也是一位很有才华的美术家，他将美术巧妙的用在戏剧上，他排的戏无论对演员人物的造型，画面的构图，舞台气氛的渲染，都有自己独到的见解和别出心裁的创造。颇得大家的敬佩。

田风老师是一位埋头苦干的实干家，他主张理论联系实际，重视艺术实践。他一生除了自己致力于艺术创作实践，就是培养青年一代的艺术创作实践，他在繁忙的戏剧工作中，忙里偷闲地搞美术创作，他画的鲁迅像，刻画出一位无产阶级的文艺旗手向封建势力作斗争的永不休战的革命战士的形象。他创作的油画《老虎滩》金色的阳光撒满海湾，《南山公园》、青松叠翠、. 杨柳吐绿、花开飘香、满园春色。还有《静物》、《德胜门初雪》等作品，无不体现田风老师的娴熟艺术技巧和他对充满生机的社会主义新生活的热爱之情。

他为了培养我们青年一代，呕心沥血，把自己的全部精力与智慧，毫不保留的交给我们。在他的教育和培养下，我从一个普通的美术爱好者，成长为一个成熟的美术工作者。

我喜爱木刻，爱画水彩画，他耐心的教我。怎样画素描，怎样画速写，怎样画水彩画，打好绘画基础。又教我怎样深入生活、收集素材，怎样进行创作。我按照他的教导，深入大连造船厂、海港码头。根据素材，进行提炼加工，创作出《造新船》、《运木场》、《装卸工人》、《苏联专家和中国工人在一起》、《创造新纪录》、《庆祝中华人民共和国成立》等木刻作品，我又到小学和孤儿院体验生活，收集素材，再结合我童年的亲身经历和感受，编写并绘制了《小宝的故事》连环画，这套连环画完成，从始至终是在田风老师的指导帮助下进行的。他不仅提出修改的意见，甚至还亲手帮我修改。这套连环画发表后，当时取得了较好的社会效果。1951年被东北画报社选定出版发行。

1952年由于国家形势的发展，需要各方面的建设人才。在田风老师的支持和帮助下，组织上保送我到中央美术学院深造。这是我走向美术事业的重要转折点，在党的教育培养下我能成为美术学院的一名教授和在美术创作上取得一些成就，这与田风老师对我的启蒙教育是分不开的。

1994年5月

（梁栋：画家、教授；曾任中央美术学院教授、中国版画家协会副秘书长、中国水彩画家协会副会长等职；田风同志领导的白山艺校第一期学员，田风同志领导的旅大文工团舞台美术组长）

亭亭山上松

——忆念田风师长

■ 赵毓秀

亭亭山上松，瑟瑟谷中风。
风声一何盛，松枝一何劲。
冰霜正惨凄，终岁常端正。
岂不罹凝寒，松柏有本性。
——刘桢（魏）

一

抗战胜利后的1946年，我还是一个不满13岁的小小中学生。一天丹东市联合中学的同学参加为王若飞等“四·八”[1]死难烈士追悼大会回来，

① 1946年4月8日，出席重庆国共谈判与政治协商会议的中共代表王若飞、秦邦宪，为了向中共中央汇报请示，和新四军军长叶挺、中共中央职工委员会书记邓发、进步教育家黄齐生等冒着恶劣天气飞返延安，同机的还有八路军军官李绍华、彭踊左、魏万吉、赵登俊、高琼和叶挺夫人李秀文及其子阿九、其女扬眉以及4名美军驾驶人员。当日下午，飞机在山西省兴县的黑茶山遇浓雾失事，机上人员全部罹难。——编者注

校教导主任刘佩侠老师陪同一位很有风度的中年男士走进教室，向我们介绍说，这位是《白山》杂志社社长田风，来看望同学们。我们这些一直受着伪满奴化教育的铁蹄下的孩子们，大概还没有谁见过什么杂志社社长，更不知这是什么样大人物？我仰脸望着，觉得他的个头是那样高大，又那样消瘦，穿一件旧鹿皮夹克，戴一顶旧呢礼帽，帽檐下一双圆眼睛又黑又亮，注视着我们。他从讲台走到同学中间，坐到一个座位上同围上去的同学交谈。我没有动，我觉得他那双大大眼睛射出的目光锋利、不凡，我有些惧怕。那时我是全班年龄、个头都最小的一个，站队打头，座位靠边。刘佩侠老师走过来说：小鬼，你不是爱好文学么，去听听，这人很有学问，日本留学生。我一听日本，脑中便出现“洋奴”印象，便没走过去。一个多月后，我们同学吴燕的一篇文章在《白山》杂志发表了，这是我们这些被奴化的孩子们从来未听说过，也未想象过的事情，我对吴燕羡慕至极，询问她的幸遇。她告诉我，那天她把作文交给田风社长后，社长专门找她谈过话，并指导她怎样修改文章，怎样注意标点和错别字，怎样注意不用“协和语”，纯净祖国语言等等。她按着社长的指导修改了两遍。她是个没有父亲的孩子，她说，我真尝到了慈父教诲的滋味。我后悔至极。

这年暑期，我参加了学生文工团，从风城县演出归来，刘佩侠主任又介绍我去念艺术学校。8月1日，我带着刘老师的介绍信来到白山艺术学校，一进大门发现在白山艺校牌子旁边还挂一个《白山》杂志社的牌子。啊！我曾想寻找的田风社长是不是就在这里？但是，我一个不懂事的小孩子又初来乍到岂敢乱问。倒是从热情接待我的大同学董伟、于华手里看到了几期《白山》杂志，其中有一期封面就是一棵迎风傲雪的白山青松，署名是田风。我异常欣喜，但不知是否是田社长？他当社长，能编写文章，还会绘画吗？不过我对白山青松着实欣赏的。我家墙上的年画就有一幅《松竹梅》，祖母常常坐在炕头上向我讲松竹梅的本性。在北方没见过竹、梅，却见过不少松树，我在松树下采过松蘑，跟随老师为松树画过写生。我喜欢它在寒风呼啸、白雪皑皑季节还是那样挺拔青绿，我喜欢青松。我端详着这幅署名田风的画问别人，回答是：田社长在日本是专学美术的，是画家。原来如此！他能写会画，真是有学问的人，我更想见到他、听他讲课了。不久，让我在戏剧表演实习课中扮演话剧《妻离子散》中的一个小孩。这个戏的编剧、导演就是田风。哦！社长、编辑、画家、导演、剧作、留洋学生、抗日战士集田风于一身，在我脑海里将那两眼有神、身材高高的不凡形象同那幅亭亭青松的画面叠印起来，增添了对田风的神秘、崇敬之感。表演实习课开始了，田风出现在我们面前。他那一双亮亮的眼睛一下子便转动到我的头上，招着手说："小鬼，是从联中来的吧？欢迎，欢迎，咱们好好合作。"那声音，那目光是那样亲切、温和，我的惧怕感立即消失了。

田风老师导戏，将讲课和导演融为一体，边讲边导，大约是理论联系实际、"寓教于乐"吧。可惜，那时我对"三一律"、斯坦尼斯拉夫斯基体系等等戏剧理论一窍不通，但是对田风导演严肃认真的工作作风却至今难忘，特别是他那一双闪着熠熠灼人神采的眼睛像聚光灯似的紧盯着演员动作转动，有时瞪得圆圆一眨不眨，好像用眼神发令，有时两眼细眯，好像要透视到演员的内心或更远的场景。而我不能理解他用眼神传递的信息，只觉得目光特别，又有些惧怕了，不知如何动作，手足无措。好在我的台词很少，悄悄躲在"妈妈"身后听主要角色对话，生怕导演注意我。田风将主要角色戏导完，走过来对我说："小鬼，你怎么藏猫猫似的老躲着，傻愣愣地瞪个大眼睛看戏，你不是观众，是演员，要进戏，演戏哟！"他拍拍我的肩膀，把我拉到"妈妈"身旁亲切地说："看看，你妈妈抱着你小弟喂咂（喂奶）呢，小弟弟多可爱呀，妈妈多亲他呀……"一会儿，"地主"上台了，田风又给我讲地主怎样逼粮逼债，抢男霸女，逼得一家人妻离子散的惨景，讲得绘声绘色、动情入理，使我想起在联中读书时刘佩侠主任曾率我们去参加过诉苦大会，一位农民诉说他怎样被逼债逃走，他的妻子被地主强奸，家中扔下一个小孩子被狼叼走……我像在诉苦会上看诉苦人泪流满面昏厥过去而泣不成声一样，面对"老地主"的凶狠，我捶胸顿足呜呜大哭起来。田风拍手肯定了我这段表演，说小鬼进戏了、进戏了。我第一次明白点"进戏"的道理，再不感到田风老师的目光可怕了，又由神秘而敬佩而崇拜。他能写能画，还是位好导演，好领导，我愿意多多接近他，最爱听他讲什么叫革命文艺，文艺为什么要为人民服务、为什么要走大众化道路等等，对我这样幼稚无知的孩子，感到他讲的道理真是新鲜极了。他还要求我们从学习文化知识、学习社会发展史开始打基础。他给我们《白山》杂志看。他主编的《白山》杂志很吸引我，常常读到雷加、白刃、鲁琪等人的文章，使我感到文学并不很神秘，这些作家们就在我们周围，应该向他们那样努力、追求。《白山》杂志使我接近了文学。

二

解放战争时期的东北是战略要地,遵照毛主席的“针锋相对、寸土不让”，“不在乎一城一地得失，而在有生力量消长”的伟大战略思想进行战略转移，我们白山艺术学校要撤出丹东市了。经过几昼夜的海上风暴和艰苦的辽南游击，1946年底进入大连地区，同大连的社教团合并成立“旅大文工团”，诗人陈陇任团长、田风为副团长，白鹰、田少伯、刘相如、王金山等同志分别担任各系主任，颜一烟、白刃同志从丹东分手去了北满、西满。旅大文工团成立后，首演一批小戏反响很好，随之排演大型歌剧《白毛女》，左凡（左宗棠的嫡孙）、田风为导演，王浜同志为艺术顾问，他的夫人李莫愁为音乐指导。这时晚饭后时间，扮演喜儿的于萍和扮演王大婶的王为常被田风同志邀去为她们辅导，因为我同于萍是联中很要好的同学，常随她前往，于华大姐是我的班长，她扮演白毛女B角，她去田风同志那里也常拉着我。田老师对她们每位指导时，我都是旁听生。田风不单是谈表演、谈业务，更重要是谈人生，谈怎样做人，怎样打文化基础，怎样增强修养，怎样确立革命人生观，革命事业心。有时，他的勤务员王同禹同志也在座，有时他要以勤务员身份给我们倒水，关照关照我们，田风老师总是说，这里的事情你不要管了，快去读你的书，写你的日记去。有时还具体指导指导小王怎样读书，怎样写读书笔记等等，我在一旁听着也觉得开脑筋。小王是苦出身没念几年书，身边有这样一位有学问的好首长对他体贴关照，随时指导多幸福啊！1947年春，王同禹第一篇习作《增资》在报纸上发表了，作家罗丹还写了评介，在文工团里引起极大轰动，多少人投来羡慕目光。有时去田风团长那里我有意同小王攀谈，小王还带搭不理。田风笑着向我说：“我常警告他不要翘尾巴，你们不能让他晕头涨脑。小赵，你年纪轻轻不急于求成，要好好打基础，多读书，多思考，写笔记，写日记，不要荒废时间，特别注意不要和女孩子一起叽叽喳喳计较小事。大家都说你像假小子吆，就像小伙子一样敢闯，闯大目标！”我牢记了尊敬的田老师的教诲。1947年春，当我们得知文工团大部分人要随着解放战争春季攻势的胜利由大连挺进辽南开辟新解放区，田风团长要留在大连时，我们几名女小鬼一齐跑到田风屋里围着他大哭起来，他为我们擦干眼泪，并对我们嘱告。有时他停止说话，注视着我们，那双黑亮的瞳孔里映照着我们含泪的面容，有时他紧紧拉拉我们的手，摸摸我们的头，将他内心滚烫的情感流传到我们幼小的心灵。他勉励我们像战士一样擦干眼泪走向战场，他自己也多么希望和我们一起奔赴辽南前线啊，可是他要服从组织分配，旅大新区需要有人开展文艺工作。当时的大连是被日本鬼子统治了40多年，刚被苏联红军接管的自由港，情况十分复杂、缺粮、缺水，日伪残余及国民党特务暗中活动嚣张，常出现放火、强抢、打暗枪等现象。田团长说大连虽有无形的战场，但还是后方，很快会成为稳定的后方，他在后方密切注视我们前方的战果，等待胜利消息。说到这里他的眼角出现鱼尾纹，两眼堆着微笑、闪着火花。那善于透视的目光好像已经看到我们在捷报频传的战鼓中欢呼雀跃共庆胜利了！他还带领我们唱起了当时很流行的他曾说过是列宁喜欢唱的歌：

同志们太阳、向自由
向着那光明的路
你看那黑暗已消灭
红色的光在前头
……

那是一个难忘的夜晚，我们尝到了父亲般的慈爱，领受了老首长挖心掏腑的教诲，也体验一位艺术家炽热的情感、坚毅的信念、博深的友谊。我们含着泪花唱歌、含着泪花欢笑、含着泪花畅想未来。繁星满天了，田风要出屋送我们回寝室，他没有穿外衣，出门便感到风瑟瑟，我们劝他立即止步。那一年大连地区格外冷，春节时大雪封门，我们住地、排练室全无暖气和炉火（战时困难），睡觉戴棉帽、穿棉衣，但是我们觉得比辽南游击时睡干草泥地、砸冰河水洗脸、满身疥疮无药医治好得多了，那时整天乐呵呵，这时情绪更高涨。当时我们住在一所大庙里，院中有不少树木，风雪中已叶落枝枯，唯有黑松、塔松针叶苍绿、枝杆挺直。当时虽有早春三月仍有寒意，田风被我们劝阻停步、站在门前松树旁目送我们，寒春的夜风吹拂松针窸窣晃动，田风依然没有回屋，站立在亭亭青松前，

迎着瑟瑟寒风，向我们频频招手，投射炯炯目光……

三

两年以后，东北解放，全国解放。我们从辽南又回到丹东。进入50年代，东北文联、文化局于沈阳召开东北文艺创作会议。我同田风、王同禹同志又在沈阳东北旅社相遇了。此时田风同志为大连市文联主席，在他领导下大连文艺欣欣向荣，全国首演苏联名剧《钢铁是怎样炼成的》轰动一时。在东北第一届文代会上，他们创作演出的反映工人翻身后新生活的剧目使观众耳目一新，在全国第一届文代会上大连工人上演的劳动号子震撼怀仁堂，随后他们又创作一批新剧目。随他留在大连的董伟大姐写出颇受大连人欢迎的获一等奖小说《济公活佛》，田风已推荐她进北京入中央文学研究所学习了（后改为讲习所），王同禹已成为文工团创作组副组长。田风同志看见我，拉着我的手连连说："喃，小赵，我看见你在东北文艺大刊物上连发作品了，我们都为你高兴。小赵长大喽！"我望着他喜悦的目光，听着这母亲似的口吻，不觉心里一股热流涌动。田风老师，我们已分别两地，不在你领导下了，你还如同以往热切关注着我们每一点进步。

而这一点点进步，成果不正是灌注着您的心血吗？

这时的大连人已比我们总在农村滚爬的辽东省人开化多了，当年的土八路勤务员王同禹穿着青呢中山装、戴着黑框眼镜，颇有文人气质，同他当年的对襟油污黑棉袄、秃光头的形象判若两人。他们房间桌上摆着一包我视为佳肴的五香花生米，还有一瓶酒，田风老师抓起酒瓶倒了两小杯，送我一杯说："来，小赵，为你的成长干杯！"我一时激动不知说啥，举起杯不敢张口，一是我从未喝过酒不敢喝，二是我觉得自己的进步太小，同老师的一片热心和诚挚祝贺不相称，不敢领受。特别是听王同禹介绍于华大姐同田风同志结婚后调出文工团到市总工会工作，风雨不误坚持上夜校，经常下厂，工作出色，已成为女工部副部长了；董伟大姐呢，在北京上学，不断有新作发表。我觉得她们都没辜负田风老师的期望，王同禹同志更有飞跃。我说，田团长，这杯酒应祝贺于华、董伟两位大姐及小王同志的进步。田风说："为你们大家吧！"我说："我们大家都是您的学生呀，首先要敬您。"我呷了一小口，好辣！周身立即发热。田风一口喝下去，说："捷报频传，胜利战鼓已震天动地响彻云霄。新形势下要更上一层楼了。"我告诉他我希望上学，像董伟那样进北京学习、就怕考不取。他很兴奋，说，"这就取决自己的努力了，有志者事竞成。"他的语气是那样坚定、斩钉截铁、我必须努力！两年后，我真的实现了自己的愿望，进入北京中央文学研究所，同董伟为一、二期学友。

这次会上我们还观摩了东北鲁艺创作演出的反映东北抗联斗争的新歌剧《星星之火》，田风同志问我们对此戏的观后感，我们七嘴八舌议论一番，最后田风说：这个戏最打动我的是劫夫作曲的主题歌，说着他轻声哼唱起来：

革命人永远是年轻
他好比大松树冬夏常青
他不怕风吹雨打
他不怕天寒地冻

他不摇也不动

永远挺立在山岭

我钦佩田老师的记忆。那时看戏好像还没有说明书，也没把歌词印刷出来，我们都没记住歌词，而田老师却记得这样清楚，他说因为有共鸣吧。形象感受深则记忆牢。今天想来，田风同志对艺术创作、艺术研究和艺术欣赏都是熔炼于情感的烈火，举一反三展开想象的翅膀，真情实感辉映着艺术知觉。正如古人刘勰所说："登山则情满于山，观海则意溢于海，我才之多少，将于风云而并驱矣。"田风是有才华的艺术家，具有情感炽热、思维敏捷、高风亮节，认真好学的艺术家的气质。那天，他由他欣赏的《星星之火》主题歌讲到戏剧的"戏眼"等戏剧创作的自我体会和美学观点，又讲到1948年轰动大连地区的他执导的苏联名剧《钢铁是怎样炼成的》。他又像两三年前对我们苦口婆心教诲那样眯起眼睛边思索边说："小赵，你不是看过我们的戏《钢铁是怎样炼成的》吗？都记住了什么？"我想在保尔身上我们应该记得的学得的太多了，我一时说不准。田风说："保尔最后有一段话，一段警言记住没有？"他像诗人、像演员一样的朗读起来：

一个人回忆往事时，不会因为虚度年华而悔恨，也不会因为生活庸碌而羞愧，临死之时，他能够说：我的整个生命和全部精力，都献给了世界上最壮丽的事业——为解放全人类而斗争！

我望着田风老师那威武又潇洒的姿态，联想起几年前看到的大连市著名演员王斌扮演的保尔形象，想起刚刚观摩过的《星星之火》中的抗联英雄，默默记住了《革命人永远年轻》这首主题歌，记住了保尔的壮语豪言。以后我渎了保尔的书、抄于本本上，愿意如此实践，也常常感到羞愧。今天回忆往昔，不禁深思：田风同志在东北刚刚解放，物质条件十分困难情况下，敢于大胆排演保尔的戏，绝不是以后批判他的"追求大、洋、古”也不仅是艺术上美学上的探究，是他对保尔精神的体察和崇敬，他以艺术家的良心，共产党员的党性要将这种孜孜以求、大无畏的精神尽早向刚刚解脱枷锁的中国人民传播，希望中国人尽快地站立起来，耸立于世界民族之林。他已将保尔的至理名言变为自己的座右铭、实践于行动。可惜，他过世太早了，他匆匆结束自己生命时也许来不及回忆往昔了，但用保尔这段话概括他短短一生并不过份的。

我脑中闪现出我印象中的白山青松的画幅、闪现出我们在大连告别时田风于寒松前招手的姿态，想起“他好比大松树冬夏长青”的音律，想到古人刘桢的诗句“亭亭山上松，瑟瑟谷中风……”田风，敬爱的师长，像白山青松一样，在瑟瑟谷风中挺挺直立。

1993年秋

（赵毓秀：作家；曾任辽宁省文学院副院长、中国满族文学基金会秘书长等职；田风同志领导的白山艺校第一期学员）

穿越封锁线

■ 王金山　石　岩

田风同志相识是在1946年10月，因工作需要将我从辽东军区文工团调到白山艺术学校加强艺术领导和教学工作。为了更好地宣传教育广大青年和民众，决定创建以培养青年艺术人才，开拓新民主主义文化艺术事业为宗旨的艺术专科学校——白山艺术学校。田风同志是艺校的主要创建人之一。他在创建艺术学校的同时又创办主编了辽东第一个党的文艺刊物《白山》杂志。通过各种文艺形式宣传革命理论，提高人民觉悟。我和田风同志都是搞美术的，所以很谈得来。田风同志留学日本学习美术。在“七七事变”后，抗日战争爆发的危急时刻，他毅然决然地从日本回到了祖国，在那炮火连天的日子里，他不怕艰难险阻，冲破重重封锁线，从北京几经周折来到了晋察冀抗日根据地，参加八路军，在部队主要从事政治宣传工作。以他的画笔和出色的艺术家天才，揭露和控诉日本帝国主义的侵华罪行。他的每部作品，都充满了政治色彩，战斗性强，使很多人从中受到鼓舞和激励。他在担当艺术学校领导工作的同时，还兼任我们美术系教学工作。我们经常在一起探讨和研究美术如何为政治服务的理论和教学。通过与田风同志的接触，使我逐渐加深了对他的了解和钦佩。他不仅是一位坚定的无产阶级革命战士，也是一位优秀的戏剧家和具有很深造诣的美术家。他擅长各种绘画艺术。国画、油画、版画、风景画、水墨画、连环画、年画、宣传画、人物、领袖画等等，他的每部作品都十分精美，栩栩如生。而且他在舞台设计及美术理论方面都有自己的独特见解和创造力。他是一位很有才华，不可多得的艺术家。

田风同志不仅才华横溢，更令人敬佩的是他对革命事业忠贞不渝，鞠躬尽瘁的高尚品质。在他身上总有一种使不完的精力。他平易近人和蔼可亲，从不摆架子。他的房间里，每天从早到晚，人来人往，谁有什么问题都愿找他谈心。他一面教学，一面指导学员们如何创作文学作品、美术作品，学员们的成长和进步都渗透和凝聚了田风同志的血汗，他就如一支无私奉献的蜡烛，把他的聪明才智毫无保留地传授给青年们，使一批又一批的青年人成为革命文艺事业的骨干。现在他的学生都已成长起来了。许多人成了名人，成了作家，画家，戏剧家，遍布各地。

田风同志对每一个人都那样尽心尽力、辛勤栽培。一直在他身边工作的一位小通讯员，从一个大字不识几个的贫苦孩子，成为一名作家。这样的转变实现，田风同志所付出的心血和操劳是可想而知的，没有一种精神，没有一种毅力，没有一个大公无私的心怀和对革命事业极端的责任感是无论如何做不到这一点的。在培养演员上也是如此，一个地主家的使女，文化水平很低，思想很保守、封建，对演戏更是一窍不通，初次演戏，不愿担任分配给她的角色。面对这样一个学员，田风同志并没有灰心，一边教她学习文化，提高她的思想觉悟，一边耐心做她的思想工作，以革命道理开导她，一遍又一遍地给她做示范，耐心细致地给她说戏，手把手地教她，她终于成功地扮演了剧中角色。

1946年10月下旬，国民党反动派彻底撕毁了东北停战协议，集中十万兵力，疯狂进攻南满解放区，我们奉命转移到普兰店矿洞子村。这儿离敌人也只有20多里地，处境是十分危险。为了保存这些新生的文艺力量，上级又指示我们进入苏军管辖的旅大地区。除女同学和部分病号坐闷罐火车进入大连，其余的人打游击，由田风和我带队。当时苏军哨所很严，白天无法通过，只有在深夜偷偷过境，我们这一队60多人，夜间行动是件很不容易的事情，前面是苏军把守，后面不远是国民党军队，稍有不慎就可能被敌人发现。当时很多学员由于没有经过战斗锻炼，惊恐不安，有个别人不想往前走了。我和田风同志认真分析了学员们的思想动态，决定在行动之前，做好每一个人的思想工作，不让一个人掉队。我俩分头找学员谈话，耐心细致地讲革命道理，坚定信念，于是，我们深夜通过了苏军的封锁线，平安地到了大连。我和田风同志看见没有一个学员掉队，心里也踏实了，为党保存了一批文艺骨干。

1992年6月

（王金山：曾任沈阳军区空军文化部部长、沈阳市文化局局长等职；田风同志领导白山艺校时期的同事，时任白山艺校美术系主任）

大海逃生

■ 杨明全

1946年10月初，我随安东（现丹东）新华广播电台音乐训练班一起合并到白山艺校的一次全体大会上，在几位领导同志中看到了一位穿着与众不同的领导同志。留着大分头，上穿羊皮夹克，胳膊肘已磨白，下穿西裤，足登革履，四方脸，浓眉大眼，发青的络腮胡茬，出门时，头戴礼帽，外罩藏青毛料长衫。在我这曾是伪满商业国高学生的眼中，这不是一位严肃大方、文雅有度、饱藏经学的教授，也是一位精明干练、巧于心计的活脱脱的大商人。我当时怎么也想不到他竟是一位老八路？后来在一次公布新组成的校领导名单时，才知他是副校长兼美术系主任的田风同志。这就是田风同志给我留下的第一次印象。

半月后，国民党反动派进犯安东解放区，我军作战略转移。全校分乘两只木帆渔船，顺鸭绿江南下直奔黄海。白鹰校长、田风副校长和我们同乘一条船。刚进黄海口，赶上落潮，渔船搁浅。同学们挽起裤腿，一个个活蹦乱跳的下海滩摸蛤蜊，顿时一片欢声笑语。田风同志这时也一改平日板着的严肃面孔，站在船上和我们摸蛤蜊的学员们，互相喊话，谈笑风生。哪知，夜间海潮来了，木船行驶不久，天空中突然黑云滚滚，随着七八级的狂风，好像天被捅漏了，下起了倾盆暴雨。海天一色，巨浪涛涛，成排的海浪，像一座座山峰朝渔船压来，像一头贪婪的巨头凶兽，张开了血盆大口，要把渔船一口吞下。装载了60多人的渔船，竟像一只儿童玩具，一下子被冲到浪峰顶端，一下子又被抛到浪涛谷底，颠颠簸簸，忽上忽下，把人的五脏六腑都给颠挪位了。据船老大估计，一夜之间把渔船刮出有三百多华里，已到黄海深处了。全船大部分人都已呕吐得像把肠子都翻出来了，有的甚至昏迷过去，只剩下我们四人没吐，一直清醒着。渔船在黄海深处的巨浪中飘荡了三天三夜，船老大已失去了控制和驾驶渔船的能力，时时都有船翻人亡之危。只能跪在船头，向龙王爷祷告许愿，听天由命了。第四天朝曦微明，雨停了，海面上风力减弱了，一座座黑压压大山般的巨浪，逐渐变成了连绵起伏的蓝色丘陵。终于熬过了生死搏斗的险境，威胁生命的警报解除了，可四天滴水未进的辘辘饥肠在“造反”了。男同学大部都在前几个舱中，校领导和女同学在后边的大舱中。这时，在海天连为一线的远方，有一海岛在海浪中时隐时现。许多男同学吵嚷着要渔船直奔海岛登陆去解决填饱肚子的问题。海岛是我是敌，情况不明，怎能贸然登陆呢？没有校长的命令，船老大怎能随意决定航向。在这左右为难下，有些挨不过饥饿折腾的同学出言不逊了，说了一些过头的语言。我是四个不晕船人之一，饿肚子比晕船还难受，也就加入到吵闹的行列中去。这时虽然风减了，浪小了，可渔船仍然摇晃得厉害，出舱就有被晃下大海的生命危险。校长下了不准出舱的死命令。船老大也严格执行着校长的这道死命令。可在闹着登海岛僵持不下的危急情况下，田风同志竟然冒着生命危险，从舱盖上匍匐着一点一点从后舱往前舱爬过来。舱盖上几天来被海水打得滑溜溜的，一点可扶手的东西也没有，说是爬，实际上用蹭来形容当时的情形更准确。因为稍不慎，或者突然出现一个大浪，就会掉下大海，葬身鱼腹。为了安抚我们这些闹着要登陆的学员饿鬼们，只能置个人安危而不顾来做安抚工作。我们一个个从舱中探出头来，只见田风同志一边在舱盖上爬行，一边面带笑容向我们讲清不能贸然登海岛的理由。在他冒着生命危险来安抚我们的情况下，我们还有什么话可说呢！行动的本身已感动了我们。反而是我们回过来劝田风同志赶快回到自己的舱内去。让他放心，我们再不吵闹着要登海岛了，一切听从领导的安排。这是田风同志留给我的第二次印象。

黄海漂泊六昼夜，终于在皮口镇登陆了。根据当时敌强我弱的军事形势，全校被安排在普兰店西南山沟里的矿洞子村。在游击环境中，我们过着集体军事化的生活。环境是艰苦的，我刚满16岁，加之离家时带的三千块钱，在普兰店只花二分钱买咸菜后，就全部丢失了。为此偷偷哭了三天。因为其他同学都能用从家带来的钱在小贩那里买一些零食吃，我馋极了，可把钱丢了，只能看着别人买零食吃。我只好要求请假回家去取钱。几个音训班一起进白山艺校的同学见我提出请假，他们也表示，只要准我假，他们也打算请假回家取东西。哪知，这一事件被校部误解是我在年龄大的同学指使下，以请假为名，是几个人集体请假脱离革命的变相开小差行为。当晚召开了全校大会，在追问那几个年岁大的同学，同时找我个别谈话。田风同志不仅声色俱厉地让我交待是谁指使的要请假，随着严厉的询问声，他“叭”的一声，把手枪往他床上一摔，吓得我脸立即变色了。

当时我真认为要成为田风同志枪下的屈死鬼了，吓得我哭了起来……

经过校领导的调查和耐心的说服教育，弄清了真实情况，我也表示不请假了，这一事件也就风平浪静地得到解决。从此我也安心地投入到紧张的集体生活中去。但从此，我一见田风同志，他摔手枪的情景就出现在眼前，一种惧怕他的情绪就油然而生。我这小小的学员和副校长之间，出现了一条鸿沟。

不久，我们进驻到大连，同几个文艺团体合并，组成了旅大文工团，陈陇同志任团长，田风同志任副团长。

在排练新年演出节目时，和我同在乐队的田成仁同志被抽出参加田风同志导演的《十六条枪》。几天后，晚间休息时，田成仁同志向我讲了他参加排练的情况，一再夸奖田风同志导戏水平高，不仅懂戏剧，参加抗战前是在日本留学学美术的，是一位有真才实学、多才多艺的好领导。我佩服田风同志是日本留学的大学生，能参加抗日战争，十分了不起；可对他向我摔手枪的事又耿耿于怀。一时，将这两方面还难于统一起来。

田成仁拉我去看田风同志排戏，我才向他说了我惧怕田风同志的缘由，把我的心里话都向田成仁同志说了。不料，几天后的一个晚上，田成仁同志告知我，田风同志找我到他屋去。我说我不敢去。田成仁同志只好陪我去了。到田风同志屋后，我的脸绷得紧紧的，不敢抬眼看田风同志。可田风同志却满面春风笑呵呵地给我倒水喝，让我坐在塌塌米席子上，他搬出了一大摞在大连刚买的日文世界美术全集给我和田成仁同志看。还问我对美术懂不懂，有没有兴趣？我当时对美术是擀面杖吹火——一窍不通，可在田风同志的热情询问下，只好说：不懂，但有点兴趣。田风同志就一页一页翻给我看各种世界名画，边翻边讲，什么是前期印象派，什么是后期印象派，什么是现实主义画派，什么是批判现实主义画派，什么是炭笔速写画，什么是油画，五光十色，看得我眼花缭乱。在田风同志细致的讲解下，我对美术还真产生了一些兴趣。我紧绷绷的脸，终于放松下来，露出了笑容。足足讲了近一个小时，并一再叮嘱我，晚间没事就到他屋玩，继续给我讲美术。从此，有半个多月，只要没有集体活动，天天去听田风同志介绍美术全集的各种名画。他还给我讲了他在日本留学学美术的详情。就这样，在半个多月的时间里，没给我讲一句干巴巴的政治大道理，只是通过讲美术，讲个人留学和抗战的经历和体会，交流了思想，沟通了感情，把我心中的疙瘩解开了，鸿沟填平了，成了知心的朋友。这是田风同志给我留下的第三次也是最后一次印象。

1947年4月，随着东北军事、政治形势的变化和发展，田风同志带领几十名同学留在了旅大市。我们恢复了白山艺校建制离开了大连市，依依不舍和可敬可爱的领导、老师和朋友的田风同志，只相聚了半年就分手了。

1994年5月

（杨明全，曾任京剧团团长、书记，抚顺市文联驻会专职副主席等职；田风同志领导的白山艺校第一期学员）

在旅大文工团：新时代的启蒙者

改革文工团建制 培养文艺骨干

大胆改革文工团，提倡艺术门类专业化

要一专多能，不能满把抓

相时而教 适时点拨

艺术的良师 生活的益友

写工人，演工人

顺境不惰 逆境不馁

不尊重艺术，就是不尊重观众

善于发现人才的伯乐

大连杂技走进艺术殿堂的奠基人

“要成为一名人民的杂技演员”

写剧本也是培养演员的一种手段

改革文工团建制　培养文艺骨干

■ 刘银花　王守昱

1645年8月22日，大连解放了，被沦为日本帝国主义殖民地统治达40年之久的大连人民迎来了翻身得解放的日子。刚解放的大连直到1649年4月1日前，依据党中央的部署，为适应特殊形势和斗争的需要，旅大党组织活动暂不公开，以群众团体名义开展工作。使大连地区成了一块由苏军控制实际由我党领导的特殊革命根据地。

为了荡涤殖民地文化的污泥浊水，普及新民主主义文化，发挥革命文艺在根据地建设中的宣传教育作用，旅大党的领导十分重视革命文艺工作的建立与发展。借助老解放区文艺团体来大连演出和一批老解放区来的著名作家、艺术家逗留大连期间，既通过他们的演出宣传教育群众，又发挥他们的艺术才能，为大连辅导培养文艺骨干，播撒革命文艺火种，使大连的群众性文艺活动蓬勃发展，革命文艺工作和革命文艺团体也得以创建与发展。在诸多为大连革命文艺事业做出贡献的老一代艺术家中，在大连工作达六年之久，为开创大连地区革命文艺工作做出重大贡献，是大连革命文艺工作的开拓者、奠基人之一。

田风同志在主持旅大文工团、大连文联工作和担任关东文协、文委成员的工作期间，以无产阶级艺术家的伟大胆识和忘我工作的革命精神，以及他高尚的品格，为处于特殊根据地的文化艺术树立了一面光辉的旗帜。田风同志不仅是一位有才能的组织领导者，更是一位真正的革命文艺战士，艺术是他的生命，是他全心全意为人民服务的有力武器。

一

1946年10月，由于辽南战局变化，国民党军队进攻丹东，根据辽南省委的决定，原安东（丹东）白山艺校师生在校长白鹰，副校长田风、田少伯同志的率领下，冲破国民党的封锁，战胜强台风的袭击，于,12月5日撤退至大连。为了便于艺校在大连地区合法地开展文艺工作，继续培养艺术人才，12月20日，白山艺校与中苏友好剧团合编，成立旅大文工团。12月27日，在中苏友好俱乐部召开成立大会。陈陇同志任团长，田风同志任副团长。全团团员,120名，下设戏剧、音乐、美术三个队。

在庆祝文工团成立的日子里，旅大文工团首次在友好电影院（现艺术剧场）上演了由田风同志导演的话剧《把眼光放远一点》、《十六条枪》、《母亲》。演出后，观众反映强烈，给人以耳目一新之感，认为这些剧目的题材与大连剧团原来演出的剧目有鲜明的不同，演出作风严肃认真。有署名文章称赞说："在新的戏剧洪流中，这是一支更生动、更强大、更正确的力量"，"是新的戏剧运动中一股突起的光明……"

1947年1月末，旅大文工团成立后为了配合形势向群众进行阶级教育排演新歌剧《白毛女》。为了保证演出水平，组织了导演团，左凡同志和田风同志担任执行导演。并邀请著名戏剧家王滨担任艺术指导。排演歌剧比话剧难度大，田风同志知难而上，与其他导演和全体演职员共同努力，经过一个多月的紧张排练，终于在新春2月27日公演，以其强大的演出阵容，宏大的场面，精湛的表演，征服了观众，收到了极好的效果。一连演出一个多月，场场满座。从3月2日起《大连日报》又陆续刊登《白毛女》观后感等多篇评论文章。

1947年4月，由于辽南局势好转，辽南省委经与大连区党委协商，决定将原白山艺校的田风、李莫愁等同志和20名同学留在大连开展文艺工作，其余的同志（包括在大连招收的一部分团员）回到辽南。恢复白山艺术学校。

1947年5月6日，奉关东公署训令：旅大文工团改名为关东社会教育工作团，陈陇任团长，田风任副团长。改称关东社教团后，田风同志排演的第一个剧目是他自编自导的四幕话剧《妻离子散》。这是田风同志根据他深入岫岩县农村所了解到的一个农民的血泪史创作的。剧情是，佃农石广生租了地主关兆喜的地和草房。关兆喜看中了石广生的媳妇。为了达到霸占石妻的目的，关兆喜使尽卑鄙的手段，把石家哥四个挑去三个当劳工，只有老二因在外扛活而幸免。地主逼租，石家交不上，就带人抢走了石家全部的粮食，又抢走了石广生的媳妇。石家媳妇精神失常。关兆喜贼心不死，又逼石家三天内搬走。石广生觉得欺人太甚就到县里上告，关兆喜气急败坏，以犯了国法为由绑走石广生。石家被逼，为了活命，最后只有逃往他乡投亲奔友，以至骨肉分离，妻离子散。该剧6月1日在实验剧场公演，受到观众的欢迎。该剧剧本还在地方刊物上发表。

1948年2月10日，田风同志为了配合大生产运动，根据晋察冀解放区的歌剧《王秀鸾》改编并导演了14场歌剧《李贵香》在实验剧场公演。该剧描写农民王本仁，解放后政府分地贷粮，本可劳动致富，然而他却离家赴沈经商，其妻游手好闲，整日赌钱，弄得败家荡产，其子大顺好言相劝不顶用，一气之下离家出走。大顺妻李贵香又被婆婆赶回娘家，王妻把家产荡尽，携女儿去沈阳找王本仁了。这时村长叫回大顺妻李贵香，并帮助她解决生产困难，贵香重新立业起家。王本仁财尽人空无以为生，半途遇其妻而归，回到家中面貌一新，羞愧不已。大顺在大连当了警士亦听信返回，全家重新团圆。此时正值选村劳模，李贵香光荣当选。这个剧在大连市内演出38天，观众43000余人次，另外还到大连县等4个区演出，观众达13500人次。《大连日报》利用整版刊载演出特刊。

1948年6月24日，鲁迅文艺工作第四团在团长张庚、副团长张望的率领下抵达大连。次日，田风同志主持了关东社教团与鲁艺四团联欢会，欢迎该团来大连演出。关东公署教育厅江清风厅长、市文教局卢正义局长、张庚、张望等都在会上讲了话。

1948年10月15日，田风同志参加了中共大连区党委召开有文化工作者参加的扩大会议，讨论文化艺术工作问题。为了加强文化艺术工作的领导，会议决定成立文艺委员会，负责领导旅大全区的文艺工作。会议决定这个委员会由罗烽、田风、江清风、金实遽、卢正义、陈陇、方冰、康敏庄、白朗9人组成。会上通过了《关于开展文艺工作的意见》文件。1948年11月，辽南军区文工团国剧队由陈其通率领以金县民众剧团的名义二进大连，演出了由陈其通创作的京剧《黄巢》第一部。民众剧团此次来大连演出，受到市文协的热烈欢迎。田风同志参加了由陈其通主持召开的《旧剧改造与〈黄巢〉出演》座谈会，他与与会者钱醉竹、赵慧琛等艺术家高度地赞扬《黄巢》的演出，称“东北文工团来连，旅大话剧走向了一个新的阶段；民众剧团来连后，平（京）剧也将走向一个新的阶段。”

为适应关东（旅大）地区解放三年来政治、经济、文化等方面飞速发展的形势，进一步密切联系，分工合作，形成一个有力的新民主主义的文艺新阵线，1949年1月16日，关东文艺工作者协会成立。由罗烽、田风、陈陇、方冰、白朗、钱醉竹、李定坤、赵慧琛、刘辽逸、刘汝醴、周静11人组成常委会。1949年4月，“关东文艺工作者协会”改称“旅大文艺工作者协会”。

为纪念苏联十月革命节31周年，田风同志应新声剧团的邀请担任由阿英编剧的反映太平天国运动的革命历史剧《洪宣娇》的导演顾问，为该剧的献演做了贡献。

1949年2月，社教团又改为旅大文工团。春节演出了四个新创作的小戏《一条皮带》、《一勺水》、《一只手的功臣》、《一个电灯泡》，还有歌曲和大鼓等节目。这些剧（节）目是社教团团员在田风等同志的带领下深入工厂5个月之久，体会工人、认识工人、了解工人生活，向工人学习而创作出来的。

1949年4月，旅大党公开，召开了党的活动分子大会，同月，大连区党委书记欧阳钦同志来到文工团，作题为“文艺为工农兵服务”的报告。

为了总结经验，改进今后的剧务工作，更好地为工农服务，关东社教团于2月6日举行了座谈会，除了文艺界的代表外，还特别邀请了工人代表和劳动模范王智富等200余人。市工会主席王树庄、关东文协陈陇、李定坤、钱醉竹等参加。田风同志主持会议征求大家对目前演出的四个剧的意见。大家对社教团长期深入船渠、中长铁路等工厂与工人一起生活，改造自己，并创作出描写工人生活的剧，给予了好评，文协陈陇认为“已初步摸索出新民主主义戏剧为工农服务的道路”。

1949年5月5日，旅大文工团于文化宫（群众剧场）公演苏联名剧《钢铁是怎样炼成的》。全剧三幕九场，演4个小时。文协对该剧的演出很重视，组成了由罗烽、田风、康敏庄、赵慧琛、王群、周静等同志组成的演出工作委员会，进行指导排演工作，田风为执行导演，并邀请苏军司令部谢德明、葛朗秋亲临指导。苏联沿海剧团来连演出时观看了此剧，主动帮助解决演出的物质和技术方面的困难。全团排演该剧时严肃认真，对剧的内容、主题、人物都组织专门小组进行分析研究。对此剧的演出公署教育厅江厅长题词“学习苏联艺术，学习保尔·柯察金”。这个戏演了23场，观众达27000人次。

5月31日，文协举办了《钢铁是怎样炼成的》演出座谈会，与会者有大连文化界代表和苏联沿海剧团的团员、苏军司令部高字罗夫少校、马吉列夫斯基少校，罗烽主持会议。与会人员对此剧在政治上给予了很高的评价。该剧的演出对于增进中苏友谊和艺术交流，对广大群众的思想教育都产生了很大的作用。

1949年7月10日，田风同志亲自指导了大连县生产文工团于宏济大舞台公演的四部十六场歌剧《赤叶河》。编剧阮章竞，导演邱云。在田风的指导下，《赤叶河》从排练到演出都比较正规，有一定的艺术水平，很受观众欢迎，连演30余场。

1949年7月27日，为庆祝中国人民解放军建军22周年，旅顺文工团来大连在文化宫公演了表现共产党员英勇、坚决与敌人斗争的歌剧《钢骨铁筋》。这出戏的演出，在旅顺和大连赢得了各界群众的赞誉。《旅大人民日报》(《旅大日报》前身)设专版发表剧评、刊登剧照。该剧由王成斌导演并主演。在排戏过程中，田风同志曾到旅顺住半个月，与王成斌一起切磋技艺，田风同志不仅亲自带领几位同志彻夜赶制布景，而且在舞台美术方面给王成斌很大启迪。《钢骨铁筋》中有一个场面：张排长被关押在狱中，敌人软硬兼施逼他招供。在这以前的演出，舞台灯光的布局都在前面装置，致使光束单一，气氛平淡。对此，田风建议王成斌布置一组逆光，从监狱的小铁窗外边投光，这一组逆光真是点石成金，一线阳光从铁窗外射进，使观众对阴森的监狱产生立体感；一线阳光作用于张排长，为他充实内心体验创造了条件；最后，既烘托了张排长宁死不屈的气概，又喻示了只有共产党领导人民进行武装斗争，才能迎来中国的曙光这一伟大真理。田风同志的艺术造诣使王成斌叹服。

8月25日，旅大第二届艺术活动周筹委会成立。蒋守全任主任，田风和桑风岐任副主任。9月6日至8日，应旅大中苏友协之邀，苏联远东高尔基剧团来大连演出话剧《在乌克兰旷野上》、《叛徒的命运》和《在某一个地方》等节目。5日，在有150余名中外艺术家参加的联欢会上，旅大文工团团长田风同志在会上作了关于“中国新戏剧艺术成长和发展”的报告，苏联剧团团长作了关于“苏联艺术”的报告。

11月10日，根据中共东北局和大连区党委的指示，为了提高工作效率，加强党对文艺工作的统一领导，区党委宣传部和文委决定，将原旅大文工团、职工总会文工团、旅顺文工团、金县文工团、大连县生产文工团五团合编为一个文艺团体，定名为旅大文艺工作团，田风同志为团长，荀建春(即郑建春)为副团长。整编后的文工团共有194人，下设四队二组，即工人戏剧队、农民戏剧队、舞蹈队、乐队和舞美组、创作组。

1950年1月24日，为配合宣传大连土地调剂运动，旅大文工团在田风同志主持下，农村戏剧队赶排了话剧《反翻把斗争》，赴金县三十里堡配合演出，起到了积极的作用。

2月，旅大文工团自编的独幕歌剧《一点钟的新记录》、独幕秧歌剧《一副眼镜》、独幕话剧《尽一点力量》及独幕歌剧等一批小型戏剧在报刊上发表。

5月10日，田风同志导演的由白晓虹编剧的、旅大文工团演出的四幕话剧《一二〇新纪录》在文工剧场（现艺术剧场）献演。此剧上演后，引起强烈反响。15日，《旅大人民日报》设专刊发表了欧阳钦、韩光、刘南生、邹文轩、陆毅、张知远、王树庆和醉竹撰写的文章。韩光在文中指出："今年创作与出现的《一二〇新纪录》，可说是把我们的戏剧工作又推向前一步。这是旅大文艺工作者不可忽视的工作成就。"欧阳钦在文中指出："旅大文艺工作团初次创作出的《一二〇纪录》剧本，基本上是按着这一个方向写作的（即戏剧要具有思想性、原则性、现实性和艺术性，且必须与党的政策方针，完全相同），虽然因为初创，还有粗糙不细致、深刻性与艺术性还不够等缺点，但其对配合旅大当前的经济建设特别是工业生产，对干部、工人阶级以及劳动人民的教育，只要看了的人，脑子动一下，自我反省一下，就能起一定的作用的。"

1950年10月，旅大文工团配合抗美援朝宣传，创作赶演了一批短小精悍的文艺作品。在田风同志的建议下，经上级批准，旅大文工团成立了抗美援朝后备队。

新中国成立后，田风同志代表旅大文艺工作者参加了第一次全国文代会。1950年他又参加了旅大文代会的筹备工作。

1951年3月，中共旅大市委决定田风同志担任旅大市文联主任，兼旅大文工团团长。

1951年3月，为开展中苏两国艺术交流活动，经市长韩光同志推荐，苏联青年艺术剧院导演伊万诺夫应邀来旅大文工团传授斯坦尼斯拉夫斯基表演体系，田风执导了苏联话剧《第二战线》。伊万诺夫应邀为艺术指导。

1951年5月，旅大文工团在田风同志的领导下，为配合镇压反革命，向人民群众宣传教育，积极编排了小话剧《一网打尽》、《友与敌》、《送鸡蛋》和相声《十家街头》、《太好了》等节目，轮流深入工厂、街坊演出。

12月又深入工厂、农村配合做好增产节约和婚姻法宣传，特编排了许多小歌剧、话剧和杂要等节目。主要有《英雄榜》、《光荣任务》、《一万五千吨》、《新事新办》、《买卖婚姻》等。这些节目短小活泼，通俗易懂，分成两个演出队到铁路工厂和造船工厂以及金县各区演出，很受群众欢迎。

田风同志在大连工作的日子里，呕心沥血，为大连的革命文艺工作和革命文艺团体的创建和发展做出了重大贡献，同时，在他的亲手培养与领导下，一批革命的文艺工作者健康成长起来。特别是他对艺术一丝不苟的态度，从严治团的严谨作风，对后来我市艺术事业的发展起到积极的作用，奠定了坚实的基础。

二

当年旅大文工团担负着本身的创作演出活动和从事群众文化辅导工作的双层任务，身为领导的田风同志，更是率先垂范，成为深受广大业余文艺工作者爱戴的良师益友，为大连的群众性文艺活动的发展，更是功不可磨，业绩卓著。

田风同志深刻地认识到处于特殊根据地大连当时状况，必须摆正文艺普及与提高两者的辩证关系，没有群众性文艺活动的蓬勃开展，就没有革命文艺工作的提高与发展。面向群众，为群众服务，为现实斗争服务，是他领导文艺工作的首要任务。当时，他成了业余剧团有请必到的编外导演。

1949年6月6日教师节前夕，大连教师联合会为纪念教师节排演宋之的的《春寒》。此剧由女子中学校长阎乃邦领导20余名中小学教师日夜排演。由于这个戏有些地方难以处理，特聘请了社教团田风同志前去帮助辅导、排练，6月下旬对外公演，产生较大影响。6月2日《大连日报》发表女子中学周传琴的文章，题目是：“祝老师们演出成功”。文中指出，老师们演出的《春寒》，是由田风、阎乃邦对其指导的一出暴露国统区黑暗的戏。

同年8月底，田风同志在带领本团团员分赴寺儿沟和沙河口宣传群众和调查研究过程中，按照公署教育厅关于“写真实，写群众”的指示精神，参加了在当时很有影响的六幕十七场话剧《穷汉岭》和六幕十二场秧歌剧《一个女工的翻身》的策划，创作和导演工作。

1948年1月9日，实验剧场公演了田风担任导演顾问的《一个女工的翻身》。该剧是胜利烟草公司经理赵毅亲自编导的。剧情描写女工吴秀英在敌人统治时期所遭受到的侮辱与欺凌，解放后，成为工厂的主人，积极生产被选上一等模范的故事。

1948年1月24日，实验剧场公演了由社教团戏剧家田稼和赵慧琛与寺儿沟大粪合作社领袖白玉江、孙树贵创作的话剧《穷汉岭》，引起轰动。在这个戏创作过程中，田风同志与江厅长、方冰同志多次去寺儿沟大粪合作社与作者共同讨论研究创作计划，交谈创作意见。这出戏根据寺儿沟红房子一带的群众与汉奸、狗腿子斗争的真实故事编写。共演出十几场，《大连日报》连续发表《穷汉岭》专刊，报道对此剧的评介文章。这出戏被称为“关东的真正群众自己的创作，群众自己的表演，确确实实体现了‘写现实、写群众’的方针”，“在创作道路上，体现了‘群众路线’，在创作方法上是知识分子与工农分子结合的集体创作方法”。这出戏，在当时也是我国最先反映解放后城市人民生活的优秀剧作之一。

为了培养业余文艺骨干力量，田风同志积极采取各种形式进行辅导。1948年鲁艺四团来大连期间，田风同志积极协助该团举办了两期戏剧学习班，为职工总会宣传部培养文娱干部。两期共抽调了各厂工会文娱工作人员300多人，每期集中食宿培训半个月，田风同志和著名剧作家阿英，鲁艺四团的张庚、张望，还有赵慧琛（关东社教团）等同志，亲自讲授戏剧、秧歌、化装等理论训练课。

1948年8月，随着解放战争的节节胜利，大连举办了第一届关东艺术活动周，检阅解放三年来职工文娱活动情况，推动群众文艺运动更向前发展。为了搞好多次活动周，关东社教团的全体同志响应公署教育厅的号召，在田风同志带领下，分成若干小分队下厂矿、下农村、下街道辅导群众文艺活动，使一个轰轰烈烈的群众性歌咏秧歌戏剧运动在全市城乡普遍开展起来，到新年春节期间达到了高潮。据有关资料统计，1948年各厂矿组织的业余剧团有152个，演出剧目263个，演出750多场，观众达86万人次。农村村村建剧团，整个正月里，天天有演出，十分红火。在田风带领的社教团同志的亲自辅导下，大连船渠业余文工团团员王水亭编导的二幕三场秧歌剧《二毛立功》参加关东艺术活动周获一等奖。1949年6月，《二毛立功》剧组和由田风同志带文工团同志亲自辅导的大连黑嘴子码头工人创作的《装卸号子》队，代表东北工人艺术进京，向全国第一届文代会献演，受到中央首长的接见，获得大会颁发的纪念奖旗和个人纪念章。《装卸号子》还被灌制了唱片。

1949年8月，田风同志作为大连第二届艺术活动周筹委会的副主任，更是带领文工团的同志日夜活动在基层。这次艺术活动周演出形式包括戏剧、音乐、歌咏、舞蹈、杂耍，内容以中苏友谊，拥党、竞赛、生产运动，以优异成绩迎接开国大典为主要内容。田风同志和赵慧琛、白朗等9人负责戏剧，并成立了比赛评选委员会，还邀请了两名苏联同志参加。“十一”开国大典这天更形成高潮，全市城乡一片欢腾，普天同庆。文工团倾巢出动，组成了一支200多人的大乐队，与群众的秧歌队、腰鼓队、歌咏队，与全市人民的庆祝新中国成立的文艺大军，缓缓行进在大连的大街小巷里。农村的活动也很活跃，每个村子都在场院里点起篝火，围着篝火唱啊跳啊，直到深夜。大连第二届艺术活动周的比赛评比活动也从这一天开始了，评选出一批优秀的文艺作品。大连人民和全国人民一道开始建设社会主义新生活。

田风同志对党、对人民的热爱和他的人品，不仅表现在他忘我的工作上，更可贵的是在他受到委曲的时候，他从不表白自己。1652年，他曾被东北局高岗派往旅大的工作组视为资产阶级文艺的代表人物进行批判，乃至处分。当1954年，党的七届四中全会，高岗反党集团被揭露，大连市委为田风同志平了反.当中共旅大市1954年11月4日在关于取消田风处分的决定中，郑重宣布“原1952年7月12日的决定作废”时，他亦然感激组织上对他的理解。

田风同志1955年5月调北京电影学院工作。他离开旅大已39年，去世已29年了，可他在大连工作的六年留下的足印以及他为大连创建和发展革命文艺工作所做的工作和创立的业绩，大连人民是永远不会忘记的。

1994年5月

（刘银花：曾在大连市艺术研究室、大连市戏剧创作室从事《大连文化艺术史料》的编写工作。王守昱：大连戏剧创作室编剧。此文根据《大连文化艺术史料》及有关同志的回忆材料编写）

大胆改革文工团，提倡艺术门类专业化

■黎　军

田风1912年生于沈阳，长我13岁。我最早知道田风同志是1946年。这一年的秋冬之季，原安东白山艺术学校师生在白鹰、田风率领下，撤退到大连，与中苏友好剧团合并为旅大文艺工作团，田风任副团长。旅大文工团正式成立不久，即排演了思想性和艺术性都比较高的新歌剧《白毛女》，连演不衰，很受群众欢迎。

我那时在大连关东职工总会文工团工作，最初同田风同志没有什么直接接触。但看过他导演的几出戏后，真是打心眼儿里佩服。特别是他导演的苏联名剧《钢铁是怎样炼成的》，让我们这些刚踏入艺术大门的年轻人大开眼界。他那细腻的导演手法，使我这个搞话剧的开始接触这门艺术的真谛，在朦朦胧胧之中开始意识到自己艺术上追求的方向。这出戏在大连成功演出，引起大连观众极大的反响，凡看过此戏的都交口称赞。我还特别欣赏这出戏的舞美设计。我们当时排戏对舞美是很不讲究的，同这出戏的舞美比起来，有一种茅草房同高楼大厦相比之感，我曾悄悄到舞台看这出戏雪山的景片，只见那景片上只是几笔大的涂抹，实在看不出什么名堂。我当时就糊涂了。这样的景为什么在台下看却是那么真实，那么富有感染力呢？后来，我才明白，舞台绘景与一般绘画是有区别的，绘景者必须掌握灯光、距离等因素，才能绘出栩栩如生的舞台布景的。我也是在这个时候才知道这幅雪山景是田风同志亲自设计和绘制的，他不仅在导演方面功底深厚，在舞美方面也是真正的行家里手。田风青年时代曾留学日本，是美术专科学校的高材生。田风同志在我眼里一下子变得可敬又可畏。我想亲近他，向他求教，但又顾虑自己水平距离他太远，畏畏缩缩地不敢接近他。

不久，为大连市召开劳动模范表彰大会，我们关东职工总会文工团排演秧歌剧《状元回家》。这个剧本是我写的，我还在戏中扮演主人公，我不是个搞创作的材料，表演上也没受过什么专门训练，但年轻气盛，有激情，有虎劲，倒也敢编敢演。戏演出时，我看到田风同志也来看戏了，却有了几分胆虚，心想在人家洋知识分子眼里，我这回儿可算是出丑了。不曾想，田风同志看过戏后，却给予我很多肯定和赞扬。当然，他也指出我们这出戏的不足之处，他提的意见让我心服口服；可他对我的赞扬又让我心里发烫，心想，人家真不愧是从解放区来的革命者，心胸就是宽广。

1949年11月10日，中共旅大区党委宣传部和文委决定，将原旅大文工团、职工文工团、旅顺文工团、金县文工团、大连县文工团合编为一个团，定名为旅大文艺工作团，田风同志任团长兼党总支书记，郑建春任副团长，我任团部业务助理兼工人戏剧队队长。我为能在自己所敬仰和钦佩的田风同志身边工作感到十分高兴。

田风同志有着自己的远见卓识。他看到在新中国成立之后，随着大规模经济建设的开展，文工团的形式已经不能更好地发挥作用。他决定大胆改革文工团的体制，提出各种艺术门类专业化，大力培养专业人才，充分发挥艺术的功能作用。在他的倡议下，文工团内部设置了戏剧队、舞蹈队、音乐队、舞台美术队和创作组。这种做法在当时的东北三省是一个创举。为了培养和造就人才，在抗美援朝初期，他又组建了文艺后备队，招收了一大批青年学生，这其实是艺术培训学校的雏形。后备队培养出来的学员毕业后，大部分参加抗美援朝战争，在战地组织的宣传队中发挥了很大作用，有的则成了未来的艺术单位的骨干。田风同志为培训这批学员可谓呕心沥血。他在主持全团繁杂的业务工作的同时，亲自为学员授课，他日夜操劳，废寝忘食，其精神令人感动。

田风同志生活作风简朴。他排戏非常刻苦，紧张时，常常通宵达旦、没日没夜地连轴转。他从来就没有按八小时劳动制工作，吃饭时，也常常只是搞点零食凑合一下就可以了。他待人平等、和蔼，从来不摆领导干部和大知识分子的架子。那时，他正是人到中年，身体并不好。在舞台上经常看到他和工作人员一道搬运布景、道具。那时文工团常常为了配合政治任务，搞突击创作剧本。有几次，他主持创作组写了几个剧本，虽然他是创作组的主心骨，是主将，但剧本写出后，他从不署自己的名字。大家执意要他署名，他就很幽默地说："那就叫谢天亮吧！"是的，这些剧本的完成，大都是他们晚上熬夜，一直写到天亮才完成的。他的工作精神深深感染、影响着我们这些小青年，我们都愿以他为榜样，工作起来不辞辛苦，任劳任怨，也不争名争利。从这一点上，我真是怀念这个时期啊，那时候，文艺队伍真是朝气蓬勃、意气风发啊！

田风同志对艺术规律是有相当了解的。在那个时候，配合任务搞创作是必然的，是不可避免的。田风同志看到我们一些同志为了赶任务，有闭门造车的倾向，他认为这是一种很不好的倾向。他号召编剧、演员、音乐工作者都要深入到火热的生活中去，了解群众、了解生活，去感受那些在新中国建设中涌现出来的新人新事新风尚，创造出反映时代精神、贴近生活的艺术品来。他组织创作组和戏剧队的全体演员，深入到船厂、机车厂、海港等厂矿，去和工人交朋友。他要求我们不要走马观花，而要扎扎实实地生活在工人中间，了解他们的喜怒哀乐，摸准时代的脉搏，收集创作素材，开拓自己的创作思路。1950年，在田风同志的组织下，创编人员白晓虹、唐晓波二位同志经过在船厂的生活体验，创作了大型话剧《一二〇新纪录》，刻画了几个性格突出的人物形象，歌颂了造船工人为祖国的造船事业献身精神。这个戏演出后受到大连人民的热烈欢迎。区党委书记欧阳钦给这出戏以高度的称赞，他说，旅大的工人阶级在过去的40余年里受尽了日本帝国主义的欺压与剥削。这出戏表明，现在我们工人阶级终于以主人翁的姿态站起来了，再也不做亡国奴了！说完，他哈哈大笑起来，我们也感到心情振奋。我们不禁又想起田风同志在这个戏里所做出的贡献。这个戏的导演是田风，他排戏不搞花架子，着重刻画主人公的典型性格，充分展示工人阶级的雄伟气势和豪迈气魄。他在这出戏的布景处理上就采取了平台式结构，开阔表演区，增大舞台空间自由，使观众感到耳目一新。他在这出戏里，对群众场面的处理颇有章法，显示了独特的风格。我在此戏扮演副厂长，在他的指导下，我在表演上也克服了许多形式主义的东西，对如何通过调度手段揭示人物内心活动，塑造人物性格方面，有了很大进步。

田风同志多才多艺，他有高超的绘画才能，在导演上又是新中国难得的专家，不仅如此，他对音乐、舞蹈也有专深的知识。抗美援朝时期，他曾编导过舞剧《朝鲜妇女支前线》和歌剧《打击美帝侵略者》。他十分热爱中国民族音乐，但对西洋音乐也很喜欢，他经常向我们介绍西方一些音乐大师的经典作品。

田风同志对大连文艺事业的发展起了不可磨灭的作用，对我国社会主义精神文明的建设有着巨大的贡献。

1994年5月

（黎军：原名霍殿本；导演；曾任大连话剧团副团长、导演、艺术指导等职；田风同志领导的旅大文工团团员）

要一专多能，不能满把抓

■ 钟　吼

从店员到革命文艺队伍我15岁那年，因家境贫困，母亲打发我独自一人由山东掖县（今莱州市）去安东寻父谋讨生计。辗转去了东北牡丹江宁安，在一个油房做了小店员，因父亡后又返回安东当了一个杂货店的小店员。当店员就是要站柜台、扫地做饭、推车拉货、骑车送货、一切苦差事都是伙计来做的。

因不满店员生计，总想学点知识和专长，脱离商贾行业。因此经常买些书刊，偷偷阅览。那个年代讲“买卖三大厌，看书下棋打茧线”，做生意人是不允许看书的。后来又交学费偷学炭粉画像，店门关闭，遮遮挡挡偷学画炭粉画。

解放了，1946年初“安东白山艺术学校”招生。我在山东参加过八路军组织的“少年先锋队”，对共产党有所了解和好感。因此我这个小店员大着胆子报考“白山艺校”。考试唱歌，我唱了一支我在少先队学过的《流亡三部曲》、《我的家在东北松花江上》……”做梦也没料到，我竟被录取了。

一个文化水平不算高，既无美术基础又无文学素养，进到一个都是初、高中文化水平的同学中，犹如群鹤中的一只小麻雀。我报考的是美术。当入学第一次介绍我的老师田风时，我欣喜若狂，站在我们面前的人好帅、有气魄。炯炯有神的一双大眼睛，削瘦的脸庞，高高的颧骨，头戴礼帽，身着长衫，一条不算长的围巾垂于胸前，真是有大艺术家的风度。我听说是“东京美术大学”毕业的大学生，我的内心充满了希望，有说不出的喜悦心情，一个名不见经传的小小店员竟然与大艺术家们坐在一起了，竟然要在他的教导下学习和工作了。我暗自庆幸，我太幸福了，这不是我向往和梦寐以求的愿望吗！

解放了，我也解放了，一个老老实实的小店员，冲出樊笼，飞翔在蓝蓝的自由天空中。我真像小麻雀似的活跃在革命的大校园中。我浑身有使不完的劲，一泻千里地奔放出来，我成为校园中的一个活跃分子，甚至排球场上也要施展一番。

由于刚刚解放不久，有一部分人尚有正统思想，也许田风老师在观察了我的举止行动，发现我进校后，对学习充满了热情和积极向上的心情，因此我被任命为美术组的组长。我这个对美术尚一窍不大通的人被任命为组长，真是受宠若惊。行！让我干我就干，参加革命啦，叫干啥就干啥，没错。

虽然在美术组里，可是学校经常上大课，什么都要参加学，唱歌、排戏、跳舞都有我的份，我也满心情愿地参加各项活动。

开学不久就要迎接“七一”党的生日，学校准备开学后第一次演出。除了音乐、舞蹈外还排演了《兄妹开荒》。偶然看到田风老师在排《兄妹开荒》的戏。哎呀，田风老师还能排戏，而且给演员的示范动作是那么真切、活泼轻柔而有力，轻盈的步伐和明快的节奏感，真是太美了。我五体投地地钦佩，真是了不起的艺术家呀。及至《兄妹开荒》的布景，田风老师用极简练的画面构图，设计构造出一幅富有浓郁的乡土气息和开阔明朗的田野风光，犹似一幅绚丽多彩的乡间油画展现在我的眼前，我又为之惊呆了。众同学也异口同声地叫绝。这在安东的舞台上从未见到的舞台布景，使我大开眼界，对田风老师敬佩至极。

田风老师并不是墨守成规地在课堂和书本上指导学生，他一开始就让同学们以自闯的精神去发挥才智，然后再加以辅导。为此我这个既不懂色彩又从未画过水彩画的人就毛遂自荐地用布框画了一幅水粉斯大林画像。老实讲是丑化了领袖形象，而我却自我欣赏地、自我感觉良好地把画像拿到学校大楼最高处悬挂起来。幸好有位领导检查工作，发现了这幅不堪入目的画像便把它取走了。

开学后才半年，国民党进攻辽东半岛，根据上级指示，全校撤离安东。这是考验每个同学的关键时刻，跟党走还是留下不走。我原先的掌柜的和亲友力阻不要跟着走，前途难卜。我抱定决心，跟着共产党走定了。

我们乘坐的两只木帆船在海上遭到狂风巨浪的袭击，险遭灭顶之灾，考验了每个同学，我也受到了考验，经受了艰苦的洗礼。全校撤离安东后，学校仅有几支大杆枪，田风老师让我挎上了一支，

这是对我十倍的信赖。我感到革命队伍的温暖和体贴，田老师对我的爱护使我更加努力地做着一切。

海上的风险后，登陆后在普兰店矿洞子农村的游击生活，锻炼和培养了革命意志，同时我也看到我的老师田风同志在这艰苦环境中与病魔在做斗争，仍顽强地与其他校领导带领同学井井有条的学习、排练，而从未表现出自身的病痛。我默默地在为田风老师的疾病焦虑着。

由于形势的紧迫，全校由农村转移到苏军管辖地大连并与大连“友协剧团”合并为“旅大文艺工作团”，并开始了排练三个独幕话剧《把眼光放远点》等。田风老师除忙于排戏工作，还要兼做舞台布景设计。因当时经费拮据和印刷条件差，田风老师鼓励我，让我动手绘制大量张贴海报。我的美术字尚属初学乍练，难以接受任务，也不敢动笔。田风老师看到我的窘境说：“你大胆地写，永远不写永远不会，不用怕，学着写，我再帮助你”。就这样在田风老师的鼓励下颤颤悠悠地写了不怎么美的美术字的海报。紧接田风老师又忙于排演大型歌剧《白毛女》的导演工作，又是导戏又是设计布景，又得忙着设计宣传海报。田风老师设计了一个全身白毛女形象，一个挣扎狂奔的造型，线条粗犷简洁，色彩淡雅，有着强烈的感染力。画好以后，田老师让我写白毛女及其他一些美术字，我心

想，这不是赶鸭子上架吗，这么好的一张海报，我的美术字不是遭践了这张海报吗？一想田风老师督促我，叫我写，又信任我，那么我就写写看，还是胆战心惊地不知写了几种字体和多少遍总算写出来了。尤其是白毛女三个字，实在不能令人满意，田风老师看了看说：“写的有进步，白毛女这三个字字体不算好……”我赶紧说：“田老师你来重写吧，我实在写不好了。”我也自知字体与整个构图画面不协调。田风老师说：“我写写看。”结果还是田风老师的三个遒劲有力的“白毛女”字印在了海报上了。

《自毛女》要公演了，田风老师对我说：“到剧场演出，卖票由你负责管钱。”我说：“那么多钱我可管不了。”田老师说：“叫你管你就管，领导对你放心，每天交账就行啦。”因为当时既无财会人员又无账目，公演收入由我统管，每天售票款项装在大布袋中，当晚坐在田风房间的“榻榻米”（日本席垫）上，将大布袋一倾，清点交上，就这样完成了我的任务。

1947年上半年，东北形势好转，关东地区（大连）为配合形势宣传，要赶制“解放战争成果宣传画”，这个任务交由田风同志绘画。既无资料又无图片，仅有数字和文字说明。40余幅图画是田风老师星夜绘制，文字说明又让我来写美术字。我说：“这个宣传画要拿去印刷的，我写不好呀。”田风假装生气地说：“叫你写你就写，你不写叫谁写？”我只好硬着头皮非常拙笨的，好容易描写完。

我的字与田风老师的画怎能相配呢？我写完后问田风老师：“你看行吗？”田风老师看后说：“行，没有错字就行，你的字有进步。”行什么？我心里明白，这是田老师在推着我往前走呀。就这样，画好的宣传画送去印刷了。不久就张贴于市内大街小巷之中了。

几次的教训使我下决心要快速写好美术字。时间不算长，我的美术字有了长进。1948年“关东地区劳模大会”设立在关东公署大厅内（现市府大楼）大楼外以及牌楼的大标语、大金字全由我带领着学校美术老师并由我亲自书写各种字体。不到一年我成了美术字大拿了。此间还为书店和文联书写刊物封面并且还得了稿酬。这一切的一切都归功于田风老师的培养，他用“激将”法促使我很快能写好美术字。

从学美术到演戏

1947年春，辽南急需大批干部北上开展工作，原“白山艺校”奉命北上。以田风同志为首的20名“白山”同学留在大连继续开展工作，易名为“关东社会教育工作团”。为了及时向关东地区人民进行宣传教育，田风同志将自己创作的四幕话剧《妻离子散》进行排练。要知道一个大型话剧中，各种类型角色都有，统共只有20名团员中选报剧中角色，其困难是可想而知的。这20名团员中有搞文学的、音乐的、美术的，只有几个是戏剧演员。这20名团员是南腔北调，有山东人，有河南人。戏一定要公演，怎么办？田风团长只有量体裁衣，谁适合哪个角色就由谁来扮演。平时少言寡语，一说话鼻子就出水，拉小提琴的王石路；一口地道山东腔的于华，标准河南口音的协理员柳寒生等都安排了角色。要这么一帮人来演戏，田风老师要费多么大的精力和口舌，需要怎么多的语言来纠正台词，需要多少示范动作来启发诱导这些“演员”才能接近人物，其难度是可想而知了。

还有一个星期就要公演了，外形装扮起来确像个老贫农，一口河南腔的柳寒生确实有点力不从心。怎么办？田风同志想到了学美术的我。我呢，平时注意说好普通话，还有点普通话的基础，也并不是想上台演戏，当然有的人在台上演的戏并不怎么样，我还有点不服。

田风团长找到我问：“你想演戏不？”“不想演戏。”“给你个角色演，你行不行？”“我能行吗？我可从来没上台演过戏。给我分配了个《白毛女》中的B角赵大叔，就排了一次戏，公演后光卖票了，没得机会上台呢。”“那，这回试试演个老头。”“把柳寒生换下来？”“他有点困难，工作需要，你上吧。”我心想，要和柳寒生比试，我可能比他强。我说：“我试试看。”“别试试看，就让你来上啦”，又问，“你见过穷人老头吗？”“见过，山东、安东，有的是穷人。”就这样，有生以来第一次演戏演的是穷老头而且是个主要角色。因为年轻，背词也快，在我身上没化费多少力气赶排出来公演了，公演后反响还不错，我扮演的老头，田风老师还挺满意。也许这第一个戏给田风留下点印象，所以以后就与戏剧结下了不解之缘。

从样样“通”到一专多能

田风老师多才多艺，既是美术家，又是戏剧家，既懂音乐，又深通舞蹈艺术，我觉得在他的领导下工作学习，简直太幸福了。田风老师讲：“社教团就是文工团，文工团员什么业务都要拿得起来放得下，要能唱能跳能演……要什么都得会，要样样通才能是个好的文工团员，还要一专多能……”我曾经按照田风老师的希望，什么都想学，学弹钢琴，拉小提琴，吹过号……我认为这是文工团员应该做的。我好高骛远无边际地什么都想学，结果是样样“通”，样样松。我苦闷过一时，怎么什么也没有点成绩呢？我在徘徊之中。田风老师窥测出我心情，告诫我要钻，钻一门，一专多能不是满把抓。我开始察觉并意识到我的拙见，调整我的认识和走向。

生活是艺术的源泉。田风老师始终遵循着这种思想，要我们长期不间断地深入生活。1947年就带领全体深入工厂、深入群众，为文艺创作打下了雄厚的基础，1947年间创作了一大批戏剧节目，如《一条皮带》、《一只手的功臣》等，我在许多戏中扮演了角色。我开始对戏剧产生了兴趣。也许是田风老师发现我有点戏剧艺术细胞，所以经常让我演戏。在田风老师改编的大型歌剧《李贵香》剧中我扮演了三秃子角色，得到了广大观众和田老师的称赞，并认为我什么角色都能演。可是1949年五个文艺团体合并时却又把我分配在舞蹈队还当了队长，使我百思不得其解，怎么不让我演戏，又叫我跳舞去呢？怎么回事呢？行啊，田风团长安排的，干吧，不会有错，文工团吗，什么业务都尝试尝试吧。命令服从，干！革命需要，叫干啥就干啥吗。我又开始又跳起来。

一天，田风团长告诉我，要我做音乐舞蹈演出的节目主持人，这种演出形式在我国还没有。我犹豫了，我问："怎么做呢？照着预先准备好的词上去念吗？""那怎么行？那不太死板了吗？""那怎么办？""歌舞演出不能死气沉沉，要活跃些，轻松些，要把整个演出火热气氛调动起来，这就要看你报幕人的本事了！""哎呀，我可没那么两下子。""我看你就行，好好琢磨琢磨，关键是每个节目不能冷场，要衔接好，要活跃气氛。""好，我琢磨琢磨。"就这样，我事先把节目的安排、上下场，幕间应当讲些什么，一一做了设想。在演出中即兴地发挥，以幽默的语言将节目连接贯通起来，使台上与台下融为一体，整个演出情绪昂然，充满欢快轻松氛围，主持人成为整个演出不可缺少的联结人，观众为之鼓掌，为之欢呼。参加演出的人员也沉浸在这个艺术创造的环境之中来。这样的丰硕成果就是田风团长英明指点所得来的。可惜这种形式的演出以后因艺术团体变动而终止了。

从田风老师其人看其艺术才华

田风同志在大连期间，全身心地投入党的艺术事业，为每个同志的艺术发展倾注了血汗。不为名不为利，为自己想的太少太少，甚至自己所创造的成果也置若罔闻，丝毫没有把这些成绩放在心上。田风团长为演出所设计创作的海报，为说明书做的插图，为劳模大会所绘制的宣传画，为许多许多戏剧所设计的布景，所绘制的景片，都是最上乘的佳作，可惜田风团长自己并没有有意保留，结果全部作品遗失殆尽。按照田风团长的美术才华，他可以创造许多美术佳作的，但他没有把精力投入其中，而把全部才华倾注给了全团的艺术事业上。1949年在他导演的《钢铁是怎样炼成的》中，发挥了全方位的才智，调动了各个艺术环节，从别具一种风格的舞台美术设计，以小乐队伴奏形式烘托演出场次中各个段落的气氛，甚至所使用的演出大幕也别出心裁地要我考虑。也是在田风导演的启发下，在大幕下垂部镶嵌了质朴典雅的美丽图案。使观众在进剧场后就进入到艺术氛围之中。及至大幕的开闭也要司幕者来动动脑筋，结果还是在田团长的引导下，采用了斜拉四根绳的方法，快速或慢慢地开闭幕，为戏剧情节增添了意想不到的效果。可以说戏剧艺术的每个情节和段落都在田风团长的脑海里，一点一滴从不放过。尤其是在排演场上排起戏来，演员都津津乐道地聆听着他揭示人物内核的透彻分析，在既严肃又轻松的氛围中进行工作，他又好像在唠着嗑、讲着故事中启迪演员寻找角色的真谛。田风导演给我排戏时，我从来就没有紧张过，而且非常自如地进入了角色。

田风导演排戏，从来不在排演场上讲抽象的理论，而是用言简意赅的生动、形象的语言，使演员很快地摸索到角色的行为和动作打开思路和想象力。更不用填鸭式的方式生硬灌输，强行要演员接受。田风老师是最理解演员的创作情感的，他从不在排演场上呵斥演员。

还有被大家一致称道的是田导演的舞台调度，构图画面最美且给予演员以极大的施展余地。一个好的调度能深刻展示戏剧跌宕，节奏，从而突出了人物的形象和推动后面的剧情发展。因此每当田风团长排戏时，年轻的导演和演员，甚至不是演员的也都蜂拥到排练场去欣赏和学习。

几年的时间里，我在田风老师身边学习和锻炼，从一个什么都不懂的人，变为一个演员，在以后的舞台生涯中逐渐取得一些成就，这都是田风老师独具慧眼，他看到我的生活经历，一个寄人篱下的小店员，有勤奋好学的质朴本质、活泼好动的性格和忠于革命事业的毅力，循序渐进地引导我走上了戏剧艺术道路。我所接触和经历的美术、舞蹈、音乐为我走上戏剧道路奠定了基础，对我的艺术创作很有帮助。田风老师所给予我的太多太多，而我由于年轻和幼稚，理解能力差，接受到自己身上太少太少了，至今后悔莫及。但是我告慰田风老师，我的一生是遵循着他的谆谆教导，忠于戏剧艺术事业，干一行爱一行的座右铭，演了一辈子戏直到1991年才离开了我心爱的难以割舍的舞台。我告慰田风老师，我在戏剧舞台上扮演了近百个角色，创造出许许多多有血有肉的鲜明形象，得到广大观众和文艺界的高度称赞和评价。我为大连的戏剧事业增添了光彩；我没有辜负田风

老师对我的希冀。我为清清白白地做个演员而自豪，我无愧是田风老师的好学生。长久地怀念我的领路人，至今仍在回忆着田风老师的音容笑

貌和一泻千里的艺术才华。

1993年1月

（钟吼：历任大连话剧团［旅大文工团后身］美术组长、舞蹈队长、助导、演员队长等职；田风同志领导的白山艺校第一期学员、旅大文工团团员）

相时而教　适时点拨

■张　毅

提起大连解放初期的文艺界，人们就自然会想起一个名字；而一想起这个名字，凡经历过那段生活的同志，心头都会拂过一阵温馨而暖人的春风。虽然，遥远的往事已成为过去，但受这位良师益友艺术教诲的二三事，40年来却深深地在我的脑海里定影。他，就是旅大文工团团长田风。

一

当我还是一个不满16岁的孩子时，考上新四军文工团不久，就北上来到大连，加入了大连歌舞团的前身旅大文工团，田风便是那时的团长。记得我刚到团时，是全团最小的男孩子，剃个一顺边的头，操一口南腔北调的口音，还真有点像《三毛流浪记》里的那个小三毛。田团长看到我后，似乎非常喜欢我，亲切地叫我“小鬼”，从此，大家便都不叫我的本名，而叫“小鬼”了。

有一天，田团长把我叫到他的办公室，亲切而和蔼地问我：“小鬼呀，告诉我，你喜欢唱歌、还是喜欢跳舞？”我当时不假思索地顺口答道：“我什么都喜欢！”田团长接着又耐心地问：“那你都会干些什么呢？”我像放机关枪似的连声说：“打腰鼓、扭秧歌、唱歌、吹马号，我什么都行……”说得田团长哈哈大笑起来。

大家都知道，在解放初期，打腰鼓是最普遍的群众性文艺活动，哪个城市解放，腰鼓便打到哪里，它几乎成为新时代的象征。可大连却比较特殊，虽然解放比上海还早几年，打腰鼓却没有传过来。田团长听说我会打腰鼓后，便一声令下，全团上下，男女老少都学起打腰鼓来，“咚咚”的鼓声一天到晚响彻全团，于是，我这个“小鬼”也就成了腰鼓的教师爷。后来，凡举行欢庆活动和上街游行，我们文工团的腰鼓队，便成了最受群众欢迎、最能挑起气氛的引人瞩目的开路先锋。

二

田风团长是一个多才多艺的人，是一个造诣极深的艺术家。解放初期，他便是一位全国著名的话剧导演、美术家、教育家。他有着较高的艺术见地和艺术追求，这些对当时我们这些青年艺术工作者，都产生了很大的影响，使我们至今还记得他那些艺术教诲。

田团长非常重视继承我国优秀的民族民间文化遗产；同时作为一个专业文艺团体的领导人，也非常看重群众性文艺活动。那时，他特意从延安请来老舞蹈家郑红宇等，教我们《荷花舞》、《红灯狮子舞》和《陕北秧歌》等，还要求我们要认真学习传统戏曲中的舞蹈，因此使我们这些刚踏进艺术殿堂大门的文艺小兵，就接触和学习了中国传统的刀、剑、棍、棒，身段、碎步、水袖、马鞭等技艺，这些都使我们后来的艺术生涯受益匪浅。

我创作的《花鼓舞》就得益于这些传统艺术技艺，并把它加以潜移默化的运用和发挥，才使这个舞蹈作品，既有深厚的民族传统生活气息，又有鲜明的时代风貌，才使它能立于世界舞蹈之林，而闪现中华民族舞蹈艺术的奇光异彩，也应该说，它完全得益于我的艺术启蒙导师田团长的引导和教诲。

三

田团长在艺术上是颇有远见的，之所以这样说，一个重要的证明便是，他对古今中外有价值的东西和对有价值的其它文化领域的熟悉、高度理解和深入的广阔程度。这种素养便体现在他从不排斥优秀的外来文化，而是区别对待，能为我用的便大胆学习。旅大文工团早在1951年就建立了一支大型交响乐队，据记载那时全国也仅北京、上海有，再就是我们旅大了。我记得当时，他排除干扰，极力主张并实现从外国请来世界著名的大提琴演奏家兼指挥家魏特曼，指导排练了《未完成交响乐》，这在当时确属十分难得的。

对于舞蹈艺术他也是这样，他认为芭蕾舞是世界性高层次的舞蹈文化；而它作为一种文化和科学的训练方法，我们应该熟悉、学习和掌握。这种见解在当时来说，是非常具有战略意义的，它对今后大连舞蹈艺术的发展，具有非常重大的指导作用，这是有历史记载的。

大连当时还有一个得天独厚的条件，即苏军在大连十年期间，经常有一些歌舞文艺团体来这里巡回演出；众所周知，俄罗斯歌舞艺术在世界是享有盛誉的，由于田团长的主张，使我们在解放初期就有机会接触世界先进的歌舞艺术，这在当时是十分难得的事。这一切自然应归功于田风团长的艺术主张。

应该坦率地说，正因为我们拥有田风这样的好领导，才使我们这些刚踏入艺术之门的小学生，能走上符合艺术发展规律的正确轨道；并给我们开拓了极为广阔的艺术视野，为我们今后的成长和进步，奠定了坚实的基础。

四

我正式学习舞蹈编导是在1958年，但是，在田风团长的指导下，我在1953和1955年就投身到舞剧《战斗的友谊》和舞蹈《花鼓舞》的编导工作中去。而且事事、处处受到田团长的具体指导，并且深受田团长艺术见解的影响。像《花鼓舞》的结构，就是借鉴许多优秀的苏联舞蹈的结构方法，并与民族舞蹈的表现手法加以融合而走出一条我们自己的舞蹈编导之路。

后来，我们在田团长带领下，一起创作舞剧《战斗的友谊》，其获益就更是丰盈，简直可以说能影响我们毕生的创作生涯。这个舞剧主要表现中朝两国人民用鲜血凝成的友谊。剧中有这样一个情节：朝鲜一位阿妈妮，在给志愿军送饭回来的路上，发现放在山洞口的婴儿不见了。这时，周围大火持续蔓延，硝烟弥漫，美帝飞机仍在狂轰乱炸。阿妈妮误认为婴儿已被炸死，她悲痛欲绝……排这段戏时，田团长认为这正是舞蹈发挥的核心点，演员一定要哭之有情，全身心投入到规定情景之中。可演员不理解：哭怎么舞？田团长启发说："有情才有舞，情之以舞，舞以动情！"大家因找不到舞蹈与生活的结合点而不知所措。这时，田团长突然挣下那条裹婴儿的绸带说："情以物兴，物以情观，可用它来烘托人物当时的内心感情……"一句话使全场演员茅塞顿开。他接着又启发大家："人体动作和道具的巧妙结合，将舞者的内心感情赋形于外，给以合理的渲染和夸张，使人物的感情世界得以充分展现，从而达到更好地塑造艺术形象的目的，这正是中国传统舞蹈艺术的奥妙所在……"在田团长的具体指导下，我们把这段内心独白式的舞蹈编得生动感人。这个舞剧后来在东北三省文艺汇演中博得专家和观众的热情赞扬。在新中国诞生之初，也是新舞蹈艺术的兴起之始，田风团长在舞蹈艺术领域，就为我们传播美学思想，使我们的艺术素养和创作技艺都得到很大提高。

40年弹指一挥间，田风团长的音容笑貌依然深深铭刻在我们的脑际。每当我在艺术创作中，

取得一点成绩，我都忘不了里面还凝聚着这位良师益友、这位老团长的心血……

1994年5月

（张毅：编导；曾任大连歌舞团编导、大连歌舞团艺术总监、北京舞蹈学院客座教授等职；田风同志领导的旅大文工团团员）

艺术的良师 生活的益友

■ 王同禹

我一生中有不少良师益友，田风同志是我第一个老师，最好的老师，也是我最诚挚的战友。

我是1945年冬天在丹东参加革命时认识田风同志的，我先后在《白山》杂志社、白山艺校、安东学生旅行团、旅大文工团给他当通讯员。1948年我下队当文工团员，也一直在他领导下工作。

我在旧社会要过饭，当过童工，学过徒，在1946年夏天（当时我14岁）就能搞创作写小说，具体的说，那是田风同志培养教育我的。一直到1964年秋天他去世前，我一直受到他的具体地教益，来往也最为密切。可以说，我是相当了解他的，也是相当崇敬他的。他身材瘦长，消瘦的面颊，浓重的脸面胡子，长长的头发，黑呢帽，铁灰色又旧又破的围巾，退了色、两肘磨穿了洞的鹿皮夹克，外边罩着黑布棉袍。他怀揣着一支钢笔，一支手枪，一本《在延安文艺座谈会上的讲话》。他就是带着这些武器，被党从冀中抗日根据地派往东北安东开辟工作的。那时他正在创办、主编“南满”第一个党的刊物《白山》。屋子很冷，他坐在桌前，一边跺着脚、搓着手，一边画《白山》创刊号封面，桌上散乱堆着雷加同志的短篇小说《姊之家》等稿子和一个菱形印有八路字样的臂章。见了我，他站起来热情地跟我握手，说：“小王同志，欢迎你来帮助我们搞些工作。”生来第一次被人当做“人”来看待，而且被亲切地称作“同志”，一只温暖的大手紧紧握着我冻裂的黑手，这对我这个刚从小铁工厂跑出来投靠八路军的14岁的小学徒来说，那感情是极为复杂的。

我向他施了个九十度以上的大礼。我就是这样跟着他工作了。我们《白山》社，居于闹市，街道两面绸缎庄、百货店、杂货铺、书店栉比林立，那五光十色的橱窗常吸引我去卖呆儿。田风同志批评我：“你这小孩子不好好学习怎么行？革命将来需要你做更多的工作呢！从今天起，不准你在窗前卖呆儿、啃指甲。楼下书店新书很多，好好学习，不识的字记下来，每天问我。”从此，每天他都让我将我所看的书复述一遍，并要我发表感想。他对我的意见很尊重，错了，他纠正、补充，从不嘲笑。像对我一样，田风同志团结、教育、培养了一批革命的知识青年。后来这些人成了《白山》艺校和旅大文工团的骨干。当时田风同志很忙：一边主编《白山》杂志，兼白山艺术学校的课程；一边还带病创作歌颂农民翻身解放反霸斗争的四幕话剧《妻离子散》（发表在《白山》第六、七期；题头、舞台设计也是他自己搞的木刻。1947年改写后在大连演出）。

1946年深秋，安东街道的白果树落叶和纸屑随着旋风在街头乱转的时候，田’风同志拿出两双鞋让我去修补，我知道要撤退了。当时街面很乱，个别学员有开小差的，晚上我送鞋时，他问我：

“你没家去告诉一声吗？”我说：“不用。”他不再说什么，给我一支冲锋枪，三发子弹，让一位女同志给我钉上枪带，亲自帮我背好。我美透了！他说：“遇到情况，把枪给我，我保护你。”我想，我是通讯员，到时候你看看我是怎样保护你的吧！但是我那时年幼无知，当田风同志等几个老八路领着我们这一二百个十几岁的男女青少年分乘两只帆船从海上撤离转移时，我只在一个船舱死守住他的行李，没注意他却到了另一条船上。后来，我们得知，原预定登陆的大孤山已被蒋匪军占领，接着在海上又遭到强台风的袭击，两只船被刮散了，互相不知死活。而且我和许多同志一出鸭绿江口便晕船，呕吐得一塌胡涂，自顾不暇了。我们的船被刮到广鹿岛，七天后在花园口靠了岸。行军到皮口遇见他的时候，我急得哭着告诉他，行李被海水打湿了，牙缸也丢失了，他说声“不碍事”，忙向干部们问学员们的情况，当他知道都安全到达时，就跟大家互相抱着，跳啊、唱啊，简直变成个孩子头了。后来，同志们告诉我，田风同志那条船被刮到海洋岛附近，在风疾浪涌、水粮两缺的危急关头，他挺立在船头，给大家做政治鼓动工作，他说：“目前我们面临狂风巨浪，这是对每个革命者的考验，我们要学习、继承红军爬雪山过草地的革命传统，坚持下去就是胜利！”就这样，他与另一位负责同志镇定地指挥大家克服重重困难，与风浪搏斗了七天七夜，终于安全靠了岸。后来他又领着我们在辽南地区一边发动群众、开展游击战争，一边坚持为部队和群众演出。那时敌人经常离我们一二十里，每逢行军演出后，同志们正睡入梦乡的时候，他常踏着月光如水的山路，听着风卷树叶的响声，沿着铁路线，查看敌情，盘算第二天转移的路线。凭他一个瘦弱的身体，在惊涛骇浪中竟能不晕船，游击演出中竟能不知疲倦，难道他身体特殊吗？最近接触到他在“火线剧社”的老战友才揭开我的谜。他的老指导员说，田风同志经过抗日烽火的战斗洗礼，政治上早已经成熟了。

原来，田风同志也是经过长期的、艰苦的改造和锻炼过程的。他虽然出身于剥削阶级家庭，但由于从青少年起就热爱祖国，仇恨帝国主义，1931年在中学读书时，就走上街头进行抗日救亡宣传，并受到苏联无产阶级文艺作品的熏陶，彻底地背叛了自己的剥削阶级家庭。为了探求革命真理，1934年东渡日本留学时，参加了中国共产党海外支部领导的“文化座谈会政治经济学小组”、“留日剧人协会”等组织，学习马列主义，宣传唯物主义思想，组织并参加一些左翼戏剧活动，与国民党反动派进行坚决斗争，投身于中华民族和无产阶级解放事业。抗战爆发后，毅然回到祖国，于1939年坚决奔赴晋察冀敌后抗日根据地，参加了八路军。1942年任火线剧社导演，正值日寇向我冀中抗日根据地反复进行疯狂扫荡之时，斗争十分残酷，生活十分艰苦，吃黑豆，打游击，随时有牺牲的危险。许多“火线”的老同志回忆说，当时大家把他这个身体虚弱的“洋包子”想当做专家来“团结”的。但是，他拒绝了。他一直严于律己，吃苦耐劳。在大生产运动中下煤窑背煤时，年轻力壮的同志也只背50多斤，而他带着疟疾病，却偷偷背70多斤。正因如此，他才在后来的关键时刻表现出了那种共产党员大无畏的精神。

但是，他作为一个优秀的无产阶级文艺战士和戏剧家，我还是1946年冬天到了大连以后才认识到的。那时大连是个党不能公开的复杂新区，而且由于殖民地40年，封建的殖民地的文化泛滥。在这样一个特殊的新区，怎样来占领文艺宣传阵地呢？有人奉劝说，大连人胃口大，还是演名著吧！

田风同志和另外几位负责同志却坚持党的革命文艺路线，主张首先排演《把眼光放远点》、《母亲》、《十六条枪》、《白毛女》等老根据地的优秀剧目，向大连人民宣传我党我军坚决抗战，解放人民的光荣历史。当时没有剧本，他便一边回忆，一边口述，由别的同志记录下来。一个独幕话剧他一个晚上便背诵下来，三个戏也只用了三个晚上。他对每个戏的人物、情节、台词、细节能记忆得那么清楚，使大家很佩服。后来才知道，他到“火线”时，正是毛主席的《在延安文艺座谈会上的讲话》发表不久，他是《把眼光放远点》等剧的第一个导演，由于他坚决拥护并认真贯彻《讲话》的精神，深入工农兵，坚持从生活出发，成功地再现了抗日根据地军民革命乐观主义精神面貌，创造了带有喜剧色彩的艺术风格，受到根据地军民的称赞、欢迎，也使他自己对这些戏的印象格外深刻。

田风同志在大连工作期间，多次带领同志们去工厂、农村深入生活，亲自组织创作《一条皮带》、《一只手的功臣》、《一二O新纪录》等较早反映工人生活斗争的剧本，培养了一批青年作者，为大连文艺创作、文艺工作打下了良好的基础，而且他自己也经常下厂下乡，虚心向工农兵学习，他交上好多工人朋友。

田风同志是个美术家，他原先学国画，出国后又学油画。抗战时在晋察冀画报上画的连环画我没见过，我却见过他在安东、旅大时期的木刻、插图、封面设计、连环画、海报、宣传画、年画等美术作品，热情歌颂劳动人民翻身解放，密切配合政治任务，战斗性强，群众喜闻乐见。可惜没有搜集保存。我和几个同志只保存几幅他的静物、风景油画。每逢抬头看见赠给我的那幅油画，那紫盈盈、亮晶晶、带着白霜、青翠欲滴的一串葡萄，便使我联想起他对充满着又甜又酸的社会主义新生活的热爱。田风同志还将美术巧妙地运用到戏剧方面，他排的戏无论在构图、画面、透视、色调以及舞台美术各方面都有很大创造，是多年来众口皆碑的。我们见到的《白毛女》中再现的河北农村的景色，《妻离子散》一个景表现出东北农村春夏秋冬的变化，《钢铁是怎样炼成的》中的乌克兰森林雪景等等，许多都是他亲笔绘制的栩栩如生的杰作。

田风同志是个不善口头条条框框，埋头苦干的实干家。他说毛泽东思想的精华就在于马列主义普遍真理与中国革命实践相结合。因此他主张理论必须联系实际，重视艺术和实践。他的一生除了自己致力于艺术创作实践，就是培养、辅导文艺青年创作实践。新中国成立后，特别是1955年他到北京电影学院任教以来，他自己创作少了些，但是我们许多文、音、美、剧、舞、杂的作品，都凝结着他这位不为名利，幕后英雄辛勤劳动的心血，许多文艺青年的成长都得到他呕心沥血的教诲。他培养辅导别人创作时，总是无私地、全心全意地把自己的一切知识与智慧，毫无保留地灌注在别人的作品里。他之所以能这样，是因为他把这一切看做是党的文艺事业。他常说："我这一辈子，别无所求，只要能看到你们为党为人民搞出几个像样的东西来，为党的文艺事业做出点贡献，我就心满意足了。"他对党的事业真是鞠躬尽瘁，死而后已啊！

1964年他在大连养病，我到造船厂写剧本，在一块儿呆了很长时间。七八月份，当我辞别他，要回省参加文艺整风的时候，他脸上挂着惜别的难色，沉默了好长时间。他说："有什么消息吗？发生了什么事情呢？按着'调整、巩固、充实、提高'的方针工作刚刚有起色呀！"他指着一篇批判《北国江南》、《早春二月》的文章气愤地说："这纯粹是投机，讲假话，狗屁不懂！自己不干活，专门看风使舵，动辄整人。我们党的文艺事业就是叫这些人给败坏了！"最后他约我整风完后马上与他一起去鞍钢写写孟泰、王崇伦，或是去大庆访访王进喜……谁想到这竟是我们最后一次谈话，他的愿望再也无法实现了。

田风同志不是没有缺点“一贯正确”的“完人”。但是他逝世后一直有那么多人由衷地深情怀念他，而且尽管在他遭到种种无耻诽谤诬陷迫害后的林彪、“四人帮”横行的年月里，他的许多老战友们对他的怀念还是那样坚定不渝，这说明他那一贯忠于人民、忠于党、坚持真理、实事求是、光明磊落、忠厚正直、谦虚谨慎、埋头苦干、作风正派、廉洁奉公等共产党员的高尚品质和光辉形象，深深活在人们心中。

1979年4月

（王同禹：田风同志秘书；田风同志领导的白山艺校学员、旅大文工团团员、旅大文联创作组组长）

写工人，演工人

■ 宫本毅

我第一次见到田风同志是在1947年7月。我和另外四个同志在路曼老师的介绍下见到田风同志。我们五个人想到“社教团”工作。田团长表示非常欢迎。第一眼我就看出，他是一个平易近人的人。

1947年新年，“社教团”里开了一个不寻常的晚会，田团长和于华结婚，我们全体团员参加了婚礼，团员们在两把圈椅子上扎上了一个大伞，让他们俩就座，这就算旗罗伞扇吧。他俩身穿“社教团”团服——黑色列宁装。我们大家兴致勃勃地听他们俩讲恋爱史，也许由于田风同志多喝了几杯酒，还是太激动，竟把他俩1945年相识的时间说成1935年，弄得哄堂大笑。我们到“社教团”后，正逢一个生活困难的时刻，天天吃高粱米，有时还吃过炒豆饼，但大家工作生活得很愉快。不是下工厂，就是去街道调查，体验生活，或者扭秧歌，宣传演出活报剧，处处以群众为师，深入实际。另外团里还常来国内著名人士传经送宝，如作家阿英、草明、罗峰、白朗、雷加等，戏剧家张庚、赵荣琛，等等。只要有名人来团，田团长就抓住时机，请他们作专业报告或看他们舞台演出。有时在“社教团”的节日晚会上田风还带头出节目。在1951年新年晚会上，田风还与一位来客同台演出《小拜年》，田风扮演店小二，称为打头泡纪念，第一次演出，至今我还保存着他们演出的一张剧照，太珍贵了。

田团长很注重对团员进行实践教育。他要求体验生活不能走马观花，而要下马栽花，亲自劳动。1948年春抽出部分团员组成两个队下工厂深入群众体验生活半年。一个队去大连造船厂，一个队去中长铁路工厂。要求到班组上岗当徒工、拜师傅、交朋友，与工人同吃、同劳动，真枪实弹地干活。当钳工、车工、锻工、铸造工、木工，应有尽有。我当时分到机车头厂小甩子组，学习钳工，学打手锤时还把大拇指打肿了，试机车时还教我们开过火车。下工厂劳动期间定期回团汇报，交流心得体会。这半年的锻炼对团员的教育很大，大家体会到工人的辛苦，增强了劳动情感，交了许多工人朋友，同时还创作了一些好的节目，如《一勺水》、《一条皮带》、《一个电灯泡》等，得到领导和群众的好评。

田团长遵照毛主席《在延安文艺座谈会上讲话》的精神，领导全团在普及的基础上提高，在演出《兄妹开荒》、《夫妻识字》的同时，又配合大生产运动，演出《李贵香》宣传劳动致富，1948年冬演出苏联大型话剧《钢铁是怎样炼成的》，连续上演100多场，对广大青年教育很深。田团长多才多艺，他曾东渡日本学美术，但在文工团里，他却很少作画，他天天忙于团内事务，当导演，他亲自排戏，指导歌舞，还写剧本，不分昼夜地忙工作，一心扑在艺术事业上，他真是一个难得的好团长。

我在文工团是个普通团员，初期只参加大合唱，扭秧歌，后来搞创作。1951年当了党总支副书记兼行政教育助理，与田风同志接触就多了，他是党总支书记兼团长。我们工作的联系很多，相互了解也就多了。同时他还带领我们几个人（还有王同禹、王石路）写剧本，常常谈构思、议场面、听音乐，工作到晚上八九点。为了写一个大场面的剧本，田风多次带我们听《卡门》歌剧的主题歌，边听边讲，诲人不倦。

1948年冬天，旅大区党委决定将关东社教团、大连市文工团、旅顺文工团、金县文工团、大连职工剧团合并为旅大文工团，田风任团长，下设话剧、歌舞、音乐、曲艺和舞台美术五个队。在田风的领导下，文工团沿着毛主席文艺路线奋勇前进，既有普及又有提高，土洋结合，既演出《兄妹开荒》等小节目，又演出《钢铁是怎样炼成的》大剧目，同时还演民间曲艺和苏联歌舞、音乐和古典管弦乐。文工团的艺术水平提高得很快，在国内居领先地位，为社会主义文艺开拓着新路。1951年田风同志明确提出文工团不能光靠国家拨款生存，要走自力更生企业化的道路，在下厂矿演出小节目的同时，还要演出一些大型剧目，搞一些保留节目，增加收入，补助经费。当时我理解的并不深，

但觉得很对。现在想来，如果田风同志活到今天，他一定是一个出色的开拓者和改革家，他的思路一定会大放光芒的。他的不幸去世，确是艺术事业的一大损失。

但在1952年春天，大连刮起了一场莫名其妙的狂风，把一个好端端的门类齐全的综合性艺术团体一下就解体了，团员分散全国，田风同志也受到了不公正的错误批判，多次开批判会，当时文工团的副团长苟建春同志和我都是批判会的陪批人。他们歪曲事实，颠倒黑白，无事生非，给忠心耿耿地忘我工作的田风同志，罗列了莫须有的罪名，扣上了用企业化反对毛主席在延安文艺座谈会上的讲话的大帽子，并指责为什么不演《小放牛》，而热衷于演出《钢铁是怎样炼成的》大剧目，甚至还强加给田风同志留党察看两年的严厉处分。撤职，送东北党校学习。多亏旅大区党委书记欧阳钦同志及时调田风回大连，纠正了这一错误的决定，田风同志才得到重新发挥他的艺术才干的机会。田风同志是个好团长，他一心一意跟党走，他是一个有开拓精神的好领导，他为党兢兢业业地工作了几十年，他的毕生心血都花在艺术事业上，他是一个难得的好干部。他诚挚坦率，热情待人，处处为人师表，他与广大团员亲密无间，有着深厚友谊，至今大家相遇时，都很怀念他。我非常敬佩田风同志，他在人生的道路上有着种种挫折，但他不消极，不自馁，始终向前。他相信党，不怨党。他自强不息，坚忍不拔。在1952年那样错误决定的面前和困难的时刻，他非常难过。我们大家担心他走绝路，我们去看他，安慰他。他坚强地服从决定，接受改造。

就年龄来说，田风同志比我们大许多，很像一个长辈，大家都很尊重

他，信赖他。他能因人施教知人善用。按团员的实际情况从不同方面进行培养。在文工团得到他精心栽培的许多团员现在成了名演员、名歌唱家、名舞蹈家、名音乐家，真是桃李满天下。

1952年我调干上大学，在东北工学院采矿系学习，当时田风同志也到东北局党校学习，我常在周六晚上去看田风同志，我们谈学习，谈生活，谈人生。他送我一张画，他画的海滨早晨。他还告诉过我，他到沈阳后，许多人为他保媒，有的人还追他很紧，但他一一回绝了，因为他心中只有于华一个人。他房间里挂的画也是他为于华画的肖像。可见他爱于华有多深，我很为于华高兴。

1959年到1962年，我在苏联留学期间，常与田风同志通信，他一再鼓励我好好学习，他还寄给我一张照片，他写道："世上最难得的是相互间的了解，本毅，笑纳！"在这张照片上，田风同志坦然微笑。我非常喜欢这张照片，一直带在身边。我也深深地感到，田风同志最了解我，我也很了解他的为人，我学习他，信赖他，这是多么难得的友谊。

我常常怀念田风同志，我由一个小文工团员成长为一个岩石力学博士、教授级高级工程师，与田风同志对我的培养、帮助、鼓励分不开。在我的人生旅途上，田风同志是我的好老师，好向导，

1992年6月

（宫本毅：曾任北京矿冶研究院采矿室副主任、工程师，煤炭科学研究院高级工程师等职；田风同志领导的旅大文工团团员）

顺境不惰 逆境不馁

■ 汪　惟

献身于事业

人生如白驹过隙，眨眼间41年倏然而去。那逝去的人和事如叠印的胶片，已放不出清晰完整的形象，大都无法追索了。但，那一天，1948年6月4日，在关东社会教育工作团（现大连歌舞团大院）东院圆顶大庙的二楼上，一位艺术家形象却很清晰地留在我的脑海里。他留着大背头、长鬓角，宽阔的上额，尖尖的嘴巴，黑黑的络腮胡茬儿，隆起的颧骨下，脸腮变成两个深坑；深陷的眼窝里藏着一双张飞式的凤眼，白眼球有些泛黄，露出几许病态的疲倦和憔悴。他用地道的沈阳腔询问起我的身世，像命运之神一样，在聊天中，为18岁刚参加革命队伍的我安排了在生活中的位置。

他，就是“社教团”副团长田风。这一年他36岁。来团生活不久便知道，田风同志的家就在大庙西北角那座日本古老式样的木屋里，和我住的宿舍有走廊相通。但，他似乎喜欢深居简出吧，为什么总见不到呢？有人告诉我他病了，那天他是带病接待我的。怎么病的？工作累的。

被国民党和美军海陆四面包围封锁的大连地区，粮食极端匮乏，到

1948年春，人民已经在饥饿线上挣扎三个年头了。当时政府号召开展大生产运动，鼓舞农民多生产粮食以度过饥荒。“社教团”为配合这一运动，赶排了大型歌剧《李贵香》，在城乡进行了巡回演出，反应强烈，轰动一时。这出戏是田风同志从秧歌剧《王秀鸾》移植、改写而成的。由于剧本是从冀中解放区辗转万里随身带来的残缺不全的本子，赶写赶排起来很是费工费力。田风同志白天排戏，夜里改剧本，夜以继日积劳成疾，竟患了肺结核，口吐鲜血。他带病坚持把戏奉献给广大观众。他常说，要有对革命事业献身的精神，要刻苦学习、钻研业务，不达目的决不罢休。他自己这样做，也要求和鼓励他人这样做。文工团专业化后，乐队的第一把小号手李明同志常爱在后院的大钟下练功，早晨天不亮、晚上人们上床前，他都要练一阵子。后来有人对他说了什么，他就不再在大钟下练了。有一天田风同志遇见他，问道：你闹什么情绪，咋不练功了。他说怕影响团长睡眠。田风同志说：我听不到你练功才睡不好呢！

我刚到“社教团”，安排我在音乐队工作，在组长、音乐家王石路等同志的帮助下，学声乐、学双簧管，很努力，但我自知自己在这方面由于种种条件限制，很难取得成就，因而始终不忘学习文学和绘画，我与另一女同志一起创作并由我演出的鼓词，取得较好的演出效果，报上也发表了作品。田风同志注意到我在这方面的努力，当搞专业化分工时，他宣布我被安排在由9位同志组成的文学戏剧创作组里。可以说，是田风同志确定了我终生从事的专业，也是田风同志献身事业的精神激励我，使我在文学事业的道路上历经艰辛终不悔。

火热心肠和火爆脾气

1949年年底，在沈阳参加文代会。一天，我和王建民等几个青年团员接受了一项临时任务，立即奔赴沈阳南站的货车站台上值夜。任务是看守货车和堆积在站台上的物资。物资中有演出的布景道具，有很贵重的服装，还有为改善集体伙食在沈阳购买的大米和黄烟。

这天晚上北风呼啸，风里夹着雪粒儿，打到脸上如针扎一般，气温已降到摄氏零下25度左右。我穿一套新发的棉中山装，贴身衬着一套日本军用毛线衣裤，刚来到站台上就被凛冽的寒风打透了。我们进车厢里把演剧用的俄国式老羊皮军大衣裹在外面，又穿上演剧用的大皮靴，这也很难挡住风寒。我和王建民同志把一位患了感冒的同志蒙在苫物资的大棚布里，而我们自己却继续在站台上跺着脚穷溜达，死死地盯着看守的物资，不敢离开，好像离几步，东西就会被什么人抢走似的。其实站台上除昏昏的灯光和闪亮的雪粒儿，什么也看不见，夜深后连风声也没有，可以说如死一般的寂静。这时冷的感觉更强烈了，我觉得冷气通过皮肉钻进了五脏六腑，凉透了！我紧闭双唇，咬紧牙关，还是抑制不住牙帮颤得嘎嘎响。正在不知如何是好时，忽然，远处传来脚步声，我的心随着“踏踏踏”脚步声的逼近越绷越紧，如何应付？一闪念想起车厢里有演剧用的军刀……我刚一回头，那人在灯光下出现了。啊！原来是舞台工作队队长。他来到后，立刻领我们爬进闷罐子车箱，利用演剧用的地毯、床上用品和衣物建造一个挡些风的小窝窝，当我们都斜着坐下来时，他从背包里拿出一瓶高粱烧酒，又把一纸包切碎的熏肉摊在我们中间。我们轮流着对瓶口灌酒，灌一口酒吃一口熏肉。虽然酒如麻辣的冰水，肉更带着白花花的冰碴儿，可不多会儿，浑身痒酥酥地发起热来。我们问队长，怎么想来看我们？他说是田团长给他钱，让他买东西给我们送来的。啊！田风同志在忙乱中并没忘记我们，我心里一热，眼圈儿也湿润了。

田风同志爱同志，还有许多事，就不多说了。他有时也发脾气骂人，我遇见几次骂得都很凶。那是1949年五一节前夕，在群众剧场《钢铁是怎样炼成的》总排中发生的事。总排是彩排性质的，即把多日在排演场分段分场的排练，搬上舞台组合起来；同时按公开演出的要求，把音乐、服装、化装、布景、道具、音响效果、灯光等综合艺术的所有艺术手段全部组装在一起，以调整和统一总的艺术效果。这次总排中间，恰恰在灯光这一关键环节上不停地出问题：不是人不在岗，就是缺这少那，再就是不按导演的规定行事……整个总排一再因灯光不对头而停止，这样耽误下去甚至会影响次日的预演。人们都知道赶排这个戏是为迎接“五一”节旅大党公开的佳期，同志们都对灯光组的同志有了意见。到了午夜，田风同志终于失去了耐性火冒三丈，破口大骂灯光组负责人。灯光组负责人以前就常挨批评，以后也常挨批评，不过没听说有什么违法的事。可是，田风离开文工团以后不久，他便开始犯罪，触犯了刑律，进了牢房，终于成了文艺界的败类。

还有一次，是文工团在人民文化俱乐部招待外宾演出中发生的事。那一天天很热，剧场更闷，演员汗流浃背，剧场竟不给准备水，演员忍无可忍便去催要。剧场的人竟说：渴，到厕所去喝。田风同志听到了这侮辱演员的恶语非常气愤，立即批评了剧场的负责人。可是那负责人不接受批评不说，还说些不三不四的话，田风同志发了脾气，骂了他，而且说演出发生问题要他负完全责任。当那位交际处的官员服了软，让人给演员送来水，道了歉才算了事。

我那时年轻，很怕田风发脾气。一次我演《钢铁是怎样炼成的》中的薛尔基。这个角色是田风同志选定的，可是在排练中，我的表演一开始就让他为难，甚至是难堪。大幕拉开，我第一个叫喊着跑上台，跟在场上的保尔有两句对话，做两个孩子动作。这么简单的戏，导演反复排，我反复做，就是做不好。有人给我数过，竟排了60多次，最后也没让导演满意。这事儿成了团里的趣谈。当时我很怕田风吵我骂我。可是他没有，连发一次脾气也没有。二是一年后，我作为道具组的负责人，在往市公安局送还枪械道具时发现放在后院大庙地下室里的十几发七星子手枪子弹不见了。我反复找，找了很久也没找到。子弹，不是一般物资，怎么交代呢？我非常害怕，流着泪向田风同志报告了事情经过，检讨了自己的拖拉作风和缺乏应有的责任心……我万万没想到，田风同志竟没发怒，只是说：以后注意就是，给公安局打个报告吧。事情就这样简单地过去了。

几十年过去了，我追索往事，对田风同志有了深一层的理解。他确实吵骂过一些人，但他更爱护、保护了一大批人。有一些人即使才能不高，只要勤恳工作，忠于职守，一时失手做了错事的，他也从不过分深责，有时还不厌其烦地找同志交谈思想，直到打通思想。写到这里我记起50年代初，田风开始挨整，我在《东北日报》上也发表了文章。尽管我们之间发生了争论，但田风并未因此而改变对我的态度，更谈不上整我，这是怎样的胸怀啊！

坦荡乐观　荣辱无惊

君子坦荡荡，小人常戚戚。印在我脑里的田风同志的面孔，有时严肃，有时严峻，也有时愤怒；更多的时候是和蔼可亲，坦诚的喜悦，放声的笑，更有时做出滑稽的丑相，那是在启发演员锻炼脸上的功夫。有一次在团内的晚会上，他扮演了《鸿鸾禧》中的花子头，也做出了那种善良可笑的面孔，一出场就把人们笑弯了腰。但，我从来没见过田风同志愁眉苦脸。他自己在十分繁杂的工作中总是保持乐观情绪，似乎也希望在他领导下的所有团员都能发奋工作愉快生活。他很能理解青年人的心态，谈话很有鼓动力，在每次新任务开始之前，他的动员报告能把每个人的心鼓动得跳出来，激动得流泪，然后排除一切私心杂念，全付精力投入工作，直到完成工作任务也不觉得疲劳。有时工作还在进行中他已经为假日休息安排了丰富多彩的娱乐活动。

1948年秋天，我萌发了思乡之情，那时我与家乡父母断绝音信已经一年多了。我每天关注着报纸、电台的战争新闻，连做梦都梦见沈阳解放。我终于盼来了1948年11月2日沈阳解放、辽沈战役结束的这一天。我马上往家里写信，可是，过了一个月才得到消息，知道我的家已搬进关内，我离家反倒更远了。恰这时，团里布置了新年春节的演出任务，在田风同志工作动员报告的鼓励下，我几乎忘记了想家的心思。可是工作一结束，思乡之情又悄悄向我袭来，又苦闷得难以忍受。不过那时的文工团绝大部分人都住宿，像个大家庭。不几天，团内过节的气氛又把我的神魂捉住了。全体同志停止一切工作，全都投入布置节日环境、准备节日生活的事情之中。大庙里前后院高悬了许多彩灯，照得庙宇楼阁五彩缤纷，如同仙境，屋内所有角落收拾得干干净净，走廊、墙壁上都装饰了美术画图。节日一到，开展各种游艺活动，舞会通宵达旦，田风同志和我们一起跳舞，一起尽情尽兴地玩个痛快……开国前后那几年，每个周末都有晚会。晚会中除跳舞外，有时演出古今中外著名的戏剧、音乐和舞蹈。也常常演出团员们自己精心创作的节目。其中有的搬上了对外演出的舞台。

那时的文工团，紧张的工作同尽兴的娱乐结合得非常好，可以说演出时是战斗的集体，休息时是自由的乐园。

50年代初，田风同志提出了一整套全面改革文艺工作的计划，想把这个很有基础的艺术团体推上一个新的更高的层次。计划得到了旅大区党委的批准和支持。谁也没想到，改革工作刚刚迈开第一步，新机构按新计划运行不足两年，便被一场政治运动给冲垮了。田风同志呕心沥血惨淡经营起来的事业毁于一旦。田风同志不仅无功无赏，反遭到了不公正的批判。然而，即使在蒙受不白之冤的当时，也没见他愁眉苦脸。

1952年春夏之交，市文联编辑部和文艺部宿舍所占用的松山街山上28楼，由市里调给公安局使用了。我和创作组的王同禹同志搬到画家朱鸣岗楼上住。楼上三室一厅，朝阳面有从东墙直通到西墙的长阳台。我和同禹为享用充足的光线，各占用了一个临窗的小房间，中间的大房间空着，很是空荡。没想到，不久的一天，田风同志搬来住了。那时他的腰痛、风湿性坐骨神经痛正在发作；他有家室，住的是大公街一座很不错的小楼，却单身出来住。他正在等待着党纪政纪处分，按常人，那苦辣辛酸的滋味是不可想象的。但他悠然自若，似乎在他身上没发生什么事。有时他讲到自己的病痛情况，讲到他在马栏村请一位针灸师治疗的情况，说在那里进行的是竹管灸，把身上痛处的皮肤用刀割几个小口，再用经水煮过的竹管灸上，拿下竹管时灸出一些乌血。他多是忍着疼痛对我们说，说到竹管灸的效果，他竟有些高兴："有作用，痛得轻了。"他从没让我们为他感到痛苦。对于在运动中那些过激的言词和似是而非的揭发材料，他自己从未流露一星半点怨愤情绪，不说一句为自己辩解的话，像没那回事一样。那时运动到了后期，文联、文工团正处在紧缩机构精简人员阶段。田风同志最关心的是一些同志的去向。每听到某位有才华的同志走掉，他便不由得"唉——"一声；对砍掉大乐队尤其感到痛心（那是在全国最早建立、最早进行正规训练的乐队），脸上现出严峻而又无可奈何的表情。

这期间，他对我的走向也十分关心，态度很明朗地说出了他的看法、意见。后来事情已经定下来了，他还为我的前途着想……

那是在转过年来的春节除夕之夜。

60多人的文联机关，经过精简只留下六个人。等到除夕之夜，六个人也大都各奔他乡了。我本来也想回天津父母身边过年。临时留下管事的王石路同志代表组织委托我在假日里照看一下机关大楼，我才没走成。那时我住在文联机关大楼（现京剧团办公楼）附近白玉街的一座小楼上，与作家钱醉竹老人一墙之隔。晚饭后他不知到哪里去了，我感到凄凉和孤独。恰这时，王同禹同志不知怎么从女朋友那里回来了，说要同我一起去看望田风同志。我欣然乐从，立即徒步奔向大公街。田风同志在书房里，见到我们非常高兴，立刻拿出酒来，摆上了简单的菜肴……我们边谈边喝，酒兴上来南朝北国无边无沿，忘乎所以，不知不觉到了深夜，竟把田风同志的酒给喝光了。但仍未尽兴，我跑到鲁迅公园（今天的动物园）对过的小商店，敲开夜间窗口买了几瓶啤酒。那一夜谈了很多人和事，大都是交心之谈。当田风谈到他在日本东京的生活，谈过他苦练油画的情景之后，我的视线一下触到对面墙上的油画，脑子里突然跳出一个问题："这画怎么不太像你呀？"其实我并非怀疑田风同志的绘画技艺，倒是他的技艺让我震惊，引起我的崇拜。记得，在他导演《小突击队》时，我负责道具。剧中布景墙上需挂上一幅毛主席画像，他答应由他来画。直到彩排的前一天他才抽出空儿来。按他的吩咐，我买来了一斤烧酒、一个馒头、一包黄香和一个喷雾器。我不知这些东西有什么用。我自作主张为他准备了打格放大用的木尺。他瞧了我一眼笑了："打格？我的美术不是白学了！"我半信半疑，在一旁紧盯着他的手笔……不多会儿，一张炭笔画领袖像勾勒出来了。我特意仔细把画与他手中的照片对比，几乎找不出什么差异。我说："像极了！"他却说："不行，差远了！"接着，他开始了仔细修改。从这我才发现，他要我准备的东西逐渐派上用场了。他掰开馒头，用来擦掉他认为画得不满意的地方。他擦了画，画了擦，修改的时间倒比最初勾轮廓的时间长了好几倍。最后他喝了几口酒，吃掉剩下的那一半馒头，剩下的半瓶酒放进了黄香，待黄香溶化后装进喷雾器，把画用黄香溶液喷洒过，他说这样炭粉就不会掉了。这时再看那画，觉得比原件照片更逼真，更有神彩。可是，田风同志的自画像为什么有点走形呢？“也许画的是十年前在东京时的风貌吧？”他摇了摇头说：“也是也不是，可以说是超时间的我。艺术主要追求的不是形似，贵在神似；真正的艺术不在摹写生活，在于表现人的内在精神世界……”接着他讲了表现派、象征派、印象派等许多艺术流派，也讲了达·芬奇、米勒、塞尚等伟大画家的作品。可惜那时我知道得太少了。经他一番启迪，我似乎明白了一点，仰头再看墙上那自画像，啊，是的，他既不是当年留日的洋学生，也不是具体的田团长、田导演，而是超越过去和现在又与过去和现在关联着的那样一个形象。从他那似笑非笑的一双眸子里透出了深邃莫测、无比丰富的精神的光彩，那里蕴含着对人生、对艺术、对真理的追求，那追求是自由的，是广阔的，是辛勤的也是愉快的……这才是真正的田风。

就是在这天夜里，他在谈天中突想起，正颜厉色地问我：“为什么没去上大学？”在文联、文工团整顿精简之初，组织上决定保送我和另外两位同志做为调干学生到正规大学去深造（东北工业大学、海运学院和东北鲁艺，让我们任选其一），组织上找我谈过话后，我曾征求过他的意见。他热情地跟我分析了上大学的必要性……后来，他又劝我不要犹豫。这回，我解释说，我还想体验生活，写东西。我又说了生活的难处：我供养的二弟今年上大学，我还要继续供养他。我如果也上大学，按连营级调干学生待遇，两个人生活太拮据了。这是实情，不过，我没好意思说出自.己隐匿在内心的话，实际上，那时我已不愿再过艰苦生活，更有新近萌生的爱情欲望在缠绕……他惋惜地说：“你不该失去这个好机会哟！”田风同志总是关心别人。

这年夏天我到省里开创作会，会间抽暇会同几位在沈阳的文工团老同志到省党校去看望田风同志。他非常高兴地说他的病好多了，说党校的同志同学们待他都很好。他怀着要重新大干一番事业的昂扬情绪告诉我们，学习结束后，他将到电影界去工作。他说：我们国家电影事业很需要大发展，大有可为，应该多培养些人才，多搞些高水平的影片……这以后，我因1957年开始罹难，许多年没条件和机会再见到他了。

11年后的一个夏天，我被借调在展览馆，搞大连市阶级教育展览会的文字工作。一天，我在开往中山广场的电车上与田风同志不期而遇。久别重逢，有很多话要说，我们从车上谈到车下……他的情绪更昂扬了，谈兴最浓的话题是他在电影学院的学生。他是中央电影学院的教授，导演系主任教员。他非常满意他的学生："他们脑里很少有陈腐的艺术观念，接受新东西很快，成绩都很不错……"我万万没想到，这是我最后一次听到田风同志的讲话。就是这年秋天（1964年）他回北京后遭到了又一次政治运动的迫害。他被诬为"反党集团"的"黑后台"。第二年元月他便含冤与世长辞了。

1989年5月

不尊重艺术，就是不尊重观众

——在大连一中播下艺术的火种

■江　汗

1945年日军投降后，党和政府在国民党包围的严酷形势下，仍然重视发展教育事业。那时旧中国把每年的6月6日定为教师节，政府也沿袭下来。每到教师节都要举行一些庆祝活动，其中主要的一项活动是由有关领导组织教师演出一台话剧。1946年的教师节就演出了曹禺的《家》，曾轰动一时，可惜我没有亲睹那时的盛况。

1947年教师节将要来临时，我正在大连一中任教。记得在四五月间，当时一中的领导孙常信同志找我和同校的温健教师说，今年也准备演出一台话剧，希望我们能参加。我们那时都是年轻的戏剧业余爱好者，便高兴地参加了这一届的戏剧演出活动。负责筹备这次话剧演出的是从国统区归来不久并担任女中领导的阎乃邦同志。有一天，我们随同孙常信同志按约定到女中的一间教室。教室里摆着一张长桌，早已围坐着十几位男女青年，他们都是从当时的中小学选调来参加这次戏剧演出的教师。只见长桌的一角坐着一位30多岁，面貌清瘦，梳着背头，颇有些艺术家气质的同志。阎乃邦向我们介绍，他就是田风同志。

田风同志，我们早已闻名，但见到他却是初次，心中自然十分仰慕。

当阎乃邦把我们一一介绍给他时，田风同志便微笑着细细地端详我们，不时点头。他虽然只大我们十几岁，但却让我们感到他是一位和蔼可亲的长者，无形之中就产生了亲近感。

阎乃邦同志介绍说：这次演出的剧本，经与田风及有关方面研究，决定选用宋之的的多幕剧《春寒》，并聘请田风同志担任导演。这真使我们喜出望外。有这位知名的戏剧专家为我们执导，这该是一次多么好的学习机会啊。接着由田风同志向我们介绍了宋之的和他的剧作。宋之的是当时国统区有名的剧作家，有的作品我也曾读过。但对他在国统区与一些进步戏剧家一起在党的领导下同国民党反动势力进行斗争的经历我们却知之甚少。《春寒》这个戏，以辛辣的笔法揭露抗日时期国统区某县城，以国民党县长为代表的一小撮反动势力假借抗战之名互相勾结，巧取豪夺，蝇营狗苟的种种丑行，同时又热情地颂扬了以医务界某老医生为代表的市民阶层的反抗。可以说，剧中所呈现的正是国统区黑暗现状的缩影。剧本刻印稿分到我们手中之后，田风同志并不急于分派角色，而是让我们反复阅读和讨论剧本，分析剧中的人物和社会背景。让阎乃邦等几位到过国统区的同志介绍在那里的所见所闻。我们那时的年龄也不过二十上下，涉世不深，大多数人并没有看见过国统区的情形，也未见过国民党。这种讨论不仅是对我们进行一次生动的形势教育，也是引导我们去捕捉形象，加深对剧本的理解。在阅读讨论剧本几天之后，互相之间也熟悉了，田风同志便分派角色，决定让孙常信同志饰演县长，让我饰演老医生。我那时刚满20岁，让我来演60多岁的老医生，实出意外，自己也并无一点把握，只好硬着头皮承担下来。田风同志当时担任旅大文工团的副团长兼导演，工作很忙，但每天忙完团里的工作，便来到我们中间，经常忙到深夜。

那时，白天读剧本、对台词、分析角色，夜里排戏。由于国民党的封锁，经济十分困难，那时教师们（也包括田风同志）的工薪是实行一种半供给制的以粮代薪，收入微薄，夜间排戏又无夜餐费之类的补贴，每天枵腹夜战，个个都是饥肠辘辘。我们那时年轻，排戏情绪高，还能支撑下去。我们却常常看到田风同志排戏时按着肚子，后来才知道他患着严重的胃病和小肠疝气，一劳累过度便疼痛难忍。但，他排起戏来，似乎就忘了这些。我们演戏都是些外行，进入排练常常不知怎样迈步，或者模仿一些蹩脚电影中的蹩脚演员，洋相很多，田风同志总是反复为我们说戏，启发我们从生活中体验角色，对每个人几乎都是把着手来教。一场戏排下来，那精力的消耗是可想而知了。

田风同志常常在排戏的间歇为我们讲一些解放区的戏剧活动和演员们在日伪不断扫荡的严酷条件下一面打仗一面演戏的战斗故事。后来，我们知道，他在冀中军区“火线剧社”时，在敌人的鼻子底下为群众演戏。有一次正在演出当中，突然遭到了敌人的包围，他率领剧团巧妙地与敌人周旋，终于冲出了包围。那时，我们也知道田风同志曾在日本留学，原是学美术的，后来在日本接受了马列主义，便毅然放弃学业回国，投入到革命的烈火中。他的革命生涯对我们这些知识分子怎样选择人生道路启迪很大。就我个人，后来决心从事戏剧创作，与田风同志的教诲和影响也极有关系。

田风同志在艺术创作上是精益求精一丝不苟的。这个戏经过田风同志一个多月的呕心沥血、精雕细刻初具规模。那时，我们有一种心情，希望在演出前能在报上宣传一下田风同志，觉得这对我们也是一种光彩，但几次都被拒绝了。后来经过几次连排，整个戏在艺术质量上有很大的提高，基本上把剧作和导演的创作意图体现出来了。有一次田风同志曾在旅大文工团的专业演员中表扬了我们，并在正式演出时终于同意署名由他导演，算是承认了我们这次艺术实践的成果。这个戏一共演出了六场，都是招待教师及其家属和学生的内部演出。剧场效果非常强烈，在教育界和社会上得到了好评，报纸上也发表了一些评论。可以说是田风同志在旅大业余戏剧活动中精心培育的一朵蓓蕾，一次不可磨灭的耕耘成果。

在演出过程中还有一段至今令我难忘的插曲。剧中有这样一场戏，在最后一幕中，老医生和某县长终于爆发了一场正面冲突，老医生对县长的卑劣行径忍无可忍，竟举起椅子向县长头上砸去，恰被刚进屋的一个县长亲信抓住，才使县长免遭一击。这一击一抓，是田风同志反复构思设计出来的，仅这一瞬间便把三个人不同的精神境界和复杂微妙的关系展现出来，把剧情推向高潮。每当演到这里，观众都掌声雷鸣，全场振奋。在我们演到第六天，也就是最后一场，当我（老医生）举椅砸去时，那亲信却不出来抓椅子。我当时缺乏临场应付的经验，一时慌了神，深怕一下砸坏了孙常信（县长），竟把椅子偏离县长“呼”地放下了，于是引起了台下的哄堂大笑。这一下自然也破坏了老医生的形象。

散戏后，我们都对那亲信表示不满。原来那位演员觉得已是最后一场了，想跟老孙开玩笑，让我不妨砸他一下。这件事，被田风知道了，他在另一场合婉转地但又严肃地批评说：“艺术是严肃的事业，不是个人随心所欲的消遣品。演员在舞台上应该像战士在战场上一样，任何一个不负责任的行动，都会使这场战斗遭到惨败。”又说：“不尊重艺术，就是不尊重观众，也是不尊重自己。”这些话当时深深地烙在我的心中，我对自己的失措感到惭愧。在后来的创作活动中我还时时想起这些肺腑之言。

这次教师节演出之后，还有一点余波，觉得也值得一记。

我们回到学校以后，学校领导经研究认为应该在学生中开展课余文体活动，也应该让学生广泛接触社会，便决定让我组织一支学生文工团。我没有经验，曾几次请教过田风同志。田风同志热情地向我介绍了旅大文工团的建制和一些活动情况，还讲了一些解放区戏剧活动和戏剧工作者深入生活，为群众服务的情况，并鼓励我们要边干边学。我们便选拔了一些爱好文艺活动的学生，模仿着干起来。当时主要是配合解放战争的形势发展，自编自演了一些活报剧、街头剧、小演唱（如自编的话剧《蒋家王朝的最后晚餐》及一些歌舞节目等），到学校、到工厂、到贫民区去演出，受到一些好评。后来这些学生有的考进了旅大文工团，有的从事群众艺术活动，如隋光、王太琪、高和宝、穆传鹏等，有的成为“辽艺”的演员，如李荣春，都成为文艺界的骨干。

这实际是田风同志及当时老一辈革命艺术家播下的火种。

1994年5月

（姜沧寒：笔名江汗，大连解放初期在教育界工作并从事戏剧活动及戏剧创作；曾参与田风同志指导大连教师排演的话剧表演工作）

善于发现人才的伯乐

■ 康桂秋　刘　岩　王会安

1949年我从金县文工团合并来到旅大文工团，那时才19岁，从没有进过艺术院校，什么是表演根本不懂，在县文工团演戏，唱歌、跳舞都是老师们指导帮助，自己就是使劲儿地模仿，那时来大连看过社教团田风团长导演的苏联话剧《钢铁是怎样炼成的》，简直都入了迷，演得太好了，布景真实极了，对我来说真是大开眼界。田团长是从老解放区来的干部，是艺术家，喜欢戴一顶前进帽，梳着背头，一双眼睛炯炯有神，真有艺术家的风度。记得来团不久召开了300余人的全团大会，田团长作工作报告，会场上情绪振奋，我记得大意是这样："根据形势发展的需要，我们不能像过去打游击年代，做万金油式的文艺工作者，今后要提高专业技能，提高为人民服务的本领，才能适应形势的发展，满足人民文化生活的需要。"讲了文工团将来的发展方向和具体规划，还提出要向苏联先进艺术学习。今天回忆起来，田团长贯彻毛主席文艺方针是有一整套的想法，他对艺术上的追求和开拓正是广大人民所需要和期待的。我们当时是集体生活，田团长住在后院，他和我们一样，早晨五点起床，白天我们排戏他在工作，晚上我们休息了，可他一直工作到深夜。

我不会忘记在田团长亲自编导的大歌剧《潜在力》剧的排练中发生的事。在那出戏里，我扮演女主角——一个女工。田团长是把外国歌剧吸收来与中国歌剧相结合的，有管弦乐队伴奏，还有多声部的齐唱，有抒情大段唱腔，我从来没有见过，我头一次接受这样的任务，心里没有底，晚上都睡不好觉，田团长马上看透了我的心思，找我谈话说："不要担心，大胆的闯，要学着干，工作有困难才能锻炼人，关键是演的是人，到生活当中去，到工厂去体验生活，那里有老师。"送我去大连电瓷厂去体验生活，和女工在一起劳动，交了不少朋友，她们当时都是模范女工，日伪时代是本厂的童工，如今是工厂的主人。我每天晚上回来都向田团长汇报在工厂所见所闻，一个月过去了，开始回团排戏，遇到一段大的唱段描述女工回到农村家乡，看到翻身后的变化，歌词是："麦子一望无边像海浪"由王石路作曲，田团长对这一唱段提出意见要修改，告诉王石路同志晚上到他家去试唱。到了晚上快10点了，来电话要我们去，马路上已无行人，走到大公街时王石路问我害怕么？我说："不害怕就是心里有些不安，怕唱不好。"王石路说："别怕，唱不好田团长会帮你的。"到田团长家时，周围住户都已熄灯，只有他家灯亮着，见到我们他高兴地说："快坐下，休息一会儿唱给我听。"当我唱了一遍以后，田团长说："不是用嘴唱，而是用心去唱，你想呀，女工看到农村家乡的变化，有了自己的土地，能不高兴么？和你在工厂里看到女工翻身后都成了工厂的主人，工厂就是他们的家，她们拼命的干活是给自己干的活，想一想满怀激情的唱出心中的喜悦。"田团长还帮我设计了几个动作，在团长的启发下，我心里也激动起来，又唱了一遍，团长满意了，还鼓了两下掌说："这就是声情并茂。"老团长兴奋地招呼于华同志给烧点水来。于华同志是总工会的女工部长，她有些不高兴地说："老田呀，你看都半夜了，你每天都这样受得了么？再说他们都年轻，觉睡不好白天怎么工作。当时墙上的挂钟都已12点多了。"老团长工作起来什么都忘了，把心血都洒在我们身上了

还记得请苏联专家依万诺夫导演来团排练苏联话剧《第二战线》时，我在剧中扮演女主角飞行员达妮亚，该戏歌颂了在第二次世界大战时期苏联空军的英雄事迹。苏联导演边排戏边授课，通过排戏传授了斯坦尼斯拉夫斯基体系的表演方法，带领我们做幕后小品，帮助演员找到正确的

自我感觉，从体验入手帮助我们初步掌握了创作的科学方法。为了塑造好女驾驶员的英雄形象，在造型上田风团长的要求是一丝不苟的，记得当时苏联化装师舒拉设计的黄头发的头套，我当时梳了两条大辫子，舒拉要我把辫子剪掉，否则戴不上去，田团长不同意，要全面想一想不仅仅是这一个戏，田团长说把头发披在后背上衣服穿上再戴头套，头套戴上了可是脖子活动不太自由，舒拉发火了说：我完不成任务，不剪掉辫子不行！团长一边安慰化装师一边想，苏联人不一定都是黄头发，也可以是黑头发，苏联也是个多民族的国家，乌克兰民族不也是黑发么？耐心的和化装师研究，她也同意了，毫不影响英雄形象，化装师把我的辫子盘在头上，田团长亲自给我化装，造型结果更增加了几分军人气质。通过这件事团长对我们说："你们都要记住，演员的头不属于你们个人，是为工作需要留的头发，梳什么头型要先征求化装师意见才能理发。"

老团长善于发现人才、培养人才、爱惜人才。刘岩同志是话剧团化装师，她设计与制作的发套和人物造型在东北三省都有影响。她开始做演员，后来嗓子坏了改行做化装工作，她深情地回忆田风老团长对她的培育和教诲说："我是在农村长大的姑娘，只读了6年书，什么叫美术我都不懂，组织上决定让我搞化装，都把我吓哭了，我找团长说我不行呀，胜任不了这个工作。田团长安慰我：'你不要怕，组织了解你，你老实肯干，有机会送你出去学习一定能行。'当时我感动得流着泪说：'组织上这样信任我，我一定争口气。'1950年苏联沿海剧团来大连演出，老团长把我送到沿海剧团向化装师舒拉老师学习，还专为我请了翻译。可是老师一看我的手指短粗，说我不能搞化装，我就拼上命，白天晚上练习制作，感动了老师，才收下我这个学生。连续 3 年终于学会了。1952年文工团庆祝"五一"国际劳动节大会上，沿海剧团的团长举着我织的头套高兴地说：这是中苏友谊的结晶！随着田团长还在大会上表扬了我。不久老团长导演《美国之音》，是外国戏，要我担任化装。这是我独立工作的第一个戏，老团长亲自动手给每一个人物化装，要我坐在他的身旁边化边讲各类人物线条的构法和颜色的运用。就这样手把手地教，检查的那天，我把该戏女主角的发套拿到理发馆加工，没想到烫坏了假发一撮一撮掉下来，急得我直掉泪，影响检查是我的责任啊！老团长耐心地对我说：‘哭有什么用？能把头发哭上去？要想办法，你把碎头发打成卷。’老团长把一个个毛卷都插在发套上，戴在头上效果比我原来的设计还漂亮，高兴得我都跳起来，连声说：‘谢谢老团长，你真是艺术家。’1957年老团长从北京回大连看到我在《哈尔滨之夜》一剧中的人物造型，老团长兴奋极了说：‘我真没想到刘岩进步得这么快！’想起我的这些进步，我的成绩都是老团长培养的，没有老团长就没有我的今天，80年代我能把三位领袖的形象塑造在舞台上，都归功于党归功于我们的老团长。”

老团长爱护文工团员不仅表现在工作上思想上，也表现在生活上。对年轻的文工团员经常苦口婆心说不要过早地谈恋爱，要晚婚，集中精力在事业上打好基础。看到有病的团员马上要伙房做病号饭。老团长身体不好可是和大家一样排戏到深夜，有一次王会安晚上在排练场的长椅子上睡着了，鼾声如雷，老团长问：“谁？”有人回答说：“王会安，叫醒他么？”团长说：“别叫他，太累了。”第二天王会安知道后难过极了，又感激又惭愧，现在回忆起来王会安同志说我一辈子也不会忘记这件事。

文工团每个周末都安排一次周末晚会，紧张了一周，活跃一下业余文化生活，老团长和大家一样，他带头参加，发动演员自己编小节目，什么形式不限，晚会上出现了不少喜剧小品，比如：《告妈打》、《幼稚园阿姨》、《天鹅湖》等引起全场捧腹大笑，田团长演出京剧片段《红鸾喜》、《打渔杀家》并要演员们好好向京剧民族文化学习。现在我们理解了老团长的意图，通过周末晚会不仅是要我们轻松一下，更是要通过晚会锻炼演员解放思想，激发演员创作的主动性。

老团长悄然离去了，可他的业绩永远留在我们心中。他那艺术家坦诚的襟怀和诲人不倦的蜡烛精神深深印在我们心中。

1992年1月

（康桂秋：国家一级演员；田风同志领导的旅大文工团团员。刘岩，国家二级化装师；田风同志领导的旅大文工团团员。王会安：演员；田风同志领导的旅大文工团团员）

大连杂技走进艺术殿堂的奠基人

■ 王健民　秦惠珠

大连杂技团现在已成为具有全国一流水平的杂技团，她足迹踏遍五大洲几十个国家，在国际上享有盛誉，在国际杂技赛坛上也多次获奖，在国内比赛也是连创佳绩，频传捷报。大连杂技团之所以有今日的辉煌成果和田风教授当年为大连的杂技事业所做的贡献是分不开的。

解放初期，田风同志即在大连文艺界从事领导工作，且颇多建树。这是铭刻在人们，特别是文艺界的同志们心上的永难磨灭的记忆。后来，田风同志便去了北京。1960年初，当时任北京电影学院导演系主任教员的田风教授因患肺结核病来大连医治疗养。此事被他的老部下，当时的杂技团领导得知，又恰逢大连杂技团立志要把杂技从一般的技巧表演提高到艺术演出的时期，于是，就请田风教授在疗养期间来大连杂技团指导业务整训。

田风教授虽然身体有病，但一接触到艺术实践，便忘了一切，全身心地投入了工作。杂技艺术对他来说是一个新的创作领域。然而，为了工作，他废寝忘食地钻研起这门艺术。中国杂技历史悠久，节目繁多。技巧固然高超，但因种种历史原因的制约，又存在着许多难如人意的不足，尤其在表演形式上更是陈旧单一。田风同志看完大连杂技团的整场演出后，以他丰富的艺术经历和卓越的艺术见解，经过仔细的研究，提出了对大连杂技事业的总体设想和对每个节目的具体构思，甚至对节目技巧的组合、结构都有着详细的安排。

田风同志对大连杂技艺术事业的贡献正在于此。对具体节目的建议，毕竟只是提高具体节目的质量，而田风同志却超越当时的艺术评判水准，提出了杂技艺术化的要求，把单纯的杂技技巧与表演、音乐、舞美等艺术手段进行了总体构思。这就不再是个别节目的质量提高问题，而是从一个把杂技当做一门艺术的高度来进行艺术创作的问题了。为了使大连杂技艺术有一个新的飞跃，田风同志不仅在理论上有着正确的见解，而且在实践上也确立了明确的目标。这具体表现在他首先从一个个节目抓起。他是重视杂技艺术规律的，深知技巧占杂技艺术中的主导地位。因此，他充分肯定了每个节目中的高难技巧。但是，也对当时杂技界不重视艺术化的单纯技巧的现象进行了批评，从而提出了把技巧作为一种艺术手段而和其它艺术手段相融会，构成一个统一的整体，就一个节目而言如此，就整个晚会来说更是如此。

为此，田风教授首先抓的是大连杂技团的表演风格，也就是能反映大连地区特色的风格。他认为我们演出的主体格调应该是轻松、愉快、健康、活泼、火爆，以蒸蒸日上、生气勃勃的精神面貌作为整场晚会给观众的主体感受。要达到这个目标，首当其冲是塑造完美的艺术形象。而杂技演员的形象美，必须要有过硬的美的技巧，这种过硬的技巧，不仅是内在生命的源泉，是构成杂技艺术形式美的主要因素。美的技巧，是难与美的结合，这就必需要求演员完成好规定动作，而且要稳与准。没有过硬的尖端技巧，也就谈不上塑造美的形象。田教授要求每个节目，每个演员都要有自己的“绝”活，光有“绝”活还不行，而且还要会表演，才能塑造美的形象。但当时我团的演员普遍存在表演素质差，不懂音乐、不懂交流、不会笑、表演随随便便，除了会技巧外，其它什么都不懂。为此田风教授从抓演员的表演素质入手，制订了培训计划，为了能尽快提高演员的表演素质，他亲自给演员讲课，讲表演的基础知识，如什么叫规定情境，什么是潜意识，什么是交流，为什么要交流，怎样才能在舞台上表演的真实等等，还亲自带领演员学习做“无实物”小品练习。建议演员平时看看斯坦尼斯拉夫斯基的《演员的自我修养》等有关表演方面的书籍，并且请了歌舞团、京剧团的老师给演员上身段训练课，为了尽快提高演员音乐节奏感，建议周末开办舞会，并且亲自和大家一块跳。总之，田风教授采取了一系列有效的措施来提高演员的艺术表演修养和才能。

其次，在节目的伴奏问题上，田教授不同意随便找个曲子给节目伴奏，他提出了指导性的建议，他认为音乐是杂技综合艺术的重要组成部分，不单是你“主”我“次”的伴奏，而是为实现杂技艺术整体结构的统一和完成整个舞台艺术效果的一支重要的主力军。它除了与节目在内容上、节奏上、情绪上的结合，以达到揭示形象，展现主题，连贯晚会作用之外，还具有作单独的听觉艺术，给观众各自体验不同的享受。有时候在处理技巧的“失脱”、高潮的过渡等方面，音乐都有重要作用，与整个节目中演员和观众的情绪以及整场晚会的气氛有重要关系。所以田风教授认为应该专门为各个节目谱写曲子。当时除了我团乐队为节目谱写曲子外，还特别请了歌舞团王石路团长和其它有关音乐家为节目谱写曲子，并且还对乐队的演奏员也提出了要提高演奏水平，不准许滥竽充数的要求。那时候谱写出不少具有高水平的杂技曲子，尤其是歌舞团王石路团长就为杂技团谱写了40多首杂技节目曲子。

田风教授在其它综合艺术的处理上也非常讲究，在服装道具、舞台美术等各方面都有统筹安排设想。由于杂技节目对道具的要求与其它剧目截然不同，杂技的道具常常成为创造和演出节目的依据，演员常常围绕着道具来设计高难的技巧，靠它来传达演员的感情，因此道具与演员的表演是息息相关的，所以田风教授对道具的设制精心构思，精雕细刻，他说道具如不美同样影响演员形象和舞台演出效果。他非常注重道具的造型与花纹的装饰。他认为道具上装饰合适的花纹可以增加节目的民族地方特色，当然也必须和节目的风格情调相一致，所以对于每个节目的道具样式、图案花纹、色调的设计，他都亲自过目经过研究最后拍板。服装的设计上，田教授也亲自过目，领导有关人员研究商讨，根据不同节目和人物特点及身份提出不同的要求设计出不同样式的服装。力求设计出来的服装样式新颖大方，舒展适体，装饰式样简练挺拔而又有民族特色，高雅，明快起衬托演员的精神风貌和刚柔健美、惊险神奇的作用，从而显示杂技健儿的飒爽英姿与豪迈的气概。

在舞台美术的处理上，田风教授根据各个节目的风格特色和整个晚会风格的谐调统一的两方面要求，进行舞台装饰和利用，用灯光气氛的渲染来帮助节目创造出一种意境，或抒情、或热烈……总之，让每个节目都给观众以联想和美的享受。田风教授大胆运用幻灯打出蓝天白云和几只展翅的海鸥来衬托演员的矫健。用简单图案的吊挂，如用梅花、雪花片表达高洁的寓意。为了使晚会紧凑连贯又不单调重复，根据节目的风格特点选用蝴蝶幕、平纱幕并在色调上充分发挥灯光的变幻作用，创造出各种不同的意境。从感觉上尽量使一景多用而又不雷同，从而创造一个意境深邃而又清新明快的具有国画风格的舞台画面，以此来衬托演员的表演。总之田风教授用综合艺术手段来进行节目和技巧的组合，把大连杂技从旧的表演形式中一下提高为新的符合于时代精神的高档次表演形式了。可以说是真正做到了脱胎换骨。

田风教授还把戏剧塑造人物形象方式适当运用到杂技节目中，不但增强了节目的新颖感，而且使演员的表演更具有真实感。有了“规定情境”就能有恰如其分的舞台设计、服装设计及音乐创作。如“空竹”这节目，田风教授规定为新春佳节，少女们高兴地抖着空竹玩乐嬉耍的内容，这样演员就可以轻松自如地表演和进行相互之间的感情交流。后天幕采用了雪花和腊梅花的软片吊景，还有打着天蓝色色调的灯光，演员穿着大红色的中国民族的大襟服装，带着民族样式的金丝绒绣上漂亮图案的小胸兜，加上具有节日情调的民族音乐的烘托，就给人一种轻松、愉快、活泼、可爱的美感享受，使从前光会表演纯技巧的“空竹”节目的面貌焕然一新，给人以截然不同的美感享受。再如“爬杆”这节目规定成体育运动的表演形式，给人的感受是敏捷、强壮、健美的新中国运动健儿的形象，演员全穿白色长裤和白背心，突出了音乐的节奏，表现出中国人民蒸蒸日上欣欣向荣的精神面貌。田风教授根据“杂要”演员的特征和演出道具的特点，把他们安排成两个少先队员玩球和火把。开场是女演员挥动红旗，男演员翻筋斗，在戏曲传统技巧的基础上，增加了新的意境，最后收尾是两个少先队员高举火炬，加上服装、音乐的配合烘托，使节目不仅增加了艺术意境也具备了时代精神，而且连节目的名称也改成了“玩要”达到了统一和谐完美的高度。

通过田风教授的排练、指导使大连杂技消除了原来撂地摊的平庸习气，使大连杂技演员懂得了表演的重要性，明白了杂技节目中编导、舞美、灯光、服装音乐等综合艺术处理的作用。为了提高节目的艺术质量，田风教授对整个演出的节目进行了周密的安排，确定了“四梁四柱”、“前三脚、后三脚”、“开头、收底”节目，使演出节目组合得跌宕有致，使大连杂技团的演出面貌焕然一新，并形成了自己的风格，为以后的发展奠定了基础。

田风教授不仅在大连杂技的艺术化上做出了重要贡献，而且对大连杂技的队伍建设上也有着不可磨灭的功绩。他深刻地感觉到演员在杂技事业中的作用，尤其对如何培养接班人更有着远见卓识。他认为不能只培养光会表现技巧的“杂技匠”，而要培养杂技艺术家。认为造成“杂技匠”现象的重要原因之一就是“父传子继”家庭式的传统做法。不管子女是否具有艺术素质，形象如何，仅仅把技巧当做糊口谋生的手段，传给子女。这是一种对艺术的亵渎，必须改变。正是在他的建议下，大连杂技团果断地把一批形象和素质较差的家属子弟，另外安排工作，并且建立了新的学员队。对学员进行科学训练，既进行传统基本功训练，又增加了体育、舞蹈的训练内容。并设置了文化课、政治课、音乐课、表演课。田风教授还亲自讲授表演课，带领学员进行无实物小品表演。这在当时我国杂技界可称为是“首创”。正是按他的设想培养出的这批学员，成了后来大连杂技事业的骨干，有的还输送到一些兄弟杂技团和参加了电影的拍摄，像《小武术》就收入了《春燕展翅》而那时他们还没毕业。

田风同志不愧是一位对杂技艺术有真知灼见的艺术家，对大连杂技艺术的繁荣发展做出了重大贡献，是使大连杂技走进艺术殿堂的奠基人。

1994年5月

（王健民：曾任大连市杂技团团长、艺术总监等职；曾在田风同志领导的旅大文工团工作，后任旅大文工团舞美队队长。秦惠珠：新中国成立初期为辽宁省杂技团学员）

“要成为一名人民的杂技演员”

■ 秦惠珠

“你要每天想到，你是怎样的生活，你要坚持锻炼，成为一名人民的杂技演员，是群众最喜欢的。”这就是我最最崇敬的田风老师在30年前对我的谆谆教导和殷切的希望。

记得那是1961年2月20日，田风老师在大连疗养即将结束的前夕，第二天他就要回北京电影学院了。这休假的最后一天，他是在杂技团度过的，就在这天晚上，他还没忘记对年青一代的教导，也正在那天晚上，他在我的日记上写下了上面那段对我的希望。那晚他和我团的年轻演、学员们谈了很多很多，讲了不少的道理，鼓励我们要刻苦钻研，一定要练出过硬的技巧，而且还应在政治上要求进步。他希望我们能早日成为一名光荣的共青团员。争取做个合格的杂技演员。

田风老师是北京电影学院的教授和导演系主任教员。1960年因患肺结核病，组织上安排他来大连疗养治病。听说田风老师是大连文艺界的老领导，曾为大连的文艺事业做出卓越的贡献。恰好那一年我团正在进行提高艺术质量的整训。而我团的团长书记又都是田风老师从前的老部下，于是便把老上级请来帮助进行艺术指导。那时候，我是个刚刚参加革命不到两年的《飞车走壁》学员。年青、幼稚、单纯，对一切都抱着美好的幻想，又正处在春风得意的时候。突然中央下令全国取消《飞车走壁》的演出，因为这节目对演员的安全有威胁，我国是社会主义制度，对演员的安全要绝对负责。这是党对我们杂技演员的爱护，但我却不理解。为此组织上又决定让我改行练“蹬技”，我不喜欢这个节目，认为是躺在舞台上，靠脚来表演技巧，形象实在太差。我就闹情绪，要求组织上把我送回上海老家。就是练功也不刻苦，只是在应付老师和领导。就在我对杂技抱有看法和成见的时候，田风老师在全团大会上讲他看完我团演出的感想。他说：他第一次看我团演出，对杂技艺术不了解也不懂，但作为表演艺术的一个门类，肯定有它的审美价值，有它自身的特点，尤其它是中华民族古老的艺术，是深受人民群众喜欢的，它不用语言就可以反映中国人民的精神面貌，尤其当今世界帝国主义国家封锁我们，孤立我们，世界爱好和平的人们也不了解我们。我们如果能拿出一台过硬的杂技节目来反映新中国人民勇敢、勤劳不怕一切艰难险阻，一定能弘扬我们国家很快强大起来的勇于开拓的精神，并以此和友好国家进行文化交流，这是非常光荣的任务，其它剧目还没有你们这个长处呢。所以说杂技是一个很有欣赏和审美价值的艺术，它不用语言，不受语言的制约能为世界各国人民服务。目前最主要的问题是，全国的杂技节目大同小异，区别不大，而且都是为了要技巧而要技巧，没有给人以艺术享受，这，怎么行？要突破全国杂技雷同的局面就要有大连杂技团自己的表演风格，在节目的技巧上要有自己的创新，要有自己的尖端技巧，要有属于自己特点的节目。那天田风老师讲了很多很多，并且很激动，他最后说，他虽然对杂技是个门外汉，但可以向大家学习，既然你们的领导把我请了，我就有信心和大家一起研究，共同努力把大连杂技事业推到一个更高的水平上。

当时我听田风老师的讲话，几乎着了迷，无意之中改变了我对杂技艺术看法的偏见，并且对田风老师的讲话真是心悦诚服，他让我知道了杂技不光是要技巧的而且还是一门艺术，并且还有好多的学问和讲究，无意之中就坚定了我的事业心。

那时候田风老师主要排练那些已经成型并且参加演出的节目，根本就没有精力和时间来过问那些刚刚练的新节目。但我对田风老师亲自排练节目及他的渊博知识从内心里崇拜，吸引着我看他对节目的排练、讲述。我拿本记着他的论述。因为我们不仅水平太低，又缺乏艺术方面的基础知识，从来不知道也没有看见过杂技节目还需要导演来排练，以为导演只是导演那些戏剧电影，我们只要练会技巧就可演出。所以当时看到田风老师排练节目我不知道有多么的新鲜和好奇，一心想要好好地学习却不知该从何处入门。

田风老师为了能很快提高我团的演出水平，使之及早成为具有自己表演风格的杂技团，他不仅在宏观上向团里提出他的设想和建议，并且在微观上对整场晚会甚至每个节目的构思，他都亲自进行编排，在综合艺术的处理上也下了很大的功夫。对节目的音乐、服装、道具、灯光及化装等等的设计都有具体的要求和规定，都亲自过问和检查。我就在那时候才懂得杂技还有综合艺术处理的名词，才懂综合艺术处理的好坏对杂技艺术的重要性。

为了尽快提高演员的表演素质，田风老师亲自给演学员上表演课，进行“无实物”小品训练，讲表演的基础知识，讲交流、规定情境、潜意识等等。田风老师为了杂技表演能早日脱离庸俗习气，提高艺术品位，经常工作到深夜才回疗养院，真可谓废寝忘食呕心沥血。他不是来大连疗养治病的，而是来参加新的战斗，是来开辟新的艺术阵地。

我深深被田风老师忘我的工作精神和对事业执著的追求所感动，我从心里崇敬他，钦佩他。我就经常为他及其他来帮助我团工作的老师们烧水沏茶，就这样渐渐和田风老师及其他帮助我们工作的老师们熟悉起来了。田风老师给我的印象是谦虚和蔼容易接近，没有一点名人和长辈的架子，更加深了我对他的敬重。我就大胆地接近他，并向他请教我不懂的问题，他总是耐心地仔细讲解给我听，像个慈祥的父亲。后来我什么话都愿意告诉田风老师，但当他听到我讲的不对或者看到我练功不刻苦的时候，他又总是严厉地批评我，教育我，给我讲道理，帮助我树立正确的人生观和世界观，要我正确对待主客观条件。看到我对表演艺术有着执著追求却不懂怎样学习时，他根据我当时的条件来指导帮助我。他让我首先要树立一个全心全意为人民的信念，要下功夫刻苦练习“蹬技”的基本功，技巧要过硬，并且要提高文化水平，要多看文艺小说，尤其是名著，还要了解党的文艺方针政策。让我订一些有关文艺理论的杂志，还要看斯坦尼斯拉夫斯基的《演员自我修养》和一些表演艺术家的传记，看他们对艺术是怎样追求和要求自己的等等。当时我买了《梅兰芳舞台生活四十年》及有关周信芳、盖叫天等艺术家的一些评介书籍，从中学到了许多知识。田风老师还让我观察生活、深入生活，要锻炼演员眼睛的敏锐性。田风老师亲自和我一起看我团演出，并且给我讲解节目演出的好坏原因。让我多听观众对节目的议论，观察观众对节目表演的不同反应。问我为什么有的节目经常能获得观众的掌声，像边玉明演的“钢丝”就是一个最好的例子。田风老师剖析这节目演好的原因，他说：边玉明不仅技巧过硬，并且表演也好，她不但会和助手交流，并且还会和观众进行感情交流，能抓住观众心理，她表演的技巧和音乐节奏配合得好，虽然她的技巧高难惊险，但她演得却轻松自如，观众不必为她提心吊胆，整个节目给人和谐优美的美感享受。让我多看同行的演出，从中去学更多的东西。

田风老师还带我去观看电影，给讲解电影演员的表演技巧，并且不断地向我提出问题。让我回答。还带我看大连话剧团演出的《雷雨》、《文成公主》等剧目，而且还看主角的A B角的不同演出，再向我提出问题。问我：谁演得好、演得真实、什么原因等等，当我回答正确的时候，他是那样的高兴。田风老师就是这样耐心地来帮助一个小小的杂技学员提高欣赏水平和鉴赏能力的。我就是在田风老师无微不至关怀和耐心的教导下，逐渐成长起来的。当我的“蹬技”能演出的时候，我就是按照田风老师对我的教导那样来构思我的节目。设想我和助手、观众的交流，和音乐节奏的配合并按田风老师的要求来组合技巧的。“蹬技”节目一上演就得到观众的喜欢和好评，基本脱离了旧杂技的平庸习气，给人以新颖感受。在辽宁省杂技汇演时得到杂技界的领导和同行的好评，认为我演的“蹬技”是有自己的表演风格的。“蹬技”节目一直是我团的主要节目之一，经常招待国内领导和重要外宾。如越南胡志明主席，朝鲜金日成主席以及李宗仁先生都看过我的演出。给这些大人物演出是光荣的，也是重要的，但在获得成功的每一次掌声中我都想起田风老师，他还没看见我的表演呢。1962年田风老师再次来大连休假时，看到了我的演出，他很高兴，并亲自给我排练，提出新的要求，使“蹬技”节目有了新的起色。田风老师对我的培养和教导永远铭刻在我的心中。

1992年4月

写剧本也是培养演员的一种手段

——田风同志“逼”我搞创作

■ 李心斌

田风帮我们彩排我早在农村业余剧团，就听说大连有位大戏剧家田风；1948年春，我在白城子永兴寺露天舞台看了他编导的大歌剧《李贵香》，激动得我几宿没睡好觉，曾梦想，如果能请到田风给排排戏，那将是件幸福的事。

全然没想到，我的梦想竟如愿以偿了。

1949年，我参加了大连县生产文工团，为庆祝党的生日，我团赶排大歌剧《赤叶河》向全市公演，公演前三天，到宏济大舞台（现人民剧场）彩排。最让我们兴奋的是，田风同志将参加我们的彩排。田风同志，大家都称他田团长，细高个，穿着一身黑制服，戴一顶八角帽，瘦削脸、一双大眼睛，慈眉善目，很平易近人，大家在剧场门外欢迎他，他不好意思地向大家点点头，便走进剧场、坐在剧场前几排，秋云导演马上下令彩排开始。他边看戏，边和坐在身旁的秋云导演不停地商谈什么。看完彩排，他一句空话不说，决定重排地主调戏喜燕那场戏。因为剧本没有提示地主强奸了喜燕，只是在门前调戏了她。田风同志说："这么演把戏全演丢了，地主若是没强奸喜燕，喜燕为什么要投河？地主的罪恶又怎能体现……"于是，他强化了这场戏，地主在屋门前威逼追逐喜燕，喜燕被逼到门前，后无退路时，爆发出一股反抗的怒火，狠狠地打了地主一个耳光（后来公演，每演到这，台下就爆发出一阵掌声）。地主恼羞成怒，拼力把喜燕推进屋里，于是舞台灯光转暗，停顿一分钟，灯色转蓝，地主兽性得逞，美滋滋地从屋内走出，扬长而去；聚光灯射向门口，喜燕披头散发、满脸泪痕、双手揪心，向观众走去，无言地控诉满腔愤怒……把观众的感情调到最高点。转场是风雨交加的夜晚，羞辱难耐的喜燕，在瓢泼的风雨中，衣服不整、披头散发地飘摇在风雨中。对这场布景，田风同志作了重新安排，层次更分明、演区更合理；对灯光的变化，也提出新的严格的要求；对乐队的感情变化、强弱都提出要求。演喜燕的林钧柱是张大胖脸，两只眼睛像草棍拉一下那么细，田风同志采取油画大笔法化装术给其重新造型，近看，像张猴腚，可是灯光一打，漂亮极了。他说，戏剧是综合艺术，要调动舞台美术、灯光道具、音乐、音响一切手段为演员服务才能达到最佳艺术效果。果然，这场戏变了，在风雨雷电中大幕拉开，在强烈的音乐声中，喜燕几个旋身、跌爬滚打大动作下，把她满腹恼闷、痛不欲生的感情发挥得淋漓尽致；接着风雨声、音乐声逐渐弱下来，喜燕回顾在寻找自己的出路，猛然发现了赤叶河，她断然下了决心，爬上了石崖，瞅着赤叶河水，低吟地唱出"赤叶河水滚滚流，恩爱夫妻不到头，二十年来一场梦，风吹雨打送我终"。临跳河前，还喊了一声"禾子……"这场戏的效果强烈极了，每演到这，台下的观众都是泣不成声，有的老太太还捶着椅子背哭骂："这个倒汰鬼，这么俊的小媳妇被他逼死了……"如此类推，凡是"戏眼"的地方，他都抓住不放，一般场面一滑而过。因为时间太紧，他不可能处处细排。经过他两天排练，使这出戏大变样。公演后，创造了农民赶马车进城看戏的先例。《旅大日报》发了专刊，欧阳钦、韩光、郭述申等领导同志撰稿评价。大家都明白，这个艺术成果的取得，是和田风同志的指导分不开的。

田风指导下的排练，给我们这群土包子文艺工作者感受最深的是：我们更爱戏剧艺术了；开始觉悟戏剧是综合性艺术；艺术的思想和艺术是融为一体的，艺术是体现思想的。

这些感受那时虽然是朦胧的，但也是终生的，事隔近40年，记忆犹新，终生受用不尽。

星期六晚会

1949年11月，大连地区五个专业文艺团体合并为旅大文工团，300多号人，可谓人才济济，是我区专业文艺团体最红火时期。在团委会领导下，下设五个戏剧队：工人队、农民队、音乐舞蹈队、舞台美术队、创作组。我被分配在农民队，文工团成立不久，就兴起星期六跳舞晚会。农民队来自旅顺、金县、大连县三个文艺团体。当时的队长是孙天范、副队长秋云。旅顺的王会安、金县的刘茂勤、大连县的我，一到星期六跳舞，我们就蒙头睡觉。开始，孙天范支持我们，他还有理论："一群大姑娘和大小伙子抱在一块蹦卡卡，像什么。"他也和我们睡大觉，哪知好景不长，没过几个礼拜，有人偷着到舞厅看，回来说，"孙队长也跳上了，胖得像个猪，摇起来像条船。"又到了一个礼拜六，我们刚脱衣躺下，以王太祺为首的一群小伙子敲锣打鼓跑到我们床头敲，把我们从被窝里拉出来，像绑架似的拉到跳舞厅，我们那些姊妹对我们仨也真够热情的，主动地耐着心烦教我们。后来，孙天范队长对我们说，"我挨田团长批评了，说我领着你们不跳舞，他说得对，演员必须跳舞，跳舞能锻炼演员的音乐感和舞蹈美。"从那以后，我们也被迫跳上了。瘾头虽然不及别人大，但是，快三步、慢四步，我跳得也还挺爽快。1951年农民队去旅顺演出话剧《甄桂英》，在鸦鸿咀演出后，我也曾当过伴舞老师教农村干部跳舞，有次星期六晚会上，我曾和芳叶同志演出朝鲜舞蹈《豺狼和少女》，芳叶同志演少女，我演男的，动作虽然夸张不规范，但基本舞步没有错。我开始体会到田团长开展周末晚会活动的苦心。星期六晚会越发展越红火，在跳舞的间隙还演出文艺节目，正宗的演唱舞蹈、活宝式的自创小品，纷纷出台，把星期六晚会办得更加生动活泼，刘茂勤、李庆有的自创小品《告妈打》，两个近30岁的人，演两个十来岁的儿童，唯妙唯肖，引得大家捧腹大笑。田团长评论说：“这两个演员很有才华，能从生活里提炼出这个小节目难得，表演得也很好。”他俩还演出过《乘汽车》，舞台上只有司机坐的一把椅子，通过车上人的动作，让人感到汽车在跑动，乘客在颠簸，芳叶同志把他熟悉的“跑驴”，编成《送郎参军》，使大家耳目一新，他唱的那个娃娃调，韵味浓烈，深受欢迎。这个节目得到田团长的肯定，经过加工排练，成了文工团的保留节目，1950年春节伴随文工团的乐鼓队、旱船等跑遍我市街头。并在《旅大日报》副刊刊载。还有刘敏的《南洋舞》、《水帘洞》；还有创作组演出的京剧《法门寺》、《打渔杀家》，等等，应有尽有。充分显示了全体团员的创造力，通过娱乐活动也发挥和锻炼了人们的艺术创造力，提高了大家的艺术素质，也增强了全团的活泼性和凝聚力。

那时的文工团员，文化水平比较低，没有大学生，高中水平的算是高的。为提高大家的文化水平，文工团兴办业余学校，不但开语文课，还开数学课。我们都觉得奇怪，搞艺术的和数学有什么关系？田团长答复说：“数学能开发人的思维逻辑性，说话没逻辑，要从这里学起。”

俗语说，“诗在诗外”，“戏在戏外”。田风同志培养人，都不是直奔主题，极端重视对每个人的全面素质提高。

“逼”我搞创作

伟大的抗美援朝运动开始后，全体人员志愿报名上前线，抗美援朝后备队和部分团员经过审批开赴前线；不能上前线的，要发挥文艺功能，写抗美援朝内容的作品，演抗美援朝内容的节目。于是，田团长动员全团人员，人人拿起笔投入戏剧、曲艺创作，写出作品，供文工团和广大文艺工作者演出。就这样，我被改行了，从戏剧队调进创作组。那时的创作组，不到10人，按人数是全团的三十分之一，而田风却视之为全团的关键，他认为创作是艺术的生命，一个文艺团体没有自己的创作队伍就是失去了生命，因而他亲自抓，谁想写什么作品，可以直接找他研究；写出来的作品，不论好坏，他都亲自给看，只要有一点可取之处，他都会帮你完善起来。那个时期的创作组有股激情，都是一心扑在创作上，能者为师，老组员带新组员，二人合作，作品发表了，不管出力大小，都是共同署名共同分稿费。我在这个集体里，白晓、王同禹、于汪惟、王健郁，他们既是我的同志，又是我的老师，在他们的帮助下，我由对创作一窍不通，渐渐地入了门。各类文学作品，歌剧、话剧、相声、大鼓源源不断地从这个组写出来，那个时期《旅大日报》的“人民文艺”版期期差不多都让创作组的稿件占领了。对其中的优秀作品，如《猪》、《在鸭绿江上》、《追根》等，戏剧队进行排练公开演出，有很多作品被外地出版社出版、剧团演出。

但我从演员转为创作，总是不甘心。我在业余剧团就喜欢演戏，从事专业几年来更热爱表演艺术，对这种纸上谈兵的创作工作，我实在不愿干。我向王同禹同志谈心，他开导我说：“田团长不是马马虎虎就给你调进创作组的，全团300来个人全装在他脑子里，每晚睡觉前他都要过滤一遍，发现有使用不当的马上改，发现有新的可培养苗头也马上调转，像王石路同志，起先让他演戏，他不是那个料，又叫他搞舞台美术，也没那个细胞，最后让他搞音乐，才发挥了他的特长。你的文化水平比我高，语文水平也不含乎，我都能干，你还有什么可说的。”他说得很推心，可我还是难以信服。

1951年，在市第二届文代会上，田风被选上市文联主席兼任旅大文工团团长，他上任文联工作，把创作组也带到文联，考虑到文艺创作需要清静的环境，从市里要一座独门独院的小楼，让创作人员吃住、工作在那里，那时，我们简称那座小楼叫“26号”。文联办公室在大公街，编辑部在28号，办公地点分散，他还兼任文工团长，很忙，就这样，每个星期最少也要到创作组一次。

有次到创作组开会，我在会上提出回戏剧队的要求。田风同志听了，耐心地对我说，“你有‘归队’思想，我早就知道。今天和你说明白，调你、康桂秋和金待莹进创作组，最终不是让你们长期搞创作，我们把这当作培养演员一种手段。要想当个好演员，不懂写剧本怎么行？剧本，剧本，一剧之本，一个演员没有整个剧本的全局，你这个角色怎么能演好？一个好演员需要有很多素养，生活素养，文化素养，音乐舞蹈素养，为了提高你们的素养，才让你们练声、参加合唱队，每星期六开跳舞晚会，才调你们进创作组、从写剧本学起。你们在创作组要好好学习，将来，你们写出了剧本还可以回团去演……”一席话，说得我们这几个演员豁然开朗，归队思想一下子被解开，开始全身心地投入戏剧创作。1951年，我和白晓同志合写个小歌剧《喜更新》，田风同志让我回团去演那个老工人，老工人的老伴由文工团的程琪扮演，女儿由霍银贞扮演，几个小节目组成一台演出，到各工厂演出十几场。这次演出，我觉得得心应手，人物性格我很熟，台词也不用背，只学学曲子，一下子就进入角色。老同行们说我的演技有进步，这时我才体会到演员写剧本的甜头。“三反”前，田团长亲自组织一个创作班子，以电瓷厂的题材写一个大歌剧，剧本写完，连曲本都油印好、发给每个演员，我演剧中的老工人，台词、’唱腔已练会，下步就要和乐队合练时，“三反”运动来了，把它当成“脱离生活，闭门造车的范本”进行批判，排演从此夭折。

“三反”后，田风同志调离大连，我的演剧梦也彻底破灭，只能在创作队伍里安心立业了。

尾　语

田风同志是我在文艺事业上的启蒙老师，是培养我多年的恩师，他离开大连后，我们仍然保持深厚的师生感情，他每年回大连探亲、疗养，我和王同禹同志都缠住他不放，向他讲生活感受、艺术构思，求他帮助，帮我们结构、修改剧本，有时，他主动从疗养院到我们办公室找我们，谈得晚了，他掏钱请我们吃饭，说他的工资比我们多，我吃“醉饺”的习惯就是他传的。

田风同志是位戏剧家、美术家、艺术教育家，他更是个文艺事业家，或者叫文艺事业管理家，他是文艺专家，也是文艺管理专家，他舍弃个人美术、戏剧创作，把自己的全部心血、才能、智慧，奉献给党的文艺事业，牺牲个人培养一方人，在大连，我们的同辈人，是他的根结的果。

1992年7月

（李心斌：田风同志领导的旅大文工团团员）

在北京电影学院：俯首甘为孺子牛

通向艺术殿堂的搭桥人

教学中的“爱”与“严”

风雨中的人间真情

导演从这里起步

做导演，先做人

导演，教是教不会的，学是学得会的

雕琢人才的大师

艺术要有个性，不能人云亦云

演戏就是演“细”

两袖清风处事 一身正气为人

一句话，一辈子

通向艺术殿堂的搭桥人

■ 北京电影学院导演系

我们导演系师生们深切怀念田风同志。30年过去，真真是“换了人间”，然而对这位老领导，老教授的怀念，却是那样的绵长，因为他的人格力量，他对电影艺术教育事业的忠诚，他对同志的坦诚和严谨工作态度，一代一代传了下来。

北京电影学院导演系，于1956年9月建院之始即设。为了培养一批师资，1955年曾请前苏联导演专家伊万诺夫来京，先成立了一个“导演培训班”，并调田风同志来任班主任。1957年这个班结业，1959年调他任导演系“五九班”主任教员，旋任系主任教员、教授等职，并当选为院党委委员。

尽管田风同志身兼院系党政领导职务，工作十分繁忙，但他抱着忠诚党的电影教育事业的赤子之心，始终没有离开过教学第一线。由于他全身心的投入，初创的导演系办得朝气勃勃。经历了那个年代的同志都会记得，图书阅览室的灯光常常是彻夜通明的，田风同志的宿舍任何时间都可以接待前来讨教的同学们，那种科学严谨的学习风气，迷漫了整个校园。导演系的教学成绩，在首都艺术院校是颇具影响的。田风同志的品质有几点是很突出的。一是忠于党的革命事业，在他的一生中几异职业，从绘画到戏剧，从戏剧到电影教育，都是从革命的需要出发的。从生疏到熟悉，直到挚爱、执迷，把个人的兴趣爱好与党的革命事业紧紧相联。1939年抗日战争烽火燃起，田风同志毅然从日本归国参加八路军，进行战地演出，以革命的戏剧为武器，鼓舞士气。在部队文工团、白山艺术学校、旅大文工团任领导时，他关心每一个文艺战士的成长，培养和发挥他们的创作才能。来电影学院任教后，尽管条件变了，但他的作风依然不变。只要是同学所需要的，必定倾其所有，竭尽所能。他爱而不溺，“爱”“严”结合，从不放过同学们的任何失误或不及，常常对他们的过失严加训斥，叫人们记上一辈子。因为他说过，“我们任何一点放松或失误，都会在艺术上丢分，甚至给党造成重大的损失”。

他对同学们一视同仁，绝不袒护偏爱。他坚持实事求是，“真理面前人人平等”，有一位同学出身资产阶级，给他打专业分时有人提出异议，他正色说：“成绩好就是好嘛，这有什么办法？”

三是谦为上。他有很高的艺术素养，特别是绘画和戏剧方面，颇有造诣。但他对电影这门艺术，究竟涉猎不深，所以抱着谦逊的、一边教一边研究学习的态度。作为电影学院导演系的一名教师，田风同志很好地发挥了自己在绘画造型和戏剧方面的优势，并把它运用到电影导演教学上。他很快就掌握了电影导演教学方面的规律。他从同学们的优秀作业中得到教益，不断地丰富自己，这一点成为后来导演系的传统，学生的作业成为系里的资料，成为教学的财富。作为系的领导，田风同志虚心向同事们学习，向同学们学习，从不摆出“权威”的架子，更不会对不同的学术观点搞什么“残酷打击”之类的事。因此，作为他的学生或同事都感到一种安全感和亲情。

田风同志主持导演系工作期间，当时的院长是著名艺术家章泯同志。章泯同志曾在教学会上提出，要抓几个优秀剧目，排下去，直到毕业。田风同志不折不扣地贯彻在“导五九班”的教学工作中。这些剧目在兄弟院校的交流中，以及在首都舞台的公演中反映强烈，受到了广泛的好评。同学们也在艺术创作实践中，增长了导演方面的知识和才干。这种理论联系实践的做法，深受学生们的欢迎。田风同志一直强调同学们要深入生活，要关心中国的实际，排练和演出的这些剧目，《骆驼祥子》、《伤逝》、《虾球》、《绿林行》等，全部改编自中国有影响的小说，《送她一只表》，更是师生们下生活后自己创作的成果。他反复强调，我们是培养中国的电影导演，他们要熟悉中国的生活，热爱中国的文化。那时导演系的观摩，除电影外就是话剧和中国传统戏剧、曲艺，数量之多也是现在所不及的。

在田风同志的领导下，导演系一直坚持课堂教学与作业实习相结合的方针。学生从入学的第一天开始，就要做上百个有关编、导、演三门专业主干课的各种作业，有文字的、舞台的、银幕的。对这些作业的成败（无论是思想内容或艺术技巧），师生们均十分重视，采取课堂讲评、集体讨论的方式进行细致的分析。有时，一个作业否定了重做，做了再否定，往往要做五次十次，才能通过。对所有的作业，田风同志都很严格地把关，无论是思想意识的、美学的或是艺术技巧上的不足，绝不轻易放过，或对某些错误“谅解”一下。本来“导五九班”的学制是四年，考虑到这个班的特殊情况，田风同志提出改为五年。他亲自带领同学爬山涉水到农村去拍摄毕业作业《搭桥的人》。这部短故事片的质量，即使用今天的标准来看，也是上乘的、精致的艺术之作。田风作为一个教师，他确是一个“搭桥的人”，他以自己的行动，为同学们搭了一座基础结实的“桥”，他引领着同学们走过这座桥，走向电影艺术的更高境界，使同学们毕业之后，能用自己学得的知识更好地为人民服务。

在导演系毕业的各班级中，绝大部分的同学在电影电视艺术创作中，已经取得了卓越的成绩，他们已成为全国各电影厂的导演创作骨干，其中“导五九班”90%以上的同学都已在独立导演的岗位上取得了可喜的成绩，他们的作品在国际国内多次获奖，得到了广大观众的肯定。

1994年5月

教学中的“爱”与“严”

——老田与“导五九班”

■ 汪岁寒

我第一次看到田风同志是在1952年秋天，陪送袁牧之同志去大连疗养的时候。到大连的那一天，正值秋雨绵绵，金风萧萧，我们雇了一辆古老的四轮马车，从车站驰向市委机关。一路上蹄声，细雨扑面，牧之同志又是一位病号，加上陈波儿同志新逝，我们两人心情均不怎么好，真有一丝凄凉之感浮上心头。

我安排牧之同志住下之后，即持好友周克同志的信去看田风。周与田是抗日战争时期在冀中斗争的老战友，见到田风的第一个印象是他有一张黑黝黝的脸，待人诚恳热情。我向他借了几张名曲唱片。他当时是旅大文工团团长，家中陈设却很简朴，如果不是看到有些东西放得比较零乱之外，你还很难断定这是一个艺术家的家。家中没有旁人，初次见面，寒暄了几句我就辞别出来了。

但隔了三天，我第二次去看他，气氛就感到有些异样，他很少讲话，好像有不解的烦心事，我亦不好追问。又隔了一个星期，我第三次去看他，也就短短十来天功夫，他的气色竟大不如前了，两眼呆滞，声气黯然。我回到住处之后，百思不得其解。疗养地每天送来报纸，我打开了《旅大日报》一看，赫然在头版上登着批判田风的标题。原来田风已成为旅大市“三反”的重点打击对象，而且“罪行累累”。到底有什么“罪”？给我印象最深的文字是他作为旅大市的文艺工作领导人，在带领创作组的同志进行创作时：“抽着烟，喝着酒，夹一块肉，说一句剧中人的台词或动作，有人就在旁作记录。”不要说这种场面既不存在，并且是被歪曲夸张了的不实之词。就是在当时，我就有些“天方夜谭，姑妄听之”之感。难道这也算得上是“罪行”？要算的话，头一个要批判的就应当是唐代的大诗人李白，李白如果不喝酒，就写不出诗来！中国古人喝酒才能创作的大艺术家、文学家有的是……到今天，这件事已过去了40年。可是我自那以后，一直在心中打了一个问号，田风同志到底为什么被定为“三反”重点对象？一直到1959年，我和他一起带电影学院导演系“五九班”时才弄明白。

田风同志于30年代初曾赴日本留学，进入国际上颇负盛名的国立东京美术学校油画专业学习。由于当时日本的戏剧活动正掀起一个大潮，在日本舞台上演出了大量世界名剧。早在1907年，中国留学生组成的“春柳社”还在东京演出过法国小仲马的《茶花女》选场。老田告诉我，他在日本时期看到了自莎士比亚、歌德、易卜生的许多代表作品的舞台演出。他最津津乐道的是《浮士德》的演出，当时在日本的舞台技术已达到了相当水平，因为演出《浮士德》，必须要用大量的“机关布景”与先进的舞台灯光技术，他是每戏必看，所以说与其说老田在日本学的是油画专业，不如说他学的是“油画”与“戏剧”两个专业更符合实际。

与他一同在日留学的同学有王式廓、水华、吴天等，他们回国后都成了艺术界的大师了，为中国的艺术事业做出了不可泯灭的贡献。

老田是从抗日战争爆发后回国的，他要参加抗战。所以他回国后立即投奔平西游击区，参加了八路军在挺进军政治部办挺进画报，做过日语翻译，火线剧社的导演等，不仅夜以继日地工作，还要行军、打仗。但是从1940年前后，他却因王兰的原因被人怀疑为日方“间谍”。这个嫌疑，直到1942年到火线剧社工作时才予清除，他也终于光荣加入了中国共产党。据老田说，当时是由韩天石同志在行军途中骑在马上审批的。可以说，他在抗日战争中就已经闯过了一道难关了。老田的家庭成分是地主，这对他的一生也是很不利的。可贵的是老田虽然经过多道关卡，但始终如一地忠诚于党的事业，从来没有在大是大非面前动摇过。他在解放战争初期任白山艺术学校的校长期间，在旅大地区的复杂的情境中，不时出现险情，他始终带着学校师生辗转于旅大地区，那是吃尽了辛苦的，他终于带领师生转移到安全地带。

老田曾和我谈起过在日本留学时学习生活也是很有趣的。他说“学习完全要靠自己努力！”他的油画老师在教学过程中，从不大讲理论与条条框框，也不讲“油画技法”之类的东西，学生一上课就是画，那位老师教学一年只对他讲了两句话，可每句话只有两个字。头半年，这位老师走到田风身旁看他作画，说了两个字：“线条！”老田明白是要他注意线条。这样一直画到第二学期，又有一次老师走过来，看他作画，又说了两个字：“色块！”老田说：“就凭他说的四个字，我勤勤恳恳画了一年，也就算学了一年。”我记得1957年，苏联电影导演专家伊凡诺夫也对我们说过：“导演，教是教不会的，学是学得会的。”中国有句老话：“师父领进门、修行在自身。”说的都是同一个意思，我和老田在班上当然不是一年就说四个字，而是说了好几火车的话，但我们也强调一点，加强自学。“导五九级”的同学们说起当年的学习生活来，谁都记得“作业”很多，晚上都睡不着觉，一天到晚，一年四季，都学得很忙。

我和老田在1959年招了23名学生，开了一个班，他任主任教员，我任班主任。根据他的提议，这一个班的学制为5年。在这5年时间里，他的主要课程是“表演”课与“场面调度”。我的主要课程是“剧作”与“蒙太奇”。在这个5年过程中，这个班的最突出的学习成绩是“表演”课。不过我在这里要解释一下，名为“表演”课，而实际上是导演课，因为这门课的要求有二，一是让同学们亲自体验一下表演的艰难过程，二是启发同学们掌握导演与演员合作的要领。因为这些小品、片段的导演即由他们自己承担。他们的演员是同学，但同时又是合作者。作为一个导演，如果不懂得演员的甘苦，不善于与众多的演员合作，他是没有条件担任导演的。

现在来谈谈“五九级”的表演课。本来电影导演的基础课设有三项：一为蒙太奇；二为剧作；三为表演课。当年的院长章泯同志曾再三要求我们，一个片段不要浅尝则止，要多排它几个学期。因此当表演课进入“片段”阶段后，我们便有意识地抓住了三个片段，一是《伤逝》，二是《虾球传》，三是《骆驼祥子》。我们一直抓住不放，反复排练，到第三学年之后，我们将《伤逝》和《虾球传》各拍成了1200英尺左右长的16毫米无声影片，一句台词也没有，也可以说是全部依靠视觉形象。

这两部默片作业取得了成功。这三个片段我们还和戏剧学院“导五九级”交流演出过，在本院也作了全院性的汇报演出，院内院外均获得意料不及的好评。令人终生遗憾的是这两部默片均在“文革”中被人销毁，使我们失去了两个可以作为参考教材的保留节目。至于《骆驼祥子》，是同学们根据老舍先生的小说改编的，没有用当时人艺的舞台演出本。第一学期只改编了一个片段，逐年翻滚，愈滚愈大，成了能演出两个半小时的电影式的舞台演出节目。所谓“电影式”是指场景变换较多，有时利用灯光及特制的布景变换时空。如祥子在住处被劫一场，在原来的一片墙片上绷上了一片纱幕，外面刷上了砖墙的灰色，但当“墙”内的灯光一亮时，观众可看到祥子的室内布景，剧情可以在这堂虚景中展开，内灯一闭，观众看上去仍是一面砖墙。这一特别的景片还是中国铁路文工团话剧团送给我们的。由于教学经费比较紧，我们当时常常需要得到兄弟单位的支持与赞助。

这个节目一连上了近三个学年的课堂教学片段集成，同学们还将此剧到工厂公演，也获得了好评。有的同学就开起玩笑来说：“我们‘五九班’可以成立‘风寒’剧团，不断演出。”不料这一句玩笑话到了“文革”期间，竟成为我和田风的一大罪状：走资本主义道路的铁证！这是后话，就不提了。关键是这种抓住少数质量较高的片段不放，在教学中持之以恒为专业服务，得到了章泯院长的肯定，同时，亦为同学们毕业之后，在表演艺术方面，在与演员合作的过程中起到了积极的作用。

我在电影学院导演系任教34年，前后参与了本科五个班级的教学工作，从毕业以后的社会效果来看，以“导五九班”的合格率最高。当时入学时23人，现任独立导演或联合导演者有21人，占90%。仅二人不在导演岗位上，但亦在影视的重要岗位上工作。这个成绩与老田的辛勤劳动是分不开的。

老田在教学工作上的特点，据我看来，是“爱”及“严”两个字。他是以全部生命力投入教学工作的，他经常和同学一连谈几个深夜，在我的印象中，他的生活除了教学以外，就没有别的什么了。一个小品，他可以和同学说上十次、百次，一直到合乎要求为止。第二是“严”。他在教学中对待学生的缺点，特别是艺术趣味，是要发脾气的，发起来连挖苦带责骂都有的，但同学们了解他，所以至今记仇的一个也没有。他的课程中，属于导演范畴的是“场面调度”，我深深感到，与其听他讲“场面调度”，不如看他在辅导学生时实际的场面调度，他具有美术家的素质，又有戏剧家的素养。在《骆驼祥子》的教学过程中，每一个场面都是一幅油画，人物的俯仰正侧，即使是头部的活动，和整个场面十分协调。完全不像有的老师，在排练时要求人物的表现面一律服从于观众平视的角度。

处理人物与人物之间的关系时亦不例外。经他辅导过的场景，场场有生气，具有浓厚的生活气息，但绝非生活的自然形态。电影的场面调度是在运动中形成和展开的，而且是场面调度决定镜头调度，因此培养同学需要有处理场面调度的基本功是极为重要的。如果一个导演能对每一个场景都在心中有一个场面结构的构想，分起镜头来就伸缩自如了。

1964年，班上突然出现了一件震撼人心的大事。有一位同学向支部汇报说：“班上有一个反革命小集团！”可悲的是电影学院党委竟轻信了这个“汇报”。错误地大张旗鼓地在同学中抓反革命，并错误地批判田风为小集团的后台，还抓出了两名学习成绩都还比较好的同学郭宝昌和刘文田为“反动学生”。接着就是“文革”，这时的“五九级”这块“红样板”就彻底变为“黑样板”，可惜此时，老田已弃世而去了。他如果能活到“文革”来接受批判，很可能就顶住了。因为到“文革”时，连同当年的党委成员，加上教学上的一批中层干部，全部揪出来作为“反革命”批斗。我当时就有这样的心情，反正大家都成了反革命了，爱怎么整就怎么整吧！不像1964年，全院就整的我们这个班，首当其冲的是老田，十分孤独。

我永远忘不了那一天，上午我和老田一同去美术馆看美术展览，一老田还和往常一样，边看向我谈谈他对每件作品的理解和看法，看完之后临上车时，他对我说：“我要上街去买点东西，你们不要等我。”说着转身就向王府井北口走去，身上还穿着那一件深棕色的考花呢大衣，我一直看到他的背影没入人流中。也就在那天夜晚，他的爱人于华来找我，已经是深夜了，老田还没回家。

这时，人们才意识到老田可能有什么不测，到快天亮时，发现他静静地躺在田野里，一句话也没留下就走了！永远地走了！

老田走了。打倒“四人帮”之后，老田也平反了。宝昌和文田也平反了，再也没有人再骂“五九班”是“黑样板”了。生生死死，有些人活着，实际已死了，有些人已死去，但仍然活在许多人的心里。老田就活在不少人的心里。他的战友，他的学生都一直怀念着他。

1994年5月

（汪岁寒：教授；田风同志在北京电影学院导演系任教期间的同事，汪岁寒同志任“导五九班”班主任，田风同志任导演系主任兼主任教员）

风雨中的人间真情

■ 郭宝昌

一、第一次见田风

第一次见田风老师是在1959年入学考试的考场上。那时，所有的考官在我的眼里都十分神圣。因为我的命运掌握在他们手上，所以走进考场的刹那，心情十分紧张。考场里的长桌后面大概坐了有十五六位考官，全是陌生的面孔，一双双眼睛全盯住我看，那严肃的神态，审视的目光，令人心悸。没有人说话。我的目光立即停在中间的考官身上：他40多岁，宽宽的脑门，尖削的下颏，两颊和下巴刮的铁青，清癯的面庞上，线条刚毅而冷峻，目光炯炯，他正半眯着眼睛上下打量着我，但不管他多么严肃和冷峻，与众不同的是，在严肃中透着特别慈祥而又和善的神情，这给了我深刻的印象。他，就是田风！是在我未入学前就早已闻名的大名鼎鼎的北京电影学院导演系主任教员——田风！他很快将我应该测试的项目一一考了一遍，只用了17分钟，在几百名考生中，我是时间最短的，最后他批评了我所做的小品与考题不符。我灰心丧气地走出考场，并被我的课外辅导老师臭骂了一顿。虽入学无望，但发榜时我还是去看了。居然榜上有名，喜出望外。立即投入了紧张的复试。在文化课考试的间隙，我们一群学生站在教室外神侃，远远的只见田风在树荫下来回踱步，大家小声议论着他，却没人敢上前搭话，在考生的心目中，他太高大，太遥远了，我不时偷眼望望他。忽然他停住脚步向我招了招手，考生们的目光一下子都看向我，当我确认他确实是在叫我，我的心几乎跳到了喉咙口，连忙奔了过去。在考生中，这种特殊的召见，是所有的人向往的莫大殊荣，这无疑是能跨入电影学院大门的瑞兆。我颇为困窘地站在田风面前，他看着我，依然是严肃掩不住的慈祥与和善的神情。他突然说："年轻轻的，留胡子干什么？"我毫无思想准备，便不知所措地胡编了一些理由，他半眯起眼睛，稍稍歪着头笑着，听着，似乎看穿了我在瞎说，便打断了我的话："明天下午有时间么？"我忙回答："有。""到办公室来找我。"这时考试的铃声响了。我和考生们又奔回教室。

那时候，小青年留胡子是很时髦的事，自以为很潇洒，这次一回家，第一件事就是有生以来第一次把胡子刮掉了。第二天下午我去见田风，聊了一个多小时，从事业到家庭，从艺术到文学，我才发现他是那么平易近人，一点架子都没有，距离感立即消失了，我终于忍不住问他："您没发现我把胡子刮了么？"他笑了："一进门就看见了。"最后他问我："喜欢电影么？""喜欢。""那就把毕生的精力贡献给祖国的电影事业。"

走出办公室我都懵了，这是什么意思？这不明明是考上了么？那是1959年9月1日，我成为了导演系的一名学生，田风是我从事电影事业的第一位领路人，也成了我心中崇拜的偶像，我知道，他也喜欢我。

二、最后一次见田风

让我们揭开那撕心裂肺的一幕吧！不愿写，不忍写，又不能不写。那是怎样愁云惨淡，暗无天日的年月啊！我已经被定为"反动学生"，日夜有人跟随监视，在学院里监督劳动，等待处理已经三个月了。而田风老师在重病期间，被从大连老家骗回学院，立即遭到软禁，不许外出，不许打电话、不许与任何人接触。由于严密地封锁消息，我始终不知道田风老师已回到学院。

那是1964年12月26日下午五点半钟。我在煤厂劳动完毕，扛着铁锹、铁耙送工具去小库房，走过中楼一拐弯，几乎与从对面拐过来的人撞个满怀，因为两人都是低头走路，几乎同时猛一抬头，近在咫尺啊！那正是田风老师！从挨整那天起，我已经近一年没有见他了，他面色灰黄，憔悴得令人吃惊，背也显得驼了，一副呆滞麻木的面孔。四目相视竟一句话也说不出，可那千言万语已憋了近一年啦！似乎一切都凝固了，时间、空间、周围的一切，都凝固了。我的心剧烈地跳动，眼神中只有惊恐和慌乱，而我深深看到老师的眼里充满了苦涩、哀伤、痛楚和迷茫。我们相视了有十几秒，还是半分钟，完全记不得了，那就像一年、十年、一个世纪。终于他低下头从我身边走了过去。我甚至没敢回头。而那十几秒钟却像印痕一样深深地烙印在我的脑中。几十年过去了，但每当我想到那一刹那，我就止不住热泪盈眶，那是我见老师的最后一面啊！而此后仅仅过了一个月，也就是在我被发配到劳改农场开始了漫长的劳改生活后的一个月，老师便撒手逝去了。残酷啊！我当时为什么不和他说几句话呢？忏悔、自责、问候，哪怕随便说上几句什么，可我又能说什么呢？老师的死是受到我的牵连呵！

而真正得到老师去世的消息是在半年之后。我被当时的市委大学部召回学院交代问题，下午开过批斗会后，我必须立即返回农场。走到学院门口见到了系里的一位老师，我颤颤地叫他代问田老师好。他却不解地问："哪个田老师？""田风老师。还有谁？"我也奇怪地问。他明白了，我还根本不知道。

"死了！自杀了……"他颇为惊讶地告诉我。他下面的话我几乎都没听清，脑子里完全空了，傻了！我推车出了学院大门，想上车却三次都蹬空了，我一直推到护国寺才上了车，脑子里却还没反应过来。我木然地把这个噩耗告诉了母亲，她泪流满面地大叫："你们这些坏小子！你们把老师害了！"在回农场的路上，我似乎才明白过来，我趴在路边的大石头上，嚎啕大哭了一个小时……

从进劳改农场的第一天起，我就下定决心：努力改造，争取早日出去。而出去的第一件事就是跪到田老师面前，向他忏悔，向他解释，请他原谅，我要努力工作，做出成绩，一洗这奇耻大辱；我不会辜负他的期望！……可这一肚子的话竟无处可诉了。人生的路上，没有比处在这种尴尬境地更让人伤心落泪、痛心疾首的了，不管经受多少苦难，都无所谓，给我一次悔罪的机会，那是唯一可以使我心理平衡的机会，然而，心理上再也没有重见天日的希望了，这重重的阴影将永生永世罩在我的心头，这将是何等艰难而痛苦的生！老师死了，死得这样干净、潇洒，那是需要巨大的勇气和承受力的！他死了，留下了一个辉煌的男子汉的身影！这是在当时的历史条件下，一个人为了维护自己的尊严，表露自身的清白的唯一可以选择的反抗方式！这反抗，掷地有声！显示了田风的铮铮铁骨，凛然浩气！他没有跪着乞求活！这反抗，使我这仍活着的人感到无颜、惭愧、内疚、沉重，也会使所有那些迫害过他的人，感到卑琐和自责！

三、在田风身边

回忆我年轻时代，最愉快的莫如在田风身边学习和生活的四年半了。田风为人正直、厚道、豁达大度、开朗风趣、机敏智慧、风度潇洒、一身正气，既有长者之风，又有如青年人一样的朝气和进取心。在与他相处的日子里，他的心里只有学生，真是废寝忘食，始终如一。他所给我们的教育，不仅仅是学业上的，同时也在为人上、作风上。我们之间远远超出了一般的师生关系，那是师生，也是父子，又是朋友。这种关系现在确实已不多见了。而他在我的身上，更特别注入了一种期望和爱心。这是整个学院众所周知的。记的入学的第一个学期，仗着自己成绩不错，我很不用功，班主任找我谈了一次话，那激动的情绪，使我至今难忘。他谈到了1956年电影学院招收了第一批导演系学生，在1957年反右中竟有三分之一的学生被打成了“右派”，成了北京高校之冠。1957年未能招生。1958年只好内部招生，政治条件当然成了首要标准。到1959年才开始从应届高中毕业生中招考，政治条件仍为首要。我出身资产阶级，第一关就过不了。班主任激动地说：“你以为你成绩好就可以进电影学院么？招生会议上没有一个人同意要你，是田老师拍了胸脯说‘这个学生我要定了，不就是出身不好么？我担保，全班都是工农子弟，有这么一个资本家有什么了不起，出了问题我负责！’你现在不用功，怎么对的起田老师！”这一番话当时曾使我大为震惊，在当时“唯成分论”相当猖獗的年代，敢于这样仗义直言，大包大揽，其勇气、其魄力，不正说明了田风的坚定的党性原则么？！而使我更为震惊的是，这些话四年后竟成了整死田风的有力证据，正是由于我的问题而祸起萧墙，要了老师的命，远远超出了他所应负的责任，况且他根本就没什么责任！但，当时班主任的一席话，几乎成了我努力学习的原动力，我不能辜负了老师的期望。“五九班”在田老师的教导下，在全院出类拔萃，是“又红又专”的红旗班，谁也不会想到四年之后的一夜之间，便被拔了“白旗”。历史是最好的见证人，如今，老师的学生大多已成才，在全国影视战线上起着主力军的作用，这就是田风冤案的最好的结论！

田风在教学上认真严肃，一丝不苟，且极赋开拓精神。电影教学在50年代的中国还没走入正轨，处于摸索阶段，也无先例可循。田风走了一条理论与实践结合，重在实践的教学之路。从无实物动作教起，到单人、双人、多人小品，直至片段、大戏，拍摄默片和短故事片，在电影教育界他是第一个实行这种五年一贯的系统教学的开创者，为以后的电影教育事业打下了坚实的基础，给了后人以极其有益的启示。要知道那时候的电影理论界是完全封闭的，我们是在舞台上和摄影棚里，摸爬滚打学出来的。所以在各个方面，功底扎实过硬。导演系进行实习演出，史无前例。实习处不予配合，老师便亲自动手设计、绘景、布光、化装，我们既演戏又上灯板、扛道具、搬景片、刷天幕，没什么不干的，感谢老师对我们这一段艰苦的训练，学到的东西太多了，同时也树立了实干苦干的艰苦朴素的工作作风。我们是从制景工、照明工干起的，对我们后来的创作起到了不可估量的作用。几年中，我们所做的几十个小品、八个片段、两个大戏、两个默片、四个短故事片，都渗透了老师一生积累的艺术经验，渗透着他的心血，在院内外引起了轰动。我尤其佩服他塑造人物的能力。可以说，每个作品中的人物，都栩栩如生，各有特色。老师的戏剧功底深厚，对斯氏体系有精湛的研究，同时对中国传统美学的把握，博大而精深，他给我们讲的第一堂导演课的第一句话便是：“不懂得中国的传统美学，不熟悉中国的文学、美术、戏曲，不懂京剧，就不能做一个中国的电影导演。”这在当时的电影界，是一种全新的提法，我们每星期一次的艺术观摩课，被规定为只允许看中国戏曲。这对于弘扬民族文化，在创作中更具中国的和民族的特色，是一个方向性的引导，作为一个有真知灼见的艺术家的田风，始终在这条教学的路上不懈的努力着。

在老师五十岁寿辰的时候，我们不听劝阻硬是给老师开了一个祝寿会。简单到了寒酸的地步：一大盘花生，一盘海棠果，一盘苹果，和几包劣质烟。穷学生不过是为了表达自己对老师的爱戴与尊敬。当时中央已明令禁止祝寿，可我们压抑不住心中的感情，这如同家里人自己的聚会啊！几年来每到节假日，老师都把在京无家可归的学生聚在一起，自己掏腰包请客，出游，他兜里的好烟从来都属于大家。有一年春节，田老师戴着一顶鸭舌帽，穿一件咖啡色的呢子大衣，一副大教授的气派，带着我们七八个同学去逛厂甸，人山人海，拥挤不堪，老师精神百倍、兴致勃勃，还在小摊儿上请我们饱餐了一顿北京的风味小吃。他端着一碗豆汁边喝边咧着嘴说“真难吃”，可还是全喝光了。

他还饶有兴味地买了一个纸塑的花脸，是焦赞的京剧脸谱，他说：“别看这些民间艺人，画的很有神韵。”他早年留学日本学习绘画，所以有着深厚的美术功底。他把脸谱戴在我们和他自己头上，引得大家哈哈大笑。上车的时候一个同学顺手挂到了车窗的钩上，下车时却忘了拿，等发现时，那位同学拼命追，可汽车早跑远了，老师笑得前仰后合！“追什么？丢就丢了，不过那脸谱画得不错。”

他又给我们讲起了脸谱，他就是这么一个人，只要他在，就永远充满了欢乐融融的气氛，他是我们年轻人的头儿，大家都离不开他。所以在生日会上，我还清晰记得一位同学的祝贺词：“你慈祥如父亲，为人如玉石，纯洁如少女，才华如春潮。”这是我们全班学生真情的表露，由衷的赞美。那天我还特意从家里取了一方大端砚送给老师，因为他一直想作画，苦于无大砚，他高兴得不得了，并答应把用这个砚画的第一张画送给我。

我前面说过老师对我更注入了特别的期望和爱心，同时，他对我的要求也是极严格的。记得入学后的第一学期期终考试以后，我的所有成绩都是5分，只有专业导演艺术课是4分，心里很不是滋味儿，我去找老师想问个究竟，可半天也开不了口，只在那东拉西扯，其实老师心中早有数，他忽然问："给你4分有什么想法？"我装作若无其事："没什么想法，反正我的小品不比任何人差。"这时田老师变得十分严肃了："就凭这个我就给你4分！在班上你是两个月前肯定的第一个小品，可到了考试那天居然没有任何改动。两个月干什么去了？你以为你的小品完美无缺了是不是？差得远！艺无止境你懂不懂？尤其是电影，本身就是遗憾的艺术，你这种态度将来就会有留不完的遗憾。"我心服口服了。在后来的创作道路上，我始终铭记"艺无止境"，只有不断地追求上进，才能在艺术上立于不败之地。

三年级的时候，我们排练大戏《骆驼祥子》，我演祥子。老师要我剃光头，我从心眼儿里不愿意，我又不是演员，再说暑假我要去上海，有人给我介绍女朋友，剃个光头去算怎么回事？我支支吾吾地把这件事拖了下来。又跑到人艺借了个头套，彩排那天老师亲自给我化装，看得出来他满脸怒气，一边给我粘头套一边嘟嘟哝哝不知说什么，忽然他用手指狠狠在我的头上戳了两下愤愤地说："这叫什么东西！"不知是骂我还是骂头套，说毕转身走了。这时距向全院汇报演出还有一个多星期，彩排后又进入了紧张的连排。真是事有凑巧，正值著名京剧大师盖叫天来京演出，对于我这个戏迷来说是机不可失，可每天晚上都连排，终于盖老的演出只剩最后一场了。我再也按捺不住，决定宁可违反院规班纪，也要逃课去看戏，许多同学阻止我，我全然不听，并扬言"我的检讨书早就写好了"。当我看完戏回到学院，已经有三个同学站在门口焦急地等我，告诉我出了大事，田老师和同学们在教室里整整坐了一个小时等我。最后老师大怒，拍案而起，宣布停课整顿，回宿舍去了。我听了以后也有些吃惊，但转而又想，顶多写份检查，老师心慈面软，不会把我怎么样。我径直奔向老师宿舍，只见老师背身站在窗前望着窗外，有两个同学紧张地站在旁边望着他，看来他还在生气，我刚刚叫了声“田老师”只见他猛地回头大喝一声：“你来干什么？！”我被吓呆了，从未见他发这么大的火，我没词儿了。“滚出去…”又是一声大吼，我站在那里进退两难。“你听见没有？出去——”

田老师转过身冲着那两个同学大喊：“把他拉出去！”两个同学忙过来把我往门口又拉又推，我也急了，用力挣扎把两个同学推开了，田老师气得手直发抖：“你想干什么？你不是把检讨都写好了吗？啊？！”我知道糟了，说什么都没用了，连检讨的话也不能说了。僵持了约五分钟，老师的气丝毫未消，他说：“你不走我走！”我只好垂头丧气地回了宿舍，开始写检查，三天的时间我大概写了有八份，都被不客气地退了回来，而且老师拒不见我，距汇报演出只剩了三天，难道演出也取消了么？可全院都已通知了啊，我真急了，开了个通宵，写了份认认真真的检查。终于班主席通知我可以在全班检查亮相了，田老师也参加了会，我检查了一个小时才过关。会后田老师语重心长地对我说：“我最恨一个艺术家对自己的艺术创作采取不严肃的态度，艺术本身就带有游戏的性质，你再不严肃，那不成了瞎胡闹了么？还能有什么艺术？我的火儿压了不是一天了，看看你这破脑袋，那么高贵？就舍不得剃，为了艺术连头发都舍不得剃，还谈什么为艺术献身？没有献身精神一辈子成不了艺术家！”他整整训了我两个钟头，比我的检查还多一倍。从老师那儿出来我直奔理发店，推了个大光瓢儿！下午一进排练场，老师立即发现了，他稍稍歪着头半眯起眼睛看着我，这是他的习惯动作，那种神态特具风度和魅力。他终于轻轻地“嗯”了一声。我体会到那其中的首肯和满意。可那一下午排练很困难，因为同学们在台上一看见我的秃瓢儿就止不住地乐，可我看到那一下午田老师很高兴，他有时像孩子一样，从不知什么叫喜怒不形于色，他有一颗童心，那是极赋感染力的。只三天，我们日夜加班重排了一遍，演出获得极大成功，院内外取得了轰动效应。同学们悄悄告诉我：“田老师夸你呢，说你小子的戏真不错！”我得意，那是田老师在夸奖我，这对我来说是最高的奖赏！在如何为人上，老师也经常对我进行教育，没有人能像他那样谆谆善诱、见微知著的了。在一

次学生自己的排练中，我和一位女同学为了一段戏的处理吵了起来，我说的话很难听，气得她哭了，田老师知道后把我找了去，心平气和地对我说：“……你是不是以为自己很了不起？你学习比别人好，可以耐心地去帮助别人，为什么说那么难听的话？比骂人还损。小心，你的嘴太损，为人那么尖刻干什么？我看还是厚道、宽宏一些好，尽管在排戏上你的方案是对的，可以好好说嘛！你太傲了，这怎么团结人？可电影导演的工作，将来要带一个几十人的摄制组，你不懂团结人，你的创作意图就无法完成，别学的那么刻薄，对你将来做导演没有一点好处。”是的，在我以后工作过的几十个摄制组里，始终能保持良好的创作环境和气氛，是与老师的长年教导分不开的。一个老师在一个学生成长的路上，究竟能起多么大的作用，真是难以估量，一个值得怀念的老师，一定是付出过巨大的心血和辛勤的耕耘的。在生活上老师对我的要求也毫不放松。三年级的时候，我家里急着给我介绍女朋友，希望我毕业就结婚。老师听说以后大为不满，气呼呼地跑到我家里对我母亲说：“你着什么急给他介绍对象？他才多大，这么年轻就结婚还搞不搞事业了？毕业以后正是他最要发展的时候，怎么能结婚呢？我坚决反对，宝昌的婚事你不要再管了，交给我好了，由我做主，你放心不放心？”我母亲连忙点头：“放心，放心！”要知道我母亲在我们这上百口之家中，从来是说一不二的，特别关于我的婚事，那是她驾临一切之上的头等大事，没人敢乱插嘴，可老师的一席话竟使我母亲满口答应了，可见老师为人之受敬重和威信之高，一个老师对一个学生的关怀和爱护到了这种程度，不能不令人感叹，令人敬仰。

同样在政治上老师对我的要求也极为严格。一入学老师就督促我要尽快解决入团问题，必须走“又红又专”的道路，终于要讨论我的入团问题了，我心中忐忑不安，我去找老师，告诉他当天下午要开会，问他去不去参加，可他说：“我去干什么？有必要么？”我没再说话。没想到会还未

开始，他就来了，直到全体通过，会议一完，他又把我找了去，单刀直入地说：“你准备什么时候解决入党问题？”我还没缓过劲儿来，怎么刚刚入团又提入党？老师说：“你只要活着，就要每时每刻想着这个问题，能不能入党是一回事，努力不努力是另一回事，政治上不求上进，业务上就没有前途，电影是意识形态，你懂不懂？不要以为自己出身不好就背包袱，我出身地主，也入党了嘛！你还年轻，顾虑什么？要积极起来争取早日入党！”这么多年了，在这个问题上我有违师训。我想，假如老师活到今日，他肯定还要向我提出这个问题的。从这里不仅可以看出他对我的严格要求，也可以看出老师对党的一片赤诚，一生中他历尽磨难，屡受打击和迫害，但从未动摇过他对党的信任，从未发过哪怕半句牢骚，从未流露出丝毫的不满，一向忍辱负重，不计个人得失，只知道默默的奉献。他太透明了。

四、大连之行

1963年暑假前，老师突然通知我：陪他去大连老家度假。这消息立即引起了许多同学的议论和猜测。这也表明了我与老师的极其不一般的关系。是的，我自幼失去亲生父母，几乎很少享受到家庭的温暖，更不用说父爱，几年来，我从老师身上感受到的不仅是师生之情，同时，一种强烈的父子之情，始终浸润着我的心。此次陪他回乡度假，尤其使我感受到了这一点。当然，这也是我全面了解老师，认识老师的一次忘年神交。

我们从天津乘船去大连。上船后只有三等舱。老师找服务员要求换头等舱，服务员态度很坏，说不是什么人都可坐头等舱，老师憋了一肚子气，其实他只要讲明自己的身份，而这又是大连港务的船，以他的资历是完全可以住进去的，可他不愿这么做，不愿以势压人。有趣的是，我们返回北京的时候仍坐的这条船，由于老师在大连闻名遐迩，德高望重，许多领导和知名人士都来送行，船长听说田风来了，忙领着那个服务员来赔礼道歉，老师说：“别以为我想搞特殊，贪享受，我是自己掏腰包，不是花公家的钱，我这学生的船票又不能报销，我是为了工作，我要和我的学生谈剧本，三等舱里乱哄哄的怎么谈？”从这件小事也可以看出老师那纯净超然的品格。

在大连，我住在老师家，吃在老师家，与老师朝夕相处，才系统地了解了老师的经历，他讲的特别细，特别生动。从他背叛自己的地主家庭只身去日本留学，到抗日战争爆发后毅然回国参加八路军，在晋察冀边区的抗敌剧社度过了一段艰苦而又充满斗争欢乐的部队生活。特别是胜利前夕将“白山艺术学校”（当时他任副校长）从丹东转移到旅大的传奇经历，曲折动人，惊心动魄。他出生入死，不但为抗战做出了巨大的贡献，也为新中国培养和保存了一大批优秀的文艺工作者。这一切都激起了我强烈的创作冲动，我表示要写个剧本，表现这段鲜为人知的抗战生活。田老师笑着说：“我这次叫你来，正是这个意思，你写电影剧本，我来拍，学院规定老师带完一届学生后有一年创作假，可以拍一部影片。你现在就着手写剧本，后年拍片你给我做助手，你毕业以后先留校……”我愣住了，留校？这在当时是学生最不愿意选择的职业，老师早已料到了，他接着说：“别怕，我不会叫你一辈子留校，只一年，和我一起把片子拍完，对你来说是个不可多得的实践机会，分配到制片厂且轮不到你们拍片子呢！我们也可以一起做一些研究，一年以后，随你去哪儿，你想去哪个厂，我来担保。”老师啊！想的比我自己还周到得多。他要想找助手太容易了啊，有的是比我有经验的人，可他是在为我铺路。我知道老师对我钟爱有加，可对我如此的信任，远远超出了我的想象。我只有尽心竭力去做了。

在那段日子里，我们每天只睡四五个小时觉，只有夜晚才能谈话，白天不属于我们自己，因为老师曾任旅大文工团的总团长、文联主席。他每年回大连一次，便被众多的专家、学者、导演、演员、团长等等人物重重包围，这哪里是度假？每天看演出，报告会，排戏、谈剧本，谁也不愿失去这难得的请他指导一下的宝贵机会。我也就像跟屁虫一样跟他到处跑，时不时地还要被老师逼着发表一些意见，由于我的特殊地位，是老师的得意门生，因而在各处也都受到了特殊的礼遇，我知道，这一切都是因为有老师的面子。我发现人们对他的崇敬和信任是那么深，他的人缘是那么好，他走到哪里，哪里就充满了欢乐和学术气氛。有一天杂技团专门为他在排练场演出了一场，他当即从编排、动作、服装、舞姿各个方面一一提出了意见，我真纳闷，连杂技他也内行，我越来越佩服他渊博的学识和精湛的见解，这正是他艺术上最成熟的阶段，假如他还活着，那是会创出他艺术道路上最辉煌的高峰，从某种意义上来说，他才刚刚开始啊！命运往往不照顾那些最有才华的人，老师去世的太早了啊。

短短的一个多月，紧张、愉快。老师比在学院教学还要繁忙，还要累，但从未见他有过疲惫之色，他是个工作狂，是个永远不知疲倦的人，长期的交往中我还发现他从不顾及家庭和子女，脑子里只有艺术、工作、学生。

在从大连返回北京的路上，我曾抱怨他没有把用那大砚画的第一幅画送我，他不好意思地笑了，说那方大砚第二天就被一位来访的朋友发现，传了出去，第三天中央美术学院的王式廓教授便专门雇了一辆三轮车，不由分说地把大砚拉走了，他们俩是患难的生死之交，不好说什么，可老师对我却一直不好意思说。我答应回到北京再选一块送给老师。可回到北京以后不久，那阶级斗争的风已经紧锣密鼓地刮起来了，人人自危。更不用说什么砚不砚了。然而，就这块只在田风手中呆了三天的大砚，后来却成了田风接受学生贿赂的一大罪状，真不能不佩服某些人勇于上纲上线的本领！

五、怀念

山雨欲来风满楼，我已感到那咄咄逼人的寒气，那随时可能降临的打击，我想去向老师解释，向他讲明这一切都是假的。诚然我们对当时的政治时局有着很尖锐的看法，比如“三面红旗”、“反修防修”、“三年灾害”等等，但那并没有反什么反什么的意思。然而，我当时已处在完全的被监视之下，这时有个同学偷偷告诉我，田老师已被勒令回家“养病”了。我一听如五雷轰顶，这明明是调虎离山的阴谋，想把老师骗走，好来整我们，老师若走，还有人为我们说公道话么？岂不知老师本人也已处在随时都有灭顶之灾的风口浪尖上了啊！但无论如何我要见他一面啊！我不顾四处监视的眼睛，毅然走进了田老师的宿舍。

他瘦了，瘦的那么可怕，好像一下子老了好多。他一根接一根地吸烟，两个手指已熏得焦黄了。他看了我一眼立即又转回头两眼直直地望着桌面，再也看不见那炯炯的目光了，他黯然神伤的大口大口地吸着烟，只有沉默，难耐的沉默。他缓缓地拉开抽屉拿出一个烟斗递给我，轻轻地说："还给你，这是向你借的。"这是一只英国"三B"烟斗，老师特别喜欢它的造型，借去用了有两年了，我拿着那只烟斗眼泪已不由自主地涌了上来，我真想大喊大叫"这是为什么！为什么呀！"可我不知道该说些什么，只问了一句："你要走了？"他"嗯"了一声，我问他什么时候回来，答曰："不知道。"这是我听到的老师的最后一句话，"不知道"是不知道！真的不知道！一个为革命做出过卓越贡献的老共产党员竟无端陷入了这样的困境，哪里有公道？公道何在！！！我默默地退了出来，手里紧紧的捏着那只烟斗，那是一只老师用过的烟斗，我把它宝贝似的收了起来，可在后来交代问题中，这只烟斗也被收了上去，作为田风收受贿赂的赃证。

田老师一走，那阶级斗争的盖子就如火如荼地揭开了，"导五九班"三分之一的学生被打成了"反动小集团"，我是魁首，1964年10月，在斗了我将近一年并完全定案以后，又立即把所谓"黑后台"田风从大连急电骗回，开始了对他无休止的残酷批斗，成了电影学院历史上一起最大的冤案，直到我前面所说的见到老师的最后一面。

每当想到田风，我就感到人间还有爱，还有真情，人间还是美好的，促使我勇敢地面对生活；老师的学识、为人，正如一团炽烈的火，从未熄灭过，几十年过去了，我依然清晰地记得这一切，我要把它写下来，纪念老师，可这篇稿子竟断断续续写了半个月，我经常由于泪水模糊而写不下去。我已经是五十岁的人了，历尽了风风雨雨，是从死亡线上爬过来的人，可以说久经沧桑，很以为是坚强的人了。可每忆田风，我的感情就变得十分脆弱，想着他的音容笑貌便止不住老泪纵横。这一篇文章，远不足以寄托我对老师深深的思念，深深的敬仰，深深的内疚，毕竟他去了，一切已无可挽回了。

他去了，那么悲壮……

我活着，那么沉重……

我哭……

1992年4月

（郭宝昌：导演；田风同志任北京电影学院导演系主任兼主任教员时“导五九班”学生）

导演从这里起步

——田风老师表演课堂实录

■ 段吉顺 整理

很奇怪，开学头一个月，田风老师不上课，让同学们自选题目，登台表演。我们兴奋之极，虽说考试时都出过不少洋相，现在可是“天之骄子”。23位同学自愿结合，分组排演《日出》、《北京人》、《白毛女》等。真是“八仙过海，各显其能”。演出时，全使出了混身解数。自以为演出成功，都飘飘然似乎要飞起来。有沉稳些的，但也掩饰不住内心的喜悦……

这时，田风老师才开始上课。

田风老师：这是一次检查，也是考试的补充。总的说来，还不错，比较健康，没有低级趣味的东西。选取名著，说明你们敢想敢干，这很好。年轻人么，应该有这个气魄。但是，从演出上看，里面既没有导演艺术，也没有表演艺术。导演是通盘设计的，包括拉幕。别小看它，拉好了，可以拉出情绪来，这只是其中一件事，还有许多，以后再讲。至于表演，可以说，你们还没有入门。别不服，这是实话。表演，首先应该真实，真实地生活在舞台上。这才可能进入创作。你们有的效仿名演员，装腔作势；有的声嘶力竭地叫喊，这里（他拍拍脑门儿）却是空的，这算是表演吗？一个好的导演，应该是个好的演员，至少，他应该懂得表演。

现在，我们从头学起。注意：你们是学导演的，学习表演，同时也要学习审视、判断表演的准确性。这要养成习惯。

一、动作练习

上台做个动作，说来简单，其实并非易事。不信，你们试试看。

同学们跃跃欲试，依次登台表演。田风老师逐一分析、指导。

卢萍缝本……

田风老师：乱了。因为动作太多，纫针、裁纸、缝本、包皮儿……所以乱了。开始时，应该简单些。这样容易掌握；

潘相鹤擦桌子……

田风老师：有些紧张，这是因为目的不明确。若是为了干干净净迎国庆，或是为了招待朋友，便会使劲擦，注意力便会集中，也就不紧张了。

黄蜀芹洗手帕……

田风老师：为什么洗？

黄蜀芹：脏了，从床下拣的。

田风老师：洗的时候你想什么了？

黄蜀芹：忘了。

田风老师：可见没有集中起来。如果想它脏了，就会使劲洗；如果怕它破了，就会轻轻地洗。方才你脑子倒是没有乱，而是空了。

金熙甲剪指甲……

田风老师：这个动作可以使注意力集中起来，但不适合表演。再做时，选择动作大些的，趣味高些的，能够引起更多联想的，有积极意义的；

韩小磊看画展……

田风老师：你站在那里一动不动，干什么哪？

韩小磊：看画展。

田风老师：动作是展现人物心理活动的重要手段，你什么都没有做，能说明什么呢？你见过哪个演员在台上坐着想了半个钟头，底下观众有叫好的？

小结：做动作练习，首先要有目的性。目的明确才能产生动作。有动作，注意力才会集中。这就排除了紧张，能够自然地生活在舞台上。

二、无实物小品练习

这一节课，主要是锻炼你们的想象力，掌握表演分寸。

人一般有五种感觉：听觉、视觉、嗅觉、味觉、触觉。作为一个艺术家，还应该有种感觉，即分寸感。琪琴高娃缝纫……

田风老师：做什么呢？做领子还是缝边儿？得找大动作，这样观众才能看清楚。要有头有尾。你可以从拿布开始，也可以从检查机器开始。这样人家就会知道你干的是什么活了。你比较文静，应该选些动作大的，有分量的小品去练习。

薛英俊看邮票展览……

田风老师：你看清了么？

薛英俊：看清了。

田风老师：我说你没有看清楚。因为我们大家不知道你在干什么。如果是看邮票，那就不该用手摸，这是不道德的。写意见时，把字写得那么大，你平时写字很小么。如果真的看到你没有的邮票了，你不会无动于衷的。

李云东煮米粥……

田风老师：没有热的感觉和重的感觉。切记不要表演情绪！情感不是表演出来的，而是通过动作自然产生的。

李伟看毛泽东诗词《长征》……

田风老师：你脑子里出现什么场面了？

李伟：“红军万岁”里教导员牺牲盖党旗时的场面。

田风老师：是什么东西引起你的联想的？

李伟：说不清。

田风老师：那你看到的该是整个的万水千山了。想象不具体，动作是没有条理的。不要只是看看。想想，脑子却是空的；

韩小磊洗衣裳……

田风老师：你洗时脸朝台侧，人家看不见。这是个调度问题。一定要让人家看清你在做什么。拿手帕时先看看哪里脏，对手帕要有兴趣，它是什么颜色，什么质料，新的旧的，都要通过你的态度表现出来。我有肺病，好久不吐血了，这次突然吐到手帕里，洗时情绪是很复杂的，我怎么最近又吐了呢？是否有危险呢？这便是创作。奥赛罗就是因为一条手帕招来了那么大的风波。通过这些来发挥我们的想象，锻炼我们的想象力。

小结：想象要具体，动作要真实，注意分寸，不温也不过火，恰到好处。还要设计情景，制造气氛，这才可能构成戏。

三、小品练习

无实物表演是我们创作细节的开始，加上事件就构成小品了。事件本身就是障碍。克服障碍，动作反动作，便会产生戏。如果构思巧妙，是能感动人的。现已进入创作，希望你们认真准备。李新看书画重点，笔没水儿了，吸水，没盖盖儿，抽烟，不小心碰翻墨水瓶，急忙去擦，又忘了熄灭香烟，去洗衣服时着火了，又去救火……

田风老师：重点不突出，散。要选择有趣的，有意义的，而且还要紧凑。

吴天忍找水泉……

田风老师：没有看见水，也没有意识到它的变化，现在只是动作的重复。应该通过你的表演叫观众看见水，从无到有，从少到多。还有，水从哪里来，流到哪里去？你的眼睛没有跟上去，所以看不出来。注意：做个动作，一般分四个过程，即看见，意识，判断。行动。没有这几个过程，那只是做样子，人家什么也看不明白。

许雷回家看妈妈，发现药瓶，不觉愣住。这时来了电话，说妈妈在医院，让他看一件东西。他找到一看，大吃一惊，原来自己的亲生父母早已牺牲。现在的妈妈是父母的一位同志，是她一手把自己带大的。心里很不平静。这时又来了一个电话，说她死了。非常痛苦，含着眼泪出去安排后事……

田风老师：判断还不够鲜明，没有把病人给暗示出来。如果再通过一些细节展示内心的活动，不只可信，而且还能感人。现在有表演情绪的痕迹，这是最要不得的，一定要克服。

郭宝昌回家填表，发现父亲不在，想留张条子，却没有带笔，于是打开抽屉拿出父亲的笔，突然发现那是一只手枪。他惊愕，痛苦，继而转为愤怒，沉思片刻，将室内摆设恢复原样，迅速离去，到公安局报案……

田风老师：应该考虑节奏。注意：节奏不同于节拍。节拍是外在的东西，节奏是内在的玩意儿。

例：在一个月色明朗的夜晚，古老的城堡上钟声响了，城门慢慢开了，牧师打前，带领一队犯人，由武士们押送刑场……

犯人甲悄声地回头问道："你害怕吗？"

犯人乙倏然一惊："怎么？"他看看四周，心脏急促地跳动起来。

钟声依旧响着……

这时，犯人的心境为节奏，钟声为节拍。你们做小品时，不要只是加快动作的速度，要强调内心的节奏。将外在的动作和内心的活动统一起来。

刘仲明护堤。夜里值班，发现河床决口，急忙挥锹抢险……

田风老师：通过这个小品可以体会劳动人民的思想感情，也是培养激情最好的方法。这样的东西应该做的十分细致，那样才会感人。现在不行。一没有风雨的感觉，开始便没有制造出紧张的气氛；二是判断不准确，我们没有通过你的目光看清决口在哪里，也不知道它有多大，所以你的动作是杂乱的，缺乏有机的联系。应该反复练习，加以提炼。

李伟战斗归队，发现同室的战友没有回来，以为他牺牲了，非常难过地准备黑纱，这时听见了飞机的响声，兴奋地奔去迎接……

田风老师：来自你所熟悉的生活，这很好。但是，动作简单，缺少细节。你是飞行员，就该时刻想着天空。而且要通过一系列的细节表现出来，不能只是想想。看看。更不能一进屋门，发现战友不在，就断定他牺牲了，马上去戴黑纱。

琪琴高娃在大炼钢铁时，回到宿舍，梳头时透过镜子反映出的大字报，知道需要麻刀，犹豫片刻，决定剪掉自己的辫子去顶替麻刀……

田风老师：这里面有种献身精神，很好。有些设计也不错。例如透过镜子看大字报，很有意思。但是，不完整，开始对辫子没有铺垫。有些动作不准确，像摸辫子梳头之类，这在我们民族戏曲中，有很多好的范例。你们应该认真地学习继承。还有，关于结尾。剪完辫子，是应该感到自豪愉快呢？还是感到难过悲伤呢？应该再仔细地考虑考虑。加强练习，认真修改和补充，能搞成一个好小品。

司徒兆敦在解放前，为了庆祝党的生日，偷偷地缝制红旗，然后，卷起来塞进竹扁担里，赶往聚会地点……

田风老师：流畅，但是阻力小，没有构成事件，所以引不出激情来。准备小品时，首先应该设计好规定情景，明确任务，克服困难，去努力完成。这要发挥你们的想象力，依照生活的逻辑，设置阻力，即动作与反动作。通过正确的判断，将剧情推向高潮。

李新检查轨道后回到值班室，突然来了电话，说是出了事。立刻戴上帽子和手套，出去扳道岔。可是扳不动。火车汽笛的鸣叫声隐隐传来，他伏到轨道上听了听，着急起来，立刻摘下帽子和手套，使劲扳……火车逐渐驶近，他使出周身力量，终于将道岔扳了过去。火车奔驰而过。他舒了口气，找着帽子和手套，回到值班室，拿起电话，报告火车顺利通过……

田风老师：这是个有思想有生活的小品，有判断也有激情。努力下去，可以取得好的成绩。但是不能骄傲，因为和成熟的表演艺术家相比，还有很大的差距。下面，我们请李唐同志给大家做示范表演。

李唐同志扮演一个旧社会的小职员，领到薪水，买了一袋米、一瓶酒、一包花生米，又换了两块银元。回到家里，先将米袋放到桌上，拿出一粒尝了尝，掉了几粒，逐一拣起，收好。然后煮粥，烤窝头片儿，掉了些渣儿，也要拣起来放进嘴里。待一切就绪之后，将米袋放到地上，觉得地潮，把它提到床上。这才坐下喝酒。他学着老爷们的样子，将手帕掖到胸前，吃着花生米，款款地喝着酒。这时突然收到了辞退书……

田风老师：他真正地生活在舞台上了。收到辞退书后，他没有哭鼻子，只是木然地将信捏成团儿，放到一旁，然而很感人。相比之下，我们的小品为什么就没有这么做呢？应该好好地检查检查。他在细节的运用上，也是很成功的。例如米袋，米粒，花生米，还有鞋上的补丁。结尾时，他带上银元，准备去央求老板，发现鞋上的补丁没有染，又涂墨汁……不只令人心酸，还推动了情节的发展。这些，都值得我们很好地学习。

找出差距．是为了让你们发奋努力，迎头赶上。艺术贵于信心和劳动，不能气馁，知难而退。任何天才都不是生下来就是天才，他的第一声哭和平常的孩子一样；第一步走也会跌跤子的。艺术之路是无止尽的，你们现在只是起步，未来的路程还远，切忌骄傲。不要以为进了电影学院导演系，就肯定会是导演了，早呢。你不努力，就什么都不是。自然，不只要努力学习业务，还要注意思想改造。今年，在密云水库劳动时，我们班被评为五好排，这很好。但是，如果忽视了思想改造，就很危险，甚至会走向反面。你们应该保持这个光荣称号，谁也不许玷污它。

但是，不论怎么说，你们终归是开始起步了。应该祝贺。但是，你们也该记住：这仅仅是起步。

希望今后，你们的步子迈得更大些，更坚实些。

1993年1月

（段吉顺：导演；田风同志任北京电影学院导演系主任兼主任教员的“导五九班”学生）

做导演，先做人

■ 司徒兆敦

尊敬的恩师田风离开我们快30年了，每当想起他，心里就有一种隐痛，想哭，想喊，既痛悔又内疚。中国人视师长如父母，一个学生不能保护自己深爱的师长，任由他在逆风中被摧折，那是不能用任何理由去原谅的。他是那样教我们正直做人的，他也就那样坦荡地承担了一切重压，走完了生命最后的路。

1965年我从山西阳高“四清”归来，就听说他逝世的噩耗。实在是太突然了。不久又从“小道”传出了是“非正常死亡”的消息。这似乎又不突然了，因为我所在的“导五九班”，搞“阶级斗争”，搞出个“反党小集团”，作为系主任和“导五九”的主任教员，他的责任和他所受的重压是可以想象的。然而走出这一步，又不能不令人痛心和婉惜。

他的追悼会格外肃穆，透着冷峻，记不清悼词说了些什么，只记得和我参加过的所有追悼会不同，好像蒙了一层阴冷的雾。可以安慰的是，作为1938年参加革命的老干部，骨灰还是安放在革命烈士灵堂里。

不久，那场“史无前例”的“革命”开始，盖棺重论定为“叛徒”、

“反革命”，他的骨灰抛洒在距他逝世几百米远的煤堆上。就是那个夜晚，我和一位低班的学友坐在煤堆附近，久久地沉默。很久，他才压低了嗓音说：“总有一天……总有一天……”

那是一个夏夜，但我感到是生命中最严寒的一天。

他的名字越来越少被提到，好像不提就会忘记，就会减轻心灵的重压。然而，他又常来敲我心灵的门，来和我谈话，我这才发现他已深深融入了我的心中。

我追忆一些往事，写下一些繁琐的小事，是缅怀这位电影导演艺术教育的前辈，一位教我学艺做人的引路人，一个严于律己，认真治学的恩师。

初见他的印象是很吓人的。经熟人介绍我找到了他的家，想向他了解入学考试中的“小品”该怎么准备。那时，我除了爱看电影，也读过几本理论小册子外，其他知之甚少。他没直接回答我“小品”究竟是什么，倒是岔开了话题去谈别的，比如我的经历、生活中有什么激动我的事、我的兴趣和爱好以及我的朋友等等。他对我那肤浅的阅历很为不满，只对其中有三年农村中学生活及利用假期外出“打工”给部队盖房子的经历有兴趣，这种“勤工俭学”劳动，在50年代，像我这种“世家子弟”一般是不屑去干的。他说：“这个好，不过只是劳动还不行，要有意识的去观察、感受。”入学以后，他多次强调：一个导演光懂电影不行，光熟悉和掌握导演专业技术也不行，那只是匠艺，先要做人、有感情的人、爱生活的人，并对生活有独特的认识才能当导演。

这是他和我的初次见面，也是他对我的第一课。除了对我的绘画和音乐修养给予鼓励外，其他几乎都是“泼冷水”。他不苟言笑，你无法判断他内心中的阴晴雪雨，这和他面部有棱有角的颇相似不相衬。关于我问的“小品”，他只说了是什么，却不教我具体怎么去做。告别时他拉着我的手：“记住，懂就是懂，不懂就是不懂，这是成功的秘诀。”他恨不懂装懂的人。记得有一次在考场上，他出了一个很简单的“小品”题，整治了一个狂妄且不懂装懂的考生。这就是田风老师，他不是用偏题、怪题去整人，他把握了对手的狂妄心理，出了再简单不过的题。我清楚记得那个考生突然满头冒汗，中断了表演说："老师，我失败了。"我知道田老师的为人和高尚的职业道德，他用这种独特方式教育人：不要轻视小事，小事做不好大事也不会做成。做人要扎扎实实。

他对班上同学说过：千万不能不懂装懂，你们什么都懂了还来学什么？电影在发展，要学的东西实在多，只能老老实实。

这就是党所倡导的实事求是。

他也恨追求表面灵魂空虚的人。从一入学就要我们下生活，从火热的生活中寻找创作素材。他认为热爱生活是克服灵魂空虚的最好方法。记得他在表演课堂上骂"表现派"，他拍着脑门说："你这里是空的，什么也没有，空的！你装模作样在流眼泪，作痛苦状，没有真实的内心体验，那怎么会感人呢？"

他厉害，骂人，挖苦人，当学生没有不怕他的。他骂我和黄蜀芹"形体僵硬派"，也骂一些同学"表现派大师"。不过我从没听过挨骂和挖苦的同学背后议论他"霸道"或"军阀作风"的，因为他以这方式让人永远记住自己的毛病，并坚决地改正。排练话剧《骆驼祥子》，我怎么摔跤都不像，他这位老教授一遍一遍为我们做示范，腿都摔青肿了。我们班每一个同学都不会忘记，演出的12块大平台地板，他是和我们一起搬的。他身体力行，言传身教，是我遇到的严师中的严师。那时代大学生中交朋友、谈恋爱的事不像现在这么厉害，但也已出现了。我没听田老师有什么严厉的指责之词。他总是从正面加以引导，要我们在青年时代把精力用在学业上。我们班上不少同学都抄录过他书房办公桌玻璃板下压着的格言，那是民主主义诗人莱蒙托夫的话："爱情是诗，是生命的太阳。但是如果人们以为可以在爱情之上建立自己的全部幸福，在感情生活中达到自己的一切期望，那他就要错了。在我们的时代，这就意味着丧失了人类的尊严。"那时我们很崇敬老师，他所喜爱的格言或座右铭，同样也是我们所钟爱的。

田风老师很爱才，他喜欢郭宝昌那是大家都看得出的。记得郭宝昌主演《骆驼祥子》，演出时，他正发高烧，昏头昏脑，几乎站不住。田风老师比任何人都着急，布置了医生利用换景时间给郭宝昌打针，保证了演出的成功。这些事在那个年代就属“阶级路线不清”了，“阶级斗争”一搞起来，就扣上“包庇资产阶级孝子贤孙”了。现在想来，他倒是最早正确执行党的“重表现”政策的人。每到晚上，同学们总愿聚到他的家，在温馨的气氛中，学到了知识和做人的道理。如今，这种无间的师生情谊，只成为美好的回忆了。他的书房挂着的早期油画作品，足见他在绘画上的功力和对生活深深的情爱。他告诉我们早年在东京学西洋画，至今手上还留着握油画笔的深深疤痕，后来他溜出学校参加戏剧活动，竟成了他的专长，他所排练的话剧，在很小的空间中也能调度得很灵活，很有电影特点，这在当时确实是创新。这种探索当时在北京舞台上和下工厂演出中，确实还造成不小的震动呢。我们都知道，田风老师既爱才，又爱勤奋的人。在这方面，他对我这天赋并不高的人所给予的鼓励和帮助，实在是太多了。大学五年我记下了,24大本读书和观影、观剧笔记，他有时也翻一翻，虽然没多话，但我感到他是督促我朝前走呢。他无论是表扬还是批评，话都不多，你完全可以感觉得到。他观察人很细致，你逃不过他的眼睛，有一次对我说：“你真滑头，别的同学有问题就问，你很少问，而且问的时候早有自己的想法了，不过是为了检验一下罢了。”这的确叫他言中了。

我最后一次见他，是交给他一套精美的国画册，有很多郑板桥的竹。他爱那画，也许是更爱竹那宁折不弯的性格。对于他的走，没有不惋惜的。唯一值得欣慰的是，历史最终做出了正确的结论。田风老师培育的学生们如今已是中国电影导演群中的栋梁之才，他的精神将永远活在我们心中。

1994年5月

（司徒兆敦：导演；田风同志任北京电影学院导演系主任兼主任教员的“导五九班”学生）

导演，教是教不会的，学是学得会的

■ 许 雷

田风老师对于我们导演系“五九班”的同学来说，绝不只是一般意义上的老师。当时田老师的爱人于华老师在大连工作，田风老师孤身一人在电影学院教学，他把全部时间和精力都用在对我们的教育和培养上，他对我们既严格要求，又和蔼可亲，平易近人，倾注了他全部的爱心。我们不只在学业上，而且在思想上、生活上都得到他无微不至的关怀。可以毫不夸张地说，田风老师在我们的心目中是严师，是朋友，是慈父。

记得刚入学时田风老师的一次谈话，大意是这样的，导演是教不会的，但是可以学得会的，不过很难，今后你们之中能有两三个成为导演就不错了。当时对他的话不理解，随着年级的升高，才逐渐懂得了其中的含义，田风老师是在告诫我们不要满足于课堂上学的知识，还要去了解社会，熟悉生活，要努力提高自己在文学、戏剧、音乐、美术等方面的修养，只有这样才能成为一个合格的电影导演。这也就是后来人们常说的“功夫在片外”的意思吧。

田风老师身教重于言教，他淡泊名利、为人正直的品格，深厚的艺术修养，对于我们无不起着潜移默化、深远的影响。一些评论家在评论《寻找回来的世界》的时候，特别赞赏片头白桦林的处理，说是“诗情画意”、“富有哲理和抒情”，他们哪里知道我是从田风老师画的一幅油画中得到的启示呢？

我们毕业整整30年了，现在导演系“五九班”全班23人绝大部分都成了电影导演，不少同学的作品先后在国内、外获奖，为祖国的影视事业做出了一定的贡献。我想，九泉之下的田风老师知道这些，一定会露出欣慰的笑容的。这笑容是我们所熟悉的，而且是永远不会忘怀的。

1994年1月

（许雷：导演；田风同志任北京电影学院导演系主任兼主任教员的“导五九班”学生）

雕琢人才的大师

■ 王心语

我和田风老师的结识是在1960年我毕业留校之后。当时，他既是我的领导，又是我的师长。听说他早年留学日本，攻读绘画，在绘画上造诣颇深。参加革命后，为了革命的需要，他丢掉了画笔，活跃在抗日前线。我想，如果不是这样，而是沿着他所擅长的绘画专业这条路走下去，凭他锲而不舍的追求精神，我相信他定会有所建树，会给后人留下一些非凡的作品的。作品可以不朽，可以名扬四海，中国有句老话："人过留名，雁过留声。"为后世留下名声，谁又不向往呢？留名必须借助作品，因为他没有留下不朽的作品，所以他的名字鲜为人知。

田风老师为了革命事业的需要，他毅然舍弃了他心中所热爱的艺术，走上了一条为新中国催生的艰难而又曲折的道路。这条路对于现在的一些年轻人来说，或许是不可理解的。可是在那个时代，在抗日烽火燃遍祖国大地的时刻，凡是有民族感、有责任心、有良知的艺术家，怎能苟安于象牙之塔，他和许多有识之士一样，超越了自我，超越了艺术。他责无旁贷地走上了抗日前线，为国家存亡、为民族安危，挥洒血汗而在所不惜。他的这段历史是可以引为自豪的，是可以告慰国人、也是可以告慰亲人的。

抗日战争和解放战争胜利后，他本可以在创作上施展自己的才能，完成他未竟的绘画事业。可是革命的需要，组织上又把他推到了具体的领导岗位上，接着又转到了教学单位——北京电影学院。在这陌生的校园里，他成为受人尊重的师长，开始了他所不熟悉的教学生涯。于是他又埋下头来，在这块难以开垦的领域里默默地耕耘起来。

几次转折，几次工作变动，他总是服从大局、服从组织，表现了一个共产党员的坚强党性，革命需要成为他的至高无上的信念，为此他作了自我牺牲和无私奉献。人就是要有这点精神，这也是最可宝贵的。

他过去没有教过书，不熟悉教师工作。但他下了功夫，有耕耘，必有收获。导演系59班的学生在他精心指导下，排练的《骆驼祥子》、《伤逝》、《虾球传》等片段，从改编到构思、从设计到排练，无不倾注了他的全部精力。如果用呕心沥血来形容的话，也不是过分的。有付出，必有补偿。当片段演出后，真是令人耳目一新，让全院为之一震，赢得了一片喝彩声，立即引起了轰动效应，并成为当时食堂、宿舍里师生们热烈议论的话题。当“导五九班”学生到食堂打饭时，大师傅总是向他们投来赞赏的目光，而且要多给些饭菜。这次演出不仅在校内引起了轰动，而且在校外引起了关注，经常被兄弟艺术院校邀请去做示范表演。

谁能知道这成功的背后，曾经消耗了田风老师的多少个不眠的夜晚，这可以用每天清晨他的烟灰缸里堆积如山的烟蒂来作证。他把心血全都浇到他所精心培育的幼芽身上去了。

这成功不是偶然的，它一扫舞台剧中的陈旧模式，以他擅长的绘画造型手段，引进了电影中的多视点调度方法，为舞台演出的形式带来了新意。同时，他特别注重对人物形象的塑造，赋予人物血肉之躯、性格特征，让学生在创造人物形象上学到了真本领。

记得当时北京人艺刚刚上演了《骆驼祥子》，著名老演员扮演的虎妞与祥子给首都观众留下了极为深刻的印象。但是“导五九班”排练的《骆驼祥子》片段，其独特个性和艺术魅力，仍然能强烈地吸引住观众，并且显示了与大剧院、大演员的不同色彩，着实让观众感到兴奋，感受到审美的愉悦。而这次成功的演出，也显示了教学的成功和深入，同时对学生的未来创作给予了潜在的影响。这段教学实践的经历，对于接受过他的教诲的学生来说，大概都会终生难忘的。

田风老师的治学态度是严谨的，他对学生的要求极为严格，同时又非常耐心，循循善诱，直到学生领会了，会运用了，方才罢手；同样，他对青年教师的要求和帮助亦是如此。记得我毕业后刚留校不久，他就把教学的重担压到了我的身上。他既放手让你承担教学任务，又耐心帮助你备课，每当我将准备好的教材交给他审阅时，他看后总是和我细致地交谈，谈他的想法和意见，提出哪些地方应该强调和突出，哪些地方需要冲淡和省略；哪个问题是否还可以换一种提法，哪个问题是否还可以再展开一些。他提的意见非常具体、中肯，但只和你商量，而从不强加于人。在交谈中，对我印象最深的是，他特别指出：讲一个问题，就要把一个问题讲透。他说，他在日本学习绘画时，学了一年，

老师只讲了两个字："线条"。一年时间够长的了，但只浓缩在两个字里。而后又把这两个字稀释开来，让学生们慢慢咀嚼，消化，领会其中丰厚的内涵和深刻的意蕴。他的旁征博引，不仅当时对我有启迪作用，而使我终身获益匪浅。使我领悟到讲学就要讲透，不能半生不熟，要深入浅出，那种浮光掠影，浅尝辄止是不行的。

在生活上他非常俭朴，从无奢求，别人有困难，他总是热情相助。对同志，无论是学生和教师，都非常宽厚，但对学习和工作上出现的问题，他却绝不宽容。他的思路非常明确，就是把人雕塑成人才。如果从这个意义上来看，把他称为雕塑人才的大师，我想是不会过分的。

作品易求，人才难得，作品可以不朽，而人才则可以济世。他没有不朽的作品，但他精心雕塑的人才却济世了。我想，他的精神也应该是不朽的。

岁月匆匆，当年的青年学子如今已经白了头，但是人们没有忘记他，没有忘记他的师道，这师道精神是永驻的。

1992年5月

（王心语：导演、教授；田风同志任北京电影学院导演系主任兼主任教员的"导五九班"学生）

艺术要有个性，不能人云亦云

■ 黄蜀芹

我是1959年秋考入北京电影学院的。当时，这是全国唯一的电影高等学府，是无数电影青年向往的艺术圣地。田风老师就是我们这个导演系“五九班”的主任教员（班主任是汪岁寒老师）。后来他告诉我们，他要竭尽全力带好这个班，他从招生方针上就想着打破常规了，他要在最广泛的层面上吸收学生，为的是在学习上能融合各地区民族的文化特点，为的是将来能分散到全国各地电影厂去工作。因此，这个班级23名学生中拥有汉、蒙、苗、白、朝鲜5个民族的学生。这在电影学院乃至各艺术院校的历史上都是少有的。真可以说是个创举。

创新，是田老师的教学风格。他常常用正例、反例一再向我们证明着，甚至是废寝忘食、苦口婆心地对我们说着一个道理：艺术是有个性的，一定不能人云亦云。他对艺术充满热情，对学生们充满希望，当时，他全身心地要把他所热爱的这二者结合到一起。在观影、观剧后他总爱和同学们闲聊天，师生们无拘无束地交谈中，他也总是对人云亦云、虚假做作的一套做无情的分析，嘲笑。当我们冥思苦想地构思着作业小品或演出片段时，他总是要求我们不要忘记自己是个艺术家而不是个艺匠，他无情地否定着我们那些构思平庸、四平八稳的构想，他支持肯定着哪怕有缺点但是有闪光点、有艺术想象力的构想。他希望我们搞出不同风格的各种形式的作业，要不拘一格。可是，我们这一群当时只二十出头的学生，幼稚，艺术上还未开窍，加上在那“阶级斗争天天抓”的年代里，社会空气那么单调，更是难以激起有艺术想象力的好构想了。每个同学被打回来重做的作业少说要有七八次，多则十几次，回想起那苦思冥想的日日夜夜，真是比现在当上了导演拍片子还要苦呢！于是，田风老师身体力行，帮我们反复选择，修改，排练，一步步把我们具体地引入艺术境地。

1962年，当我们三年级时，班级组织了六个表演片段，也就是电影场景方式的舞台演出，同学们互请互为编剧、导演与演员。对我们来说，是首次的“全活操练”，只因教育经费有限，而不能用胶片拍摄下来而已。同学们群情激奋，用功用心，又经过田老师的精心排练，到学期结束，终于使这六个片段成为风格各异、形式不一的、很有看头的作品了。记得那时候，不是排我们的戏，我们也都悄悄地坐在台下，看田老师排练。排到激动时他会上台示范比划得满头大汗，给我很深印象的是他排练《创业史》与《一块灯芯绒》这两个片段。他说：“虽然都是农村题材，但风格是完全不同的。

《创业史》是史诗，《灯芯绒》是市俗风景。前者要讲究造型语言，后者要强调生活气息。……”当时我们还根本不懂如何使导演的构想立体地体现出来，如何体现电影、舞台的造型呢？在我们困惑无策时，田老师上台了，他说：“打个比方，农民喜欢蹲，怎么个蹲法，蹲在哪方？朝什么方向？二人蹲着怎样组合？……这一切搁在画框里就是造型。”果然，《创业史》里十几个人物都被他巧妙地搁置到舞台上，凝重、有力，突出了“史诗感”。而《灯芯绒》，老头、老婆们打情骂俏、生动活泼，一幅农村风俗画面跃然舞台。田风老师擅长绘画，有很深的美术修养，所以他早就教育我们，电影要有造型意识。联想到目前、被誉为“第五代”的青年导演们就是以讲究电影造型而震动全国乃至世界影坛的，更使我想到20多年前田风老师的教导是多么重要。对我们目前的制片工作仍有指导作用。

田风老师总是说：作品不分大小，只有优劣之分。我们那次“片段演出”，吸引了全校师生，也到中央戏剧学院做了交流演出。各系同学都认为“导五九班”是最具活力、最精彩的班级。其中有个片段《绿林行》是我们几位女生根据著名作家梁斌同志的小说改编演出的。此剧竟被中央电视台选中，做了录像播出。这是我们第一次面向社会的影视制作，并得稿酬400元，这在当时是笔不小的款子，作为班费，同学们高兴地到北海聚餐、畅谈友谊与理想。这本是十分正常、健康的一次活动。但在那阶级斗争天天抓的年代里，竟被荒谬地“揭开了阶级斗争盖子”，整了班里几位优秀的同学，也整了老师。那时候，我们看着田风老师憔悴、消瘦下去，他心碎了，却还要硬撑起精神来搞“阶级斗争”。

当我们毕业分配了，这场“斗争”还未了。万万想不到的是在一个寒风凛冽的傍晚，我在上海郊县的农村工作组里搞“社会主义教育运动”，听到了田风老师含冤而死的消息。除了震惊、痛泣、惋惜外，还能怎么样呢？……

现在，我们班同学多已成为电影导演活跃于全国各电影厂里，但对于启蒙者的田风老师，我们都是无法忘怀的。

1993年2月

（黄蜀芹：导演；田风同志任北京电影学院导演系主任兼主任教员的“导五九班”学生）

演戏就是演“细”

■卢 萍

直到现在，我还不相信，田风老师真的离开了我们。因为，他那慈父般的笑容，他那和蔼可亲的形象是那么清晰地映在我的脑海里。而他那严肃认真的教学思想，严于律己的生活作风、严格要求学生的工作态度又是那么深刻地铭记在我的心头！

对于我们，他的学生们，田风老师是位“严师”，也是位“慈父”。对他的“严”和“慈”，我们是最直接、最具体的感受者，也是最深刻、最幸运的受益者。

记得进大学不久，田老师就给我上了“严厉”的一课。

1960年的一天。教室里小舞台上，片段《李双双》的排练进行到一半，坐在台下的田风老师连声喊“停”。我和扮演喜旺的刘中明同学停下来，等候老师的指正。身材修长的田老师以轻捷的步伐跳上舞台，指着我手中的“包袱”问：“你，抱的是啥？”’

我回答：“是孩子！”

老师说：“可是你这么随随便便地丢来扔去，我还以为是块木疙瘩呢！”

一番话引得全班同学都笑起来。看到老师严厉的目光，我霎时觉得面孔发烫，手足无措了。

为了解除我的紧张，田老师和蔼地笑笑：“嗨，你连抱孩子的姿势都不对，缺少生活哟！”我没再开口，可心中并不太服气。我不相信抱孩子这种细节会影响到对李双双人物的塑造？！

而且老师当着这么多同学的面严厉批评我，未免太过分了！

当晚，我们几个同学在小排练间排戏。我呢，闷头琢磨抱孩子的动作，一心想明天让老师看看自己的“成绩”。快十一点时，门“吱呀”一声开了，进来的是田老师。他看看我们，和气地说：“怎么还不睡觉？”

我顺口说：“要把抱孩子的动作练好呗！”

田风老师笑了：“你还是勤往校职工家属区跑跑，多去抱抱真的孩子，比关门在这里练一百遍强多了。不信？你试试！”

此后，课余时间我常去家属区串门儿，不是抱这家的孩子，就是帮那家洗尿布……

学期末，《李双双》片段作了汇报演出。我的表演得到同学们的肯定，也受到老师的表扬。回想起来，我才认识到：自己过去那种单纯重视舞台排练，忽略生活体验的创作方法是错误的，也是危险的。而田风老师对我的“严厉态度”和“严格要求”才真正引我走上了一条正确的创作道路。

田老师在教学中是严肃的，在平时生活中却是非常慈祥，非常善良的。他不仅重视和抓紧课堂教学，而且把自己的课余时间，甚至假日都全部用在了教学上。

例如：带我们看画展，耐心地对每幅画的构图、光线处理、色彩运用作仔细的分析；带我们观摩戏剧、戏曲、音乐、舞蹈后，与大家谈论如何学习和借鉴姊妹艺术的特长为电影服务；带我们下工厂观察生活，便指导大家汲取生活的营养，丰富阅历以利于进行艺术再创作……

田风老师不论寒暑，不分昼夜，一个扑在培养年青电影导演的辛勤工作上。他不仅口头说，而且行动带。四年级时，我们组织演出了八个戏的片段。在酷暑的季节，顶着烈日，田风老师亲自动手指导我们制景片、绘背景、抬地板、打灯光等等，他以自己的行动来教育我们：作为一个电影导演，应懂得美术、绘景等工作，也应身体力行，以普通劳动者的姿态平等对待工人，决不能轻视体力劳动。

总之，田风老师像慈父一般地爱护我们、教育我们、培养我们。因此，无论在教室、在排练间、在宿舍或在校园里，凡是他到的地方，周围必然围满了学生。他的宿舍更是同学们常来常往的所在。

大家学习上有疑难去向他求教；工作上遇到困难请他给予指导；到了四五年级甚至谁恋爱上有苦恼也去找他交心……

田风老师身体多病，但在三年自然灾害时，他把党照顾他的黄豆、糖、点心等营养品分给大家吃，从不肯单独受用。……

对于同学思想上的缺点和错误，田老师热忱、积极地给予帮助，谆谆善诱地进行教育。因此他房间里的灯经常开到很晚、很晚……

所以说，田风老师把他的全部心血都倾注在教学上了。他像辛勤的园丁，以“严”和“慈”为甘露，浇灌着我们这些幼苗，为电影事业兢兢业业、孜孜不倦地培养着接班人。

可惜的是，敬爱的田老师没能亲眼看到这些幼苗的成长、壮大、开花、结果。但是，他的革命精神却永远永远活在我们的心里。不是吗？每当我们遇到困难和烦闷时，常常受到他的鼓舞；每当我们取得一点进步，做出一点成绩时更会深切地怀念他！因为，他是引导我们走上艺术道路的“严师”，他又是教育我们为党勤奋工作的“慈父”！

1994年5月

（卢萍：导演；田风同志任北京电影学院导演系主任兼主任教员的“导五九班”学生）

两袖清风处事 一身正气为人

■李　新

1964年9月，那还是骄阳似火的季节，可我却怀着凄风苦雨的心情告别了我生活五个春秋的大学，去那当时还在北京东北郊的北京电影制片厂报到。按理说结束了寒窗之苦又分配到全国的中央大厂工作，该是令人兴奋不已的事！但，我们有一部分人可以说是灰溜溜、凄惨惨地离开了我们的母校，因为在我们入学时还轻飘飘的档案袋里加上了一份沉重的“反党小集团”的材料。离别前，几乎没有任何仪式，彼此未有留下任何赠言，似乎连声招呼都没有打便各奔东西，天各一方了。我不打算再回我苦读过五年的学校。尽管我对它留恋忘返，不忍离去。也不打算再同任何人往来，尽管我们朝夕相处，情深意长。说不清的别离情，道不尽的悲愁绪。只默默的在我的日记上涂上了一阙小词：“今寓在学院，明居北小关，咫尺相距之迁，犹似楚天间。也许三十年后，意外遇故香山，捻须话当年，往事曲直，欲说无言，只道个秋叶秋凉好秋天。”

弹指之间，转眼已到了30年后，我们这些当年还是意气风发的年轻人，今天全部年过半百，有的已近花甲，两鬓斑白了。回首往昔，真个

“欲说还休，却道天凉好个秋”。

忆寒窗岁月，无不充满了喜怒哀愁。

我们的田风老师是我们最该回忆的；他的命运紧紧地与我们系在一起，他的不白之冤，无不与我们的沉浮荣辱共生共存。他的溘然离去，无不与我们命运的炎凉冷暖息息相关。我们捶胸兮，无以撼天；我们顿足兮，无以动地。天地悠悠，岁月悠悠，一切都不能复返了。

田老师是位好老师；他是我们的良师更是我们的益友，他不是我们父兄更胜似父兄。

1959年7月也是在那骄阳似火的日子里，我们是第一次见面、相识，从此深深的结下师生情谊。

我带着忐忑的心情踏进北京电影学院考场，出入的尽是西装革履的青年、婷婷玉立的少女；树荫下来来往往是挟着经典著作的同龄人，窃窃私语老师的威严，问答的得意。他们风度翩翩，光彩照人。我，一个刚从大兴安岭那深山老林的铁路扳道房里走出来的土包子，风尘仆仆，土里土气。面对他们的楚楚动人，高谈阔论的高大形象，令我瞠乎其后，自愧不如。

我设想着该如何面对老师那咄咄逼人的目光，如何回答老师言词犀利的提问……但，当我跨进门坎时，坐在我面前的是一位和蔼慈祥的老头，其实他当时并不老，刚刚47岁，也许在我们年轻人的眼里，他是个老人。他就是后来与我们朝夕相处，相依为命的田老师。

田老师让我坐在他面前的椅子上，像长辈，像老朋友似的问了我一些家常话，诸如多大年纪了，干过什么工作了，为什么想起投考电影导演专业了等等，我不记得怎么回答的，因为也无须记得，自己的意志和自己的心情全像我自己的履历一样，条理清楚不可更改。我一点也不紧张，那倒不是我具备从容不迫的气质，而是田老师那平易近人的作风影响了我。于是我的初试就是在这样平和松弛下进行着。诗朗颂、表演小品、编故事、分析音乐、分析名画……看来田老师对我还满意，我也挺满意，我开始喜欢这个老头了。考试进行了足有半个多小时，临结束时他对我说再准备个小品，题目是在这个房间里发生的一件事。他没告诉我什么时候表演？其实在他的心中已经为我的参加复试做好打算了。看来这个老头也喜欢我了。那个年代人们没有走后门的习气，大家都是真诚相待。在考场上我就向田老师表明了：“老师，我生在小县城，17岁就到大兴安岭的铁路上工作，在那深山老林里连广播喇叭都听不到，就更甭说什么阳春白雪的艺术了，您看我是这块料就收我，如果不灵也就罢了……”

大概我是这块料。也许田老师经过了强烈的思想斗争，录取我了。

考试之后回到铁路上等通知，不想我的铁路党委，不愿叫我离开铁路。立刻下令调我到团委做代理书记，并立即申报上级党委准备去掉“代理”二字。50年代在那蛮荒之地，像我这么一个中学文化程度的人，那不仅是秀才，简直就是状元。所以当录取书和入学通知书寄到那深山边陲的小站后，在我还没得到任何消息时便被党委悄悄地扣下了。我度日如年两眼望穿的盼着通知书，但日日盼来的都是失望，都是杳无音讯。等到9月1日，过了入学日期，我的心彻底凉了。

可是9月2日中午下班时，我刚跨出办公楼的大门，迎面碰上了邮递员，他高喉咙大嗓门地喊：“李新电报！”救命的活菩萨，救命的田老师！是他亲自为我发来了电报。足足写了两页纸，从考试成绩、录取通知、报到日期、开学日期到全班同学人数，以及开学后的第一天活动全谈到了，最后问我为什么没有入学？

天哪！我亲爱的党委为什么不告诉我？当然不能埋怨他们，他们也是出于好意，他们苦口婆心的劝我留下。可，我的心早飞了，根本听不进他的金玉良言，恨不得一下飞到北京；恨不得一下飞到“田老师的身边”。

田老师的电报是我一生的转折、是我命运的转折，从此我告别了铁路，踏入了艺术的殿堂。踏入我心驰神往所酷爱的电影行当。

9月5日我跨进电影学院的大门，田老师拉着我的手，徜徉在校园的小路上，像邂逅相遇的朋友，像久别重逢的父子，欢喜异常地说：“你来了，我们班的人全齐了。我希望你们一个也不少地全毕业。我老了，将来能看到你们在电影上取得的成绩，我就心满意足了……”

当时我真有一种“解放区的天，是明朗的天”的感觉。我从那深山老林、白山黑水之间，一步跨入到物阜民丰、人杰地灵的全国首善之区，艺术的高等学府，心情的激动、兴奋之情，飘飘有不可抑制之感。新的环境，新的朋友，更主要是新的历程，新的学习重担使我久久不能平静。

田老师没有很快给我们上课，他布置我们同学自愿结合、自己选题、自己排练话剧片段。我们不知天高地厚，煞有初生之犊不怕虎的感觉。于是《雷雨》、《日出》、《北京人》、《白毛女》以及京剧《打渔杀家》等名著片段纷纷登台被自己确定下来。我同李伟、李荣发三人组成了《白毛女》的片段。李伟饰黄世仁，我饰穆仁智，李荣发演杨白劳。我们三个全是东北人，且全是工作过的调干生，比起同班同学来略大几岁，自认“很有点社会阅历，很有点人生经验”。我们的排练进行得颇为大胆，极为“得心应手”。没有导演的羁绊，没有成见的约束、我们自己全是“导演”，我们自己说了算，彼此也不为对手提出任何要求，自己演自己的，愿意怎么表现就怎么表现，可谓绝对自由创作。虽不敢说刻意求新，但绝对是标新立异。我们三个人十分得意，排练出一台地地道道的“东北风味”的伪满时期的《白毛女》。那满口纯正的没加任何修改过的东北话，那满堂地道的东北土财主的房间设置，就凭这些也足以令人捧腹大笑了。但我们很认真、绝没有故意出洋相的意思，可我们却是很认真的出了一把洋相。那非驴非马式的布景，那无门无派的表演，那夸张已极的动作，那高喉咙大嗓门的东北腔的台词，今天回想起来真有点令人喷饭，无地自容。当时并没有脸红，甚至对田老师的批评教诲还有点心里不服。他说我们的表演脑袋是空的，全是装腔作势，更谈不上人物塑造和性格刻画，舞台调度一塌糊涂，布景纯属胡来，痰盂怎么能摆到台上？而且还放在舞台正中显要的位置上。舞台上要讲究美，要讲究卫生、不能“埋汰”，不能自然主义。

这是对我们全班二十几名同学的全面检查，也是入学考试的补充。虽然总的说来是不错的，但每个人的长长短短，每个人的能量高低更全面的掌握在老师的头脑中。我们的导演启蒙从此开始了。田老师如同技艺高超的园丁一般对我们这些枝杈横生的小树开始了辛勤、耐心的修剪、培植。

“学然后知不足”。当我们进行“动作练习”、“无实物练习”和“单人小品练习”，几个难题摆在面前、一次次过不了关的时候，方惭惭悟到其间的学问并不是想象的那么简单，深深感到艺海无涯，学无止境。

“动作练习”和“无实物练习”尚好，无非自己选取某个动作，努力做到注意力集中，动作性准确。当然这也不是件容易事，我们也经历了“苦其心志，劳其筋骨”的痛苦磨练才达到目的的。到了“单人小品”就更感到难于上青天了。尤其对我这样一个老山里走出的人来说，对于城市生活中人们的言谈举止，一颦一笑知之甚微，可还偏要追求“绅士风度”，搜肠刮肚的构思城市生活小品。

什么写情书呀，准备与女朋友约会呀，准备迎接女朋友的到来呀等等。那真是土包子开洋荤。一个在深山里不懂也没谈过恋爱的人居然表现起恋爱来，不晓得该有多么滑稽。于是乎一次次被田老师否定，一次次被田老师狠批，我有点灰心了。全班同学几乎全有了自己的选题，可我还是白纸一张，我慌了。到这时我开始怀疑我不是这块料了。但田老师始终对我很耐心，尽管他骂我，可是课余时间他教我，夜深了他到宿舍教我，反复耐心的启发，让我在自己熟悉的生活中选取事件，选取最激动人心的一刻。

又经过了一段很难捱的苦思冥想，我终于在扳道房中找到了生活的“源泉”。将我在一次值班中遇到的道岔出了故障，火车即将到达，我手忙脚乱地经过一阵紧张抢救后修复道岔，举旗迎送列车通过的事表现出来。

谢天谢地，通过了！田老师肯定了这个小品，他说：“这是个有思想有生活的小品，有判断有激情，努力下去可以取得好成绩。”

“山重水复疑无路，柳暗花明又一村。”一时间我好像从毫无出路中一跃而在全班名列前茅了。当时老师让我和另外几个同学的小品拿出来为别的班观摩表演，为德国电视台来录像，说是拿到国外表现中国大学生的学习成绩等等。当然这个“成绩”的取得并不是一帆风顺的。我们经过了多少个日日夜夜、流了多少汗水，付出了多少努力。但付出更多的还是田老师，他是把着手在教我们，他不厌其烦地一次又一次为我们排练，一次又一次为我们纠正。有时为了一个动作不知要反复让我们做上几十次；他不厌其烦地讲授，就在这简单的表演中传授给我们表演的基本要求、动作的体现、内心的充实、导演的学问、结构的合理，等等。一句话，他把导演表演的“真经”潜移默化的传给了我们。

很快我们便进入了双人小品和多人小品的练习。就在这时，田老师由于劳累成疾病倒了，只好回大连的家里养病。我们由表演系的张昕、张黛宗和海茵三位老师代课。完成了这段课程的攻读。三位女老师非常细心，也非常耐心，我们都非常爱戴她们，喜欢她们。但不知为什么仍然强烈的想念我们的田老师。

我们的学院是很美的，当时在新街口外的小西天，校园不大，可学生也不多。那时还属于城市的近郊区，紧挨着农村，没有闹市的喧嚣，没有工厂的纷扰，非常清静。在我未入学时曾听人说，电影学院“进门是花园，两边有喷泉，天天看电影，顿顿吃西餐。”这其实是人们想象出来的。花坛是有一个，但没有喷泉；每星期看一两次电影，但那是为我们观摩学习办的；西餐不仅没有，就连大食堂的伙食也是很差的。因为当时整个国家很快便转入了经济困难时期。就在这时，我们的田老师回来了。

当时我们正在做“多人小品练习”，多人小品是每个学生都分别担任导演的，由自己构思出故事结构的提纲，写出简单的台词，然后请班上的同学担任其中的角色。这样我们每个人既做导演又当演员，从两方面都会得到学习的机会。我们兴奋地将这半年多的排练作业向田老师做了汇报“演出”。田老师也很兴奋，在肯定大家的学习成绩之后，又做了细致的分析，近一步教授了多人小品的要求、人物的刻画及导演的工作，等等。

1961年我国由于自然灾害所造成的经济困难达到了非常严峻的程度，为了减少同学们的体力消耗，学院党委决定采取取消早操、减少晚自习的课时、减少社会活动等措施。但对于我们二年级向三年级转变的当口正是学习的紧要关头。这时我们正进行舞台片段的导表演课程。同学们似乎没有意识到经济困难给我们带来的压力，仍一如既往全身心投入紧张的学习。我们的舞台片段是从写剧本开始。关于剧作课的学习是从入学不久与舞台小品课同时进行的。首先是练习写人物肖像，我们每个人根据自己生活积累所及很快写出了作业，但除少数人以外，大部分是不过关的。田老师就我描写的一个妇女肖像给予狠狠的批评，尤其对她头上的蝴蝶结，田老师几乎是非常气愤地骂我描写得太俗、太缺少生活……

为描写好人物形象，田老师与汪岁寒老师带领我们全班同学分别到工厂、街道、酒楼茶肆去深入生活，观察人物。我们跑了半个多月。同工人交朋友，和三轮车夫聊天，当我们第二次从生活中攫取素材写出的作业时，连我们自己也觉得有了些进步。当我们进行舞台双人小品和多人小品课的同时，我们剧作课进行的是事件描写。这样当我们进行舞台片段时，剧作课便与舞台表演结合起来同步进行了，我是改编的《半夜鸡叫》，由正剧改编成喜剧。当周扒皮学鸡叫被高玉宝领人“误做偷鸡贼”打晕之后，周扒皮见其妻与家人提着两盏灯伸出两个手指不肯断气时，其妻急切追问遗言，问他是否两笔账挂在心上？他摇头；问他是否惦念两个人？他摇头……最后聪明的高玉宝弄明白了是因为点了两盏灯，太浪费了。于是立刻吹熄一盏灯，周扒皮才断了气。这后半部我是为进一步刻画周扒皮的吝啬、贪财的形象从《儒林外史》“严监生疾终正寝”中借用来的，剧本很快得到了田老师的肯定，并列为排练计划，我是它的导演。说得确切些，我是见习导演。田老师像幼儿园的保育员对待初生婴儿一样，一口奶一口水将它抚养长大的，我只是跟在他的身后学习如何育婴，见习如何当好阿姨而已。但这也足以令人得意了，总是堂而皇之的挂名本人导演，怪也不怪。

田老师始终教导我们，创作必须真实，必须深入实际。一个艺术家必须深入到生活中去，观察、了解、体验、分析，然后才有可能进行创作。在校期间我们结合课堂上的作业不止一次的到生活中，这些对我们后来的创作无疑养成了一个好的习惯。

1961年下学期我们转入了独幕剧的学习，我的作业是失败的。我改编的《范进中举》由于脱离实际，又加上生活不熟悉，出现了许多“关门造车，瞎编滥造”的毛病，田老师又狠狠地批了我。这时其他几个同学出类拔萃的作品便在田老师的严格要求下接踵诞生了。诸如《骆驼祥子》、《绿林行》、《灯芯绒》、《创业史》，等等。对此，田老师花尽了心血，一次又一次排练、一次又一次修改。不仅从导演和表演上，就连布景、道具、服装、灯光都进行了不知多少次的推敲、设计，其绝妙程度使我们震惊并拍案叫绝。就拿《骆驼祥子》片段的布景灯光和舞台调度来说，绝对称得起是别开生面、令人耳目一新的。

《骆驼祥子》片段是由郭宝昌演祥子、李来顺演虎妞。所选取的是虎妞到祥子的住地找祥子谈判婚事一段。舞台左侧是街道、靠台口有一根电线杆子，右侧是祥子的一间小平房，面对观众的是房子的后墙，这是由一面纱做成的，用灰颜色涂成青砖的效果，房间里边是祥子的家具布置，四周藏上脚灯，全由道具将它们遮住观众的视线。开场时，房间里面的灯是关着的，只由舞台两侧的灯将房子面对观众的后墙和左侧的街景勾出夜景的气氛。这时所呈现在观众面前的只是左侧的街道，右侧的房子外景和房间里的陈设一点也看不出。一个警察在左侧电线杆下游弋，电线杆子顶端一盏街灯洒下淡淡的光线，少顷虎妞从右侧上场、在那座青砖房的前面走过。警察看了眼虎妞，带着警觉的目光审视一下之后，走下去。通过警察黑制服白帽圈的服饰和虎妞那独根大辫子的装束以及房屋建筑、街道格局、宁静的气氛等，观众一眼便会看出这是30年代北京的一个小胡同的背景环境。下面就是祥子与虎妞在街灯下一场唇枪舌剑的论战，讨价还价的婚姻谈判。接下去祥子从房子的左后侧走进房间，拉开了电灯。霍然间，房间里的一切陈设全都一览无余地透过作为房墙的纱布展现在观众面前，令人感到别致、新奇、叫绝。这不属于机关布景，它是在舞台上那样一个唯一的空间里，内外景的有机结合，场景的合理巧妙的利用。

田老师是博才多艺的，他在30年代便留学日本专攻绘画，他有着娴熟的美术技艺，又加上多年的舞台实践经验，他毫无保留地将这些传给我们。在我们学习的导演和表演的业务中，他循循善诱地教导我们艺术与绘画的关系，艺术与造型的关系，造型与结构、造型与调度的紧密联系等等。

老师教得认真，同学们学的努力。一时间“导五九班”成为全院最显赫最有名堂的一个班级。1961年底，田老师采取了请进来走出去的教学方法，将我们班同中央戏剧学院的“导五九班”结成了姊妹班。互相观摩、交流演出。我们奉献出的就是《骆驼祥子》等六个片段，我们每个人都大出了一把“风头”。这是我们入学以来第一次面对观众，虽然观众人数不多，但这观众全是经过高等学府深造过的同行。还有表演系的老师和表演系各班的同学以及报社记者、电视台导演等光临捧场。我们没有紧张、没有怯场，反倒觉得很自信、很有稳操胜券的感觉，更有一种初生牛犊不怕初生牛犊的味道。

我最热衷的是在《绿林行》中扮演的角色，那是出头露面、粉墨登场直接与观众见面的人物。《绿林行》是老作家梁斌继《红旗谱》之后写的又一部姊妹篇《播火记》中的一段。描写40年代中期共产党员张嘉庆奉党的指示深入到白洋淀的敌占区如何改造争取绿林好汉李霜泗的故事。《绿林行》的改编兼导演是黄蜀芹和琪琴高娃两位女同学，我饰演男主角李霜泗，李云东饰演张嘉庆，卢萍演我的妻子，李来顺演我的女儿……排练是在十分吃力的情况下进行的。尤其对我所扮演的角色，老师倾注了全力为我斧正。这段历史对我们并不遥远，但这段戏的社会背景对我们却十分陌生。“土匪”这个词那是我在童年时代就非常惧怕的一个词，常常在我不听话时，妈妈和奶奶用来吓唬我的一个常用词——“土匪来了”。也是当我惹祸打架时，舅舅姑姑用来骂我的惯用语——“简直就是红胡子！”但真正的土匪我没有见过。他们的品行、气质、性格我更无从所知了。更主要的还是一句老话——人物的塑造，表演的真实。

田老师为我们排练了不下于百次。一招一式，一举一动，他都为我做了示范，就一个为张嘉庆送水的动作，他要求我将水碗举过头顶在空中经过一个半圆的弧线送到张嘉庆面前的桌上，我练了有几十遍，田老师也为我示范了几十遍。他要求，“不能简单的模仿，模仿不是艺术，而要体味这个简单动作里的人物心情，这个动作中展现出的人物性格和气质、人物身份以及同对方的人物关系等等”。

“蜀道难，难于上青天！”我们经过了严寒酷暑、达旦抵夕的上百个日日夜夜才把它排练出来。田老师的教学是一丝不苟的，任何一个不理想的细节他都不会放过。无论是台词、动作，舞台调度、节奏、造型还是布景、灯光、舞台气氛等等，他都事无巨细，精益求精。田老师不愧是“为人师表”。

他是我们的一代恩师，也是我们的严师。

演出是成功的，戏剧学院“导五九班”的表演也给我们留下了极深的印象。我们畅谈了心得体会，总结了自己的不足。中央电视台的王扶林导演大概是“吃错了药”，一眼看中了我们的《绿林行》，决心要把它搬到中央电视台去播出。那时还没有电视录像的设备，也很少有彩色电视机。电视还是新生事物，节目只能采取现场直播的办法。于是我们被装进一台大轿车，拉到中央电视台（现在的广电部），塞到一个演播室里，又经过几天的排练，以适应周围三四台摄像机的角度。便在一个晚上的黄金时间，通过无线电波向全国播出了。演出是否成功，不得而知。因为那会儿电视并没有普及，虽然电视台只此一家，但看的人料也不会太多，没有听到更多的反响。只有黄蜀芹的父亲——全国著名的戏剧大师黄佐临老先生寄来了一封热情洋溢的信，长达两三千字，他肯定了我们的成绩，也指出了不足。（主要是我的形象书生气太足，匪气不够）这对我们也是很好的总结。

1962年是我们班最辉煌的一年。

“业精于勤荒于嬉，行成于思毁于随。”在老师们的带领下，我们班一直保持着精力充沛的战斗力，尽管由于自然灾害所造成的经济困难。在与戏剧学院的交流演出及电视台的节目播放，我们的干劲与日俱增。田老师毅然决定排练大型舞台话剧。在片段的基础上将《骆驼祥子》充实完善、发展成多幕剧搬到舞台上。

我们进行着紧张的排练、老师们更为紧张地工作。这是一场痛苦的磨练。“梅花香自苦寒来，宝剑锋从磨砺出。”我们胜利了！当然我们是流了大汗，出了大力。不仅排练花了功夫，学习京腔、体验生活也花了大功夫。就连布景、道具全是我们自己动手制作的。演出时，我们除担任剧中角色外，从舞台监督、搭景、换景、化装、服装，到灯光、拉幕全是由我们自己担当。我们夺得了破天荒的第一个由导演系对外公开演出的殊荣。

紧接着我们又排练了自己创作的《送他一只表》，依然是从排练到演出全在老师的指导下自己动手做的。期终考试，在学院礼堂演出时几乎博得全场喝彩。甚至有的人见到我们举起大拇指说：“你们的演出比表演系的都棒。”虽然言过其实，但说明我们的努力没有白费，老师的心血没有白流。

在这一年里，为了纪念毛主席《在延安文艺座谈会上的讲话》发表20周年。我们带领导演系同学排练的《夫妻识字》获得了全院比赛的冠军，与此同时我们班的篮球、排球、乒乓球均在全院夺魁。在那绿树婆娑掩映的教室里，墙壁上一下子挂满了八九面锦旗。我们成了全学院的佼佼者、成了全校的榜样……

但，好景不长！

1963年也是在那七月流火的季节，厄运便开始一步步向我们逼近了。

1963年初，我们着手毕业作业的准备工作。大家分头搜集素材。创作短片电影文学剧本，并准备与摄影系、美术系与表演系联手将它制作成影片作为我们几年来大学攻读的全面实习。因为尚属新中国成立初期又加之国家面临着暂时的经济困难，因此只能四五个人联合导演一部短片。经过一段剧本和案头工作的紧张准备之后，1963年的夏季四部短片陆续上马了。我同刘中明、韩小磊、许雷、琪琴高娃五个人担任《挡马》的导演。剧本是刘中明写的，反映“当时农村两条路线的斗争，妻子不顾生命危险拦在走资本主义道路丈夫的马车前，挡住了资本主义的发展”。摄制组如期开赴到外景地——房山县窦店。我们五个导演是分场来执导的，一人负责一部分，轮流当导演，轮流当场记，其他工作也尽量兼起来。由于我们又面临一个新工种的练习，劲头都很足。当大家在现场准备时，我只身一人到高碑店军马部借来四匹军马，同骑师披星戴月地骑着马从高碑店跑到窦店。

我们很快就开机了。大约不到半个月，戏中的两个不到五六岁的小群众演员——美子和娜子的外景戏结束了。由我用摩托车将她们送回地安门她们的家里。当晚我便回学院住宿，准备第二天再返回外景地。但就在这天傍晚系里找到了我，让我对全班做一下详细汇报。这本没引起我多大震惊。因那时我一直担当班主席，向校里汇报班级工作、向系里汇报工作已经是司空见惯的事了。但万没想到，这次气氛相当严肃，提出的几个问题也相当尖锐，诸如班级里有没有什么帮派，有没有什么小团体，有没有什么反党言行等等。天哪！我真有点目瞪口呆不寒而栗了。这究竟是怎么回事？昨天还风平浪静、平安无事，几乎在一夜之间便危机四伏了。嗟乎，我真感到天旋地转，丈二和尚摸不到头脑了。当然也回答不出任何提问。最后责令我明天先不要回外景地，继续向党委汇报。无疑这已经是在向我审查了，只是表现得总还算温和些。而且似乎对我网开一面，系领导比较客气地说："按照组织纪律，今天的谈话不能向任何人讲！"这就是命令，这也是信号，"正义"的势力已经发出檄文，要向"魑魅魍魉"发起攻势了。

我几乎一夜没有睡觉，辗转反侧想不出究竟为什么？

由于纪律的约束，到外景地我对任何人也不敢讲起此事。外景地仍是一如既往，风平浪静、一派热烈的生产景象。谁也不会想到一场你死我活的较量正在孕育着。不久四个摄制组陆续回到学校，暴风骤雨似的以阶级斗争为纲的文艺整风便陆续展开了。

几乎所有的人都感到瞠目结舌，这是全班的灾难。尽管彼此扮演了正面或反面的不同角色，但都要粉墨登场，都要参与唇枪舌剑的角逐。在这之前，田老师由于身患急性肝炎回大连治病去了。班上的这场逐鹿中原大抵上他是不会知道的。我们多么盼望他能为我们主持一下公道呀！（殊不知，我们的田老师此刻何尝不是也在身陷囹圄之中啊）此刻我们十来个人处于被动挨打之势，既无招架之功，更无反手之力。

1964年，是“导五九班”历史上最难熬的一年。早在一年前当我们读满四年之后，就应该抱着毕业文凭奔赴各自的工作岗位了。但由于国家的经济困难，老师们考虑分到厂里去一下子也很少有影片投产，与其到厂里没事干不如在学校再多学一年，巩固一下学习成绩。这本是老师们的良苦用心。我们同学也踊跃拥护这种倡议，于是学院向高教部申请又为我们延长一年学习时间。大家兴奋地计划着这一年的学习任务，认为在舞台上，演出一年是最好的实践办法。所以议论成立个剧团，并从田风、汪岁寒的名字中各取一个字叫“风寒”剧团。这只是在闲谈中的一个提议，并未实现，但万没想到一年后，“风寒”的名称却给我们带来了无可挽回的灭顶之灾。

“风寒”被认为是“别有用心的企图”，“是向党进攻的信号”，“是含沙射影向社会主义污蔑的代名词”……

就连自学开夜车，也无疑是资本主义的“白专”道路，当然是令人发指，当然是应该口诛笔伐！有几次夜深了，我领几个同学到新街口去吃几碗老豆腐，并没有灯红酒绿、纸醉金迷，仅仅是吃碗老豆腐充充饥，但那又理所当然地被上纲为十恶不赦的资产阶级思想，怙恶不悛、罪不容诛！

郭宝昌出身在资产阶级家庭，他的要求入团，要求进步，那当然是“十足的别有用心”、是“司马昭之心路人皆知的思想动机”，“是可忍孰不可忍！”

刘文田墙上贴了一张白纸，本是为了挂衣服遮挡墙上灰尘的，但那也被认为“此处无字胜有字、满纸反动用心”，“图谋不轨、暗含诛机、狼子野心何其毒也！”

至于班上的选举，那更是一场你死我活的、触目惊心的阶级斗争，原本在开学之初，汪岁寒老师讲过，让我们每个人都轮流执政一次，当一回班主席或团支委，也好通过执掌班集体的微权，锻炼一下每个人的领导才能。可事与愿违，每每改选，这历史重担全鬼使神差般地落到我的肩上，煞有舍我其谁人也的感觉，我不想独揽小小“导五九班”的“大权”，更没有想终身制干一辈子班主席，但万万没有想到，后来这小小的过渡时期的班主席竟成了我们的一大历史罪状，成了资产阶级向无产阶级夺权的尖锐斗争，是由少数人操纵的班选举。

当然还有很多很多，一时间硝烟四起，反党罪名铺天盖地、接踵而来，群情激愤，口诛笔伐，深揭狠批，法网恢恢，疏而不漏，于是一个反党集团“终于”被挖了出来。

同学们是没有什么错的，大家出于对党、对社会主义的热爱、积极投身在惊心动魄的阶级斗争之中是无可非议的，况且我们还都年轻。

仍然是那骄阳似火的季节，其他班的同学都结束了学校的一切事物，可我们还在“清理思想”，否则是毕不了业的。经过大约四五个月的鏖战。阵线基本分明：郭宝昌、刘文田被定成“反动”学生，我们有几个人被定为立场不坚定，陷入资产阶级泥潭……这样，我们陷入泥潭的人总算幸运的被允许毕业了。

我们带着“破帽遮颜过闹市，漏船载酒泛中流”的心情走出电影学院的大门，到电影厂报到。很快，根据国务院“大学毕业生要劳动锻炼一年”的指示，我“导五九班”的五位同学同其他系分来的同学一道二十多个人背起行囊，带着粮票，组成劳动队去到地处塞外的北京远郊县延庆的高庙屯村与农民同吃同住同劳动。我和段吉顺的心情与处境同别人是不同的，我们两个是带着赎罪立功的心情参加劳动的，要进行脱胎换骨的改造！要革面洗心，要重新做人。

塞北的荒原，广袤的大地，几十里之内没有人烟，辽阔起伏的丘陵，辽阔起伏的黄土和飞沙。我们就在这辽阔上劳作，我们同学是在从事着集体的个体劳动，一人赶上几只毛驴，驮上粪篓，送到那遥远的黄土地里。走在那羊肠般的乡间山路上，除了面前驱赶着负重的小驴之外，满目荒山秃岭，再没有城市的喧嚣，再没有其他的干扰，于是不免想起在校时那凄风苦雨的斗争，想到我们敬爱的田老师。自从我们毕业作业分组以后，田老师因病回大连疗养了，一直到后来当我们班深揭狠批的阶级斗争进入到白热化的时候，才隐约听到学校发出电报调他立刻回学院、勒令他检查执行修正主义教育路线的问题，交代“导五九班”的问题。强加他为“导五九班”反党小集团的后台，当然还有严格的纪律，不准与同学们见面，不准与同学们谈话。于是，倘或我们在院里庭间偶尔遇到他一面，他也不像从前那样与我们亲密交谈，再也不像从前那样朗朗笑容，谈笑风生。似乎在躲避着我们，匆匆离去。我们的田老师身陷囹圄，没了自由，这到底是怎么了？我们亲密无间的师生竟成了互相回避的陌路人、亲如手足的同学竟成了两个对立的营垒？

我们班有一半人被打成“反党小集团”的成员，但我们最终也不明白什么是反党，老师为什么又成了后台？

一次在寒风凛冽的旷野上送粪，我与段吉顺相遇了，他声音凄楚地将田老师去世噩耗告诉了我。

啊！像晴天霹雳，我直感到天在旋，地在转，寒风呼啸，飞沙漫漫，我们欲哭无泪，欲喊无声。这可是真的吗？田老师真的离开了我们？他才刚刚53岁，他真的含冤离开了人世？他还有无数的光和热没有施放出来，他还有蕴藏的才华没有施展出来！我不敢相信，也不愿相信，田老师那音容笑貌，田老师那慈祥善良、和蔼可亲，以及那对我们的谆谆教诲，真的再也见不到了吗？我们的良师呀！

田老师一生清贫，谨慎处事，息事宁人，与世无争。他的心血全部灌注在教学上，期望着“五九班”能在将来的电影事业上做出一些成绩，就会感到心满意足了，就会感到安慰了。这就是他的最大野心，难道这也就是他成为后台的罪行吗？然而就连这一点点的满足和安慰的美丽想法也落空了，破灭了。他呕心沥血培养起来的班，他最喜欢最寄予希望的学生还没有爬出襁褓，还没有跨出摇篮就在那疾风骤雨中夭折了，病入膏肓了。这是他最痛心、最接受不了的，哀大莫过于心死，于是他义无反顾地含冤而去了，他痛心疾首不要任何希望地去了……

在那寒风飞沙的旷野里，我呆愣愣地站了许久。等回过神来，才发现毛驴早已经跑远，它正追赶一头过路的母驴，背上的粪篓早被甩到一侧，粪土撒了一路。我气急了，追上去狠狠地抽打它，把满腔的悲满全部发泄到它身上。

狂风还在怒吼，飞沙还在肆虐。在这羊肠小道上，虽不见“小桥流水人家”和那斑斓的“夕阳西下”，却有“枯藤老树昏鸦，古道西风瘦马，断肠人在天涯”的凄凉之感。

1979年的盛夏，在经历了一场史无前例的灾难之后，田老师钟的冤案终于昭雪了，我们当年爱他、却又“害了”他的几个同学与师母一起洒泪抱着宗师的遗骨安放在八宝山革命公墓骨灰堂里。15年漫长的岁月，15年的冤情如石沉海，我们默听着、默祷着：

> 维祸起多事之秋，如火如荼之月，无可奈何之日，祭我先师，告慰亡灵。岂知否？六三年斗争之火熊熊兮，此乃假整风之前奏；六四年阶级斗争骤雨兮；此乃江青之疾风；拔白旗兮，实为灭红；批白专道路兮，意在毁掉专业。令吾师返校兮，难逃厄运。隔离交待兮，巨遭荼炭。草木自怯，岂奈狂飚，柳原柔弱，何禁骤雨？可怜一代宗师兮，命染黄泉，何处寻乎，我的恩师？往事如云、不堪回首。忆当年耳提面命，受益殊深。看沧桑，逝水移川、永不磨灭。人生贵相知兮，肝胆相照。风雨得同舟兮，患难与共。欲哭无泪兮，生死两茫。欲诗无词兮，尽在不言。谓其质则金玉不足喻其贵，谓其品则星月不足喻其精。两袖清风处事，一身正气为人。同志悉慕伟岸，愚生感即恩德，偶遭蛊虿之谗，遂抱无争而谢世。怀冤沉于不尽，复含网屈于无穷。自蓄辛酸，维怜亡魂；仙云已散，踪趾难寻。纸笔砚冷，今又谁温？人去楼空，谁再予吾为师。筝断琴折，谁再为吾续五律之谱。念天地悠悠，怆然而泣下，斑斑泪血，洒向西风，默默余衷，诉凭冷月。呜呼哀哉，尚飨！

星移斗转，似水流年，转瞬间恩师离开我们已经整整30年了，今天我们二十几个同学正按照您的教诲，在艺海中泛舟，在银屏里探游。

“路漫漫其修远兮，吾将上下而求索。”

1993年10月

（李新：导演；田风同志任北京电影学院导演系主任兼主任教员的“导五九班”学生）

一句话，一辈子

■ 李前宽　肖桂云

我们这些“文革”前毕业走向工作岗位的学院派电影导演，现在也都是五十开外的人了。28年前，在北京电影学院曾把全部心血都放在教导学生身上的田风老师，正是我们现在这般年龄，他热爱党的教育事业，对生活和艺术充满着爱，对学生充满着爱，他本可以将其知识和才华继续奉献出来，为社会主义电影事业培养出更多的人材，但是，“左”的错误害了他，使他过早地离开了我们。

虽然他离开我们快30年了，但是，田风老师的音容笑貌却时时浮现在我们眼前。

1959年国庆十周年前夕，在电影学院新生与院领导的见面会上，我第一次见到田风老师，他黑瘦清秀，一身学者气，他给我的印象是一个严谨治学的人，也许他已洞察出我们这些刚步入电影学院新生的心态，在第一次师生见面会上没有一点恭维的话，他说：“你们考进电影学院不要整天美滋滋的，如果不在学业上狠下‘苦功夫’，进了学院的大门却迈不进电影事业的大门，不下功夫学习，等于自动退学……”他这严厉的告诫，给我们这些多少带有浪漫情调的新生以很大的震动。

我和田风老师是大连同乡，而且在电影学院师生中只有我们两个大连人，接触自然多，关系也自然更近了。我们一起看画展，听音乐会，一起去观摩演出，一起到公园观察生活，放寒暑假一起回大连。田老师的爱人和孩子都在大连，实际上，一年365天，绝大部分时间他都是和学生一起度过的。在学习生活中，田风老师平易近人和严格对待学生的风范，把学生与先生之间的关系变成一种崭新的，也是更深层的师生之情，即作为学生我们离不开他，作为先生，他离不开我们，这是一种融合，是教与学的融合，这在今天看来是何等的难能可贵啊！田风老师是导演系的系主任兼“导五九班”的主任教员，而我是美术系“五九班”的学生，当我得知他早年在日本东京从师于著名画家藤岛武二，并专攻西洋绘画时，敬慕和求知欲促使我经常把自己的写生、习作拿给他看，征得他的批评、指教，我们还曾一起到京郊去写生。他的观察力是很强的，这与他坚实的绘画功底分不开，他选景准确、构图严谨、用笔简练，画油画时善于把冷暖对比颜色直接涂抹在画布上，使画面保持一种强烈对比中的和谐，在他留下为数不多的静物和风景写生中均可看出，画风有后期印象派的影响，而他从师的藤岛武二先生，正是在意大利留学，受后期印象主义影响较深的大画家。可以断言，如果不是后来田风老师参加革命队伍，“党让干啥就干啥”，而是在日本继续读完东京美术学院，他也将与同班学友王式廓一样成为我国著名的油画家。

1962年仲夏，我们在中山公园过礼拜天，跟往常一样海阔天空地侃，买些京城小吃，都是田老师掏钱我跑腿，在谈笑中我问：“田老师，您考上东京美术学院不易，又从师于滕岛大师，您怎么不去当大画家，却干上教导演这行了？”田老师听了哈哈大笑，说：“可以说是误会，也可以说是该着，我既成不了大画家，也成不了大导演，好像命中注定让我使更多的人能成为大画家和大导演，这个命是革命的命。”接着他又说：“人这一生挺有意思，学什么行当不一定就干上这一行，很可能在别的行当上有成就。我看你小子就学错了行，兴许将来还会成为一个导演哩。”

田风老师把自身价值完全放在革命的需要上，按他在绘画上的才华和当时家庭经济上的富有，完全可以在日本国学得很顺利，很舒服，甚至可以功成名就。但是，在国家和民族生死存亡的时候，他毅然成为本阶级的逆子儿臣，丢下在日本的全部家当，经朝鲜半岛回到祖国，投身到抗日烽火战场，由一个留日大学生成为一名革命文艺战士，他当画报社社长，又当导演，革命事业需要他干什么，他就干什么。然而，在革命事业的进程中，他经得住艰苦岁月和严酷生活的考验，也经受过政治运动中错误路线的迫害，那时他以极大的克制和忍耐，期待着阳光的来临。50年代初期在大连被不公平的“整”了之后，当组织上一旦给他平反，他又以极大的热情来到北京电影学院，把毕生的热血贡献给党的教育事业。他的身体不佳但精气神却很好。他也曾被疾病折磨，甚至夜不能寐，饮食也极度减退，可是，一旦谈起艺术，见到他的学生，他那双不太大的眼睛立即来了神。而且，侃起来没个完。他常说“人活一口气，人在精气神”，但当他的人格受到欺凌，人的尊严被扭曲，他的“精气神”暗淡下来，听到那莫须有的罪名，面对那一叠强迫他写上交待“材料”的纸张，他茫然、痛苦而绝望。因为，他是个正派人，从不会说假话，在那个是非被颠倒的年代，说真话会带来更大的痛苦。但是，他还是说了真话，这就是为什么在他遗留下来的笔迹中，用气得发抖的手写下了“这是要人在鸡蛋里挑骨头！”在他生命的最后，又一次兑现了他的“人活一口气，人在精气神”。以一个清秀文人的冷峻一瞥，把那一切诽谤、陷害和辱骂全然丢之以身后，他不再为人间的污垢去劳神了，向那“静心的世界”迈去。走得潇洒，走得高傲而圣洁。然而，世间的事确实又不公，就在田风老师选择这一超脱办法的时候，难道不是又犯了一个大错吗，这个错绝非是在他死后有人用变了形的脸去声讨什么“自绝于党和人民”，什么“现行反革命行为”等等，这个大错则是，此刻他忘却了由于他这么早的离开人间，将给与他相依为命的爱人于华老师带来何等的痛苦与不幸，给他的可爱的三个女儿带来何等的痛苦与不幸，以至于他最小的爱女，尚没有把父亲美好的形象印记在脑海中就失去父亲。当然，田老师在抉择那一瞬间也忘却了由于他的离去，给他的亲朋友好、战友和同志带来多少痛苦，还有那许许多多曾得益于他教导的学生们，这是很不应该的啊。他的亲友学生多么希望他活下来呀，活到今天！也许我们还不能理解他，因为田风老师是一个历经沧桑而又有思想的人，他崇尚人的尊严，维护人的尊严。

1963年，“导五九班”的学生开始搞毕业实习，田风老师要我参加由他指导的《搭桥的人》摄制组，“导五九班”的毕业生有段吉顺、黄蜀芹、卢萍、吴天忍和司徒兆敦，我是这个戏的美术设计。拍摄景地在北京房山县坨里山区，为了毕业作业的艺术质量，首批样片他坚持回北京看，在回来的途中汽车坏了，他坚持步行按时赶回景地。一路绕山路而行，走走停停，见景生情，他十分有兴致地、不停地向我讲述当年他途经这一带参加革命的情景，实际上他这时身患肝病已很重了，当我们走到一个工地的小工棚子休息，我替他搞到一大碗开水，几口喝下去之后，他就倒在小棚子里睡着了。

可见他劳累疲倦的程度。摄制组住在当年公社的大食堂里，大家睡在两条大通铺上，我跟田老师挨在一起。深秋至初冬的山区天气多变而寒冷，伙食也很差，田老师一直与同学们一起吃住，但是他的劳动量比我们大，每天早起晚睡，我们这些年轻人每晚倒下就入睡了，而田风老师则久久不能入眠，我起夜时看到他翻来覆去的呻吟着,严重的失眠搞得他很痛苦，每天他醒得很早，有时整夜的靠着墙吸烟。后来回想这时田风老师已感到一种不祥的征兆了吧。但是，即使在他身体和精神极度欠佳的情况下，他每天喊我们起床，准备当天的工作。

田风老师事事要求自己很严格，外景地的伙食粗粮粗做又没有油水，他每顿吃的很少，于是，我通过附近石板厂伙房师傅买来小半筐鸡蛋，又弄来一个小奶锅，给田风老师煮两个荷包蛋，端来时竟惹来他一顿训斥，责怪我不该为他搞特殊化。当然，我们不服，最后硬逼着他把鸡蛋吃了，可是他说什么也不让我再为他买鸡蛋了。

田老师教育学生真可谓达到自由王国了。他寓乐于教，使我们在他面前无时不感到一种寓学于乐，在亲密无间的接触中学到艺术方面的知识。一年夏天我们在大连海边游泳，在沙滩上面对着那浩瀚无边的大海，看着那滔滔而来的巨浪，他的灵感似乎随浪涌来，他对我说：“艺术家的眼睛要跟常人不同，要善于观察生活，从客观现实中得到启示并恰到好处地用于作品中；比如常人来海边洗澡就是洗澡，图个锻炼身体和游玩，艺术家则要体察一种美的感受。”接着他又说：“你看这不断扑面而来的浪涛，难道不是拍击出无限的遐想吗？……似千军万马涌来，也是大自然的壮美给人以无穷的力量……”我听来萌发出阵阵联想。田老师所言使我受益匪浅。艺术是触类旁通、举一反三的，在我后来执导革命历史巨片《开国大典》的一场戏，毛泽东与其战友们率队由西柏坡开进北京时，我即把数十辆汽车排成一条线平行向前涌来，采用长焦镜头在镜前加热浪，视平线压得很低固定摄法，把天空留得很大，让车阵向镜头前开来，恰似巨大的海浪不断涌来之感，博得了专家和观众的好评。人的思绪瞬间即可上下几千年，何况老师的谆谆教导呢，我在设计和拍摄这场戏时，田老师在海边同我的交谈已成为亿万观众称道的银幕形象了。

我不晓得一个优秀的老师，特别是教导艺术人才的先生，有什么模式或神丹妙药，我觉得既教学问又育人是最起码的。就是把学生当作自己的后生，并寄予极大的热情和希望。因为“灵魂工程师”这个美好的词是需要美好灵魂的沟通与共鸣，这首先是要来自于先生，而后才见于学生。常言道“什么师傅教出什么徒弟”。大凡经田风老师教育的学生，没有一个不称赞他的高风亮节和严格治学，大家都为是他的学生而自豪。田风教学一视同仁，但也有他格外喜欢的几个学生，他喜欢的学生又经常挨他训斥，他骂了我们却又令我们感到温暖。这是一种什么样的师生关系，是人间坦坦荡荡纯朴的美好感情。

田风老师对学生们的成长关心备至。他像着了迷似的为学生辅导小品作业，每天说戏说得很晚，星期天也要为学生“吃小灶”，实际上他是从无星期天的。他是以课堂为家，又以他的家为学生的课堂，就是逢年过节我们也毫无拘束的到他书房海阔天空的神聊，把自己对生活的感受和艺术见解在他面前“竹筒子倒豆子”，听他批评教导，我们的个人生活问题他也十分关怀。

1960年寒假，我与田老师同船回大连，在海上遇到暴风雨，船上不少人晕船呕吐，他倒在床上，当我把已洒剩下半碗面条送到他床前，他见无汤的面条，风趣地说：“这半碗值了钱啦，咱们这叫风雨同舟吃的无汤面，留下的是实在。”当他看到同行的一个高中时期女同学对我有好感时，田老师像慈父一样的及时提醒我：“你小小的年纪别过早地掉进恋爱里影响学业，日后找个能在事业上志同道合的，像咱们今天坐船似的能风雨同舟相依为命。”我听了田风老师的良言忠告。当然，后来我与肖桂云同学的相识与毕业后的结合，在很大程度上是托田风老师的吉祥呢。

1960年夏，肖桂云在哈尔滨同时报考了北京电影学院导演系、中央戏剧学院导演系、哈尔滨艺术学院文学系和长春电影学院导演系，田风老师在哈尔滨主考北京电影学院导演系学生时，发现在考生中，肖桂云在导表演方面很有才能和潜力，决定录取她，却又担心她选错了志愿而来不了北京，破例地在未张榜公布之前就告诉肖桂云，希望她一定能到北京电影学院导演系报到。当肖桂云来到北京电影学院之后，有幸能经常在田风老师的教导下学习成长，每想起这段往事，对田老师有一种由衷的感激之情。

60年代初，国家正处严重的自然灾害时期，但是，那时候政治思想和学业上的要求是很严格的，学院是不允许谈恋爱。我在田风老师家经常碰到肖桂云，我们与田老师一起去听音乐会，看画展，一起看戏，十分快活。记得1962年英国水彩画展轰动京城，田老师兴致十足地为我们讲解着，他从英国的水彩画由古典主义严格的造型，发展到受早期印象主义影响，用色彩表现阳光的冷暖处理，他的见解令我们受益匪浅。田风老师虽然是“导五九班”的主任教师，但他经常利用星期天为“导六零班”同学辅导小品，而且十分耐心，从分析人物到场面调度，使肖桂云等同学，在导演、表演方面进步很快。作为导演系系主任的田风老师使全系的学习空气很浓。

“导五九班”由田风老师排的大戏《骆驼祥子》在学院演出引起轰动，不仅到兄弟艺术院校交流演出，而且到工厂去慰问演出，在这些活动中田风老师常把我这个美术系的学生带去，其实“导五九班”的这台大戏跟我没丝毫关系，纯属一个热情的观众，而且我有时还坐着他租的“奥斯汀”，真可谓是得天独厚。我经常在田老师的跟前，也较多的与导演系的同学来往，因为我还是美术系的文体委员，组织一些联欢、联合搞节目参加学院的文艺汇演等。在那段活跃的学生生活中，我不仅从田风老师身上潜移默化地受到了有益的影响，也使我与导演系的学生肖桂云有了更多的接触，而且我对肖桂云的好感自然也瞒不过田老师的眼睛，我也感到田老师知道我的心思，但又不好意思说出，在他面前就装傻充愣。有一次，在一起画画回来的路上，因为没有别人在场，他主动问：“你小子是不是看上了肖桂云？”我傻笑不语。他见状笑道：“你跟我不老实交待！”我不正面道：“田老师，您看她怎么样？”显然，我不仅是承认，而且在向他征求意见了。田老师点头道：“不错，人家比你强。不过。我听说追她的人可不少，你可得留神！”从田老师的笑语中我感到一种亲切与信任，赞同与希望。他还说：“这事要真诚专一，锲而不舍才行，懂吗？”我连连点头。我心里十分感动，当时我说不清这种师生之情达到什么程度。这是对我事业与个人生活的关怀，也是对我在人生中为人处世的告诫，是一位长辈尽情尽理对晚辈的爱护。他是我生活中的恩师，也是事业上的启蒙老师。

随着时间的延伸，我和肖桂云的友谊不断加深，后来命运又把我们安排在一起，如果没有学院时期的感情基础，我们后来的结合又从何谈起呢。三十年弹指一挥间，现在我们已是影坛公认的电影“夫妻店”，我们俩还因执导《开国大典》荣获了金鸡奖最佳导演奖的殊荣。我想，如果田风老师仍在世间，看到我们的作品，看到曾在他教导下那众多同学的佳作赢得国内外赞誉，他该是何等的高兴啊！他那令人熟悉的表情、语言和他习惯的把嘴角微微一歪的笑容，立刻浮现在眼前。然而，令我们心情永不能平静的却是在与田风老师分手前的那些日日夜夜，他那清瘦红黑的脸庞失去了往日的笑容，是冷峻、愁容和痛苦。我感觉他的脸色越来越不好看，似乎笼罩一层灰绿的雾，这不是因为他抽烟过量的缘故（因为他的烟从未间断过），疾病折磨他的肉体还为次，严重的失眠和由于政治上的压力，促使他精神上的极度痛苦所至。

1963年冬，他的体质越来越差了，肝病严重，吃不下东西，肖桂云包了三鲜馅饺子，田老师边吃边叫好，可是却没有吃多少，我们看了心里很难受。为了减轻田老师的病痛，我们借来了“南画大承”贴在他的卧室四壁，还从学生会借来一台老式录音机放音乐给他听，当放苏联曲子《黑龙江的波涛》时，他半卧在床头上眯缝着眼边听边说：“这个曲子的作者原来曾是沙俄军官，搞地貌测量的，他来到中国黑龙江畔，看到那美丽的景色来了灵感，创作了这首优美的曲子。”尽管田老师当时疾病严重，但是，一旦遇到艺术，他的兴致立即上来，精神不倒。有一次见他食欲不振，我和彭宁买了些水果，在他面前大口大口地吃，以期引起他的食欲，让田老师来个巴甫洛夫的条件反射，把胃口刺激兴奋。田老师见状又是把嘴角微微一歪笑道：“你俩小子别恶作剧了，表演夸张戏过了！”真是无可奈何。

那些岁月里，我们是不清楚学院里有什么情况，只是发觉田老师情绪低沉、语言少而谨慎。这时我每次陪他到护国寺中医院看病抓药。每当我搀扶他从22路汽车在小西天车站下来时，他立刻不让我扶他，我意识到他又是在考虑影响，我心里不怕，反正我不是导演系的学生。可是他不答应，当我继续扶他时，他用力一甩，几乎跟我发火了。后来他回到大连医疗，将钥匙交我并委托我把每月的票证及时寄给他。田风老师回到大连，回到他的爱人于华老师和孩子身边，心境好了许多，身体也有所恢复。

1964年6月14日他在大连养病期间给我的最后一封信至今保留着，那时他还满怀信心的写道“……我的体重增加了10斤，医生说我恢复的很有成效，大连的供应情况见好，我现在很念着你们的毕业，希望你们的毕业成绩都能达到优秀，你的毕业论文写的怎样？我那儿的书你可好好参阅，我争取尽快返回学院。亲自送你们到工作岗位……”可是，万万没想到，那个“假整风”的阴风已向他吹来，背着田老师向他开刀，把所谓“导五九反革命小集团”的莫须有罪名强加于他，一纸电文将他召回北京，说是参加整风学习，实则软禁起来令他交代“罪行”，这一突如其来的袭击使他感到茫然不知所措。正值田老师度日如年的艰难时刻，于华老师携一家老少由大连搬迁北京，来到他的身边，多年的两地生活结束了，现在团聚在一起，这本来是令人高兴的事，可是，田风老师此刻却痛苦的面对四壁，艰难地承受着那“莫须有的交代”。这时，他拒不见客，实际上也不可能见客，当那些受他教导的学生中，有些“勇敢者”来看望他时，他也拒之门外，这是在那极左状况下对于学生的保护，他担心会连累学生毕业。当我已确定分配到长影，在离开北京回大连前夕，1964年9月19日我最后一次去向他道别，昔日我们在田老师房间里那种海阔天空的欢乐情景，被冷峻而痛苦的沉默所取代，看得出他精神上正在经受着巨大的折磨。他点头让我走进那间卧室，他在地中间来回走动着，不停地吸烟，紧皱着眉注视着我，跟前的凳子上放着一个黄皮包，这是我常帮他拎着回家的那个提包，上面放着一叠纸、一支笔和周围无数的烟蒂，往常我在这里见到田老师有说不完的话，欢声笑语无所不谈，这时我竟一句话也说不出了，难过、气愤，眼泪止不住流下，我几乎费了很大的气力，轻轻地说：“田老师，我向您告辞来啦！您多保重呀……”他站在那里深深地吸了一口烟，眯缝着那双不大的眼睛久久地看着我，无论是临分手的祝愿，还是在多看一眼中得到一种对师生之间莫逆之交的理解，都有了。沉默中内心潜藏着巨大的声音，终于，田风老师走到我跟前，又是那习惯地微微把嘴角一歪，但声音却是那般地坚定：“前宽，到了工作岗位，好好干！”说着又是习惯地往我肩上一拍，是告诫，也是告别，也是送行，都有了。我深深地向田风老师鞠了一躬，同时，也告别了于华老师，踏向了开赴东北的列车。我万万没有想到这一别竟是我与恩师田老师的诀别。在我来到东北后，即随长影社教工作队在松辽平原贫瘠的农村“四同”，在一个雪压大地的清晨，我从肖桂云的来信中得知敬爱的田老师含冤离去，如同晴天霹雳，令我痛哭不已。面对着冰雪覆盖的大地，北风劲吹，雪尘飘渺，仿佛天公也在哭泣，在那银装素裹、深邃浩渺的天际间，我泪眼朦朦中似乎看见了敬爱的田老师。他走过来了，那慈祥的脸庞上又出现了嘴角微微一歪的表情：“前宽，到了工作岗位，好好干！”这熟悉的声音似从遥远的天地间飘来，又是那般地贴近，仿佛就在我的耳畔回响，这回声是恩师给我的临别赠言，也是我这些年来工作的座右铭。

苍海桑田，春风化雨，我们的国家经历了史无前例的浩劫后，终于迎来了春天。田风老师早已平反昭雪。真可谓历史无情又有情，田老师在天之灵可以笑慰的不仅是他自己得到正名，重要的是他教导的学生，遵照他的嘱托，都在各自的工作岗位上“好好干！”、“好好干！”这三个字浓缩着田风老师自身的求索和对学生的希望，因为只有“好好干！”才是事业成功的真谛。遵照田风老师的期望，我在工作实践中成为电影导演，并与肖桂云并肩在党的电影事业上努力工作着，我们将把恩师田风的教诲铭记在心，以此作为对他永远的怀念。

1992年夏

（肖桂云：导演；田风同志任北京电影学院导演系主任兼主任教员时期的“导六零班”学生）

人间自有真情在：忆念田风

一颗赤子心

与父亲在一起的短暂日子

弟弟对我的启蒙

一方砚台 几多真情

铭记血的教训 弘扬田风精神

著文立说 缅怀田风

读文集 再识田风

再忆与田风一起战斗的光辉岁月

树立电影教育的标尺

把心中的崇敬献给于华老师

爱听他的“骂”

不署名的编剧

与爱同行 薪火相传

大爱育人 甘为人梯

弘扬田风精神 推进电影人才建设

历尽风霜 始终不渝 鞠躬尽瘁 死而后已

一方砚，一生情

难忘人生的导师

追忆 缅怀 继承 发扬

一颗赤子心

■ 于　华

一

田风逝世29年了。29个春秋，在人生的旅途上说起来不算长，可对我，就太长太长了！田风去世那年，我才36岁，我的大女儿妞妞13岁，二女儿冬冬9岁，小女儿冬梅只有3岁。在这29年风风雨雨的漫长岁月里，不论我处在什么环境，田风的影子总是伴随着我。他那舍己为人，把自己的一切都献给党和人民，他那严以律己、宽以待人的高尚品质，永远在激励着我，鞭策着我。他始终活在我心中，致使我不可能、也无法改变自己的生活环境。

我和田风是1945年底，在安东（现在的丹东市）《白山》杂志社和白山艺术学校工作时认识的。那时他既是我的领导、老师，也是我的好朋友。

1945年8月日本帝国主义投降后，山东大批干部被派往东北开辟工作，据说我们是胶东第二批派往东北的，在150多人中，大部分是青年女干部，当时我只是个16岁的青年党员。我们这150多人先在文登县集训，之后，于12月中旬出发步行到龙口，再乘船到了辽宁庄河，由庄河坐敞篷汽车到了安东。那时节正是寒冬腊月，一路上风餐露宿，晕船、晕车、脚起泡，折腾了半个月才到达安东，组织安排的是到东北局报到再分配工作。没想到安东省委决定从我们这150人中，留下10名女同志，其中就有我，我本来就不太愿意留下，而更出乎意外的是把我和董伟等5人分配到《白山》艺术杂志社，说准备白山艺校学校成立起来后到艺校去作为学生中的政治骨干。这确实有些强人所难了。我们这5人文化最高的是初中生，我连高小也未毕业，在山东是做儿童团、妇救会的工作，连杂志社是做什么的都不清楚，到底能干什么呢？但是虽不情愿也得服从组织分配。到《白山》杂志社第一个接待我们的就是该社社长田风同志。他高高的个子，黑亮的眼睛，一脸络腮胡子，穿了一件我在山东农村从未见过的鹿皮夹克，尽管夹克脏得发亮光，仍觉得这人挺洋气，可是他对我们这5人的到来却特别热情。几天过去了，我们不知干什么并且也干不了什么，5人在一起时就发牢骚，于是我们就经常找田风同志谈话，要求调到农村去工作。田风听了之后很耐心的劝我们说："不要着急，你们先在这里等着，没事干就好好学习，将来我们都到白山艺术学校去工作、学习。现在学习就是你们的任务。"的确，城市对我们来说一切都是陌生的，一切都是新鲜的，要学的东西太多太多了。

1946年春节，对我来说，是有生以来第一次不在母亲身边过年，我很想家，我们都很想家，想父母，想兄弟姐妹。田风怕我们闹情绪，便把我们5人留在办公室里住，他和他的勤务员王同禹同志也住在办公室。田风说："小王同志家虽在丹东市，也不要回家过年了，咱们大家在一起过团圆年吧。"他和我们一起包饺子，一边包一边还给我们讲故事。说真的，那时我们哪有心思听故事呀，心早已飞回山东老家去了。等饺子包好，我们听到外面鞭炮声像爆豆似的响起来，更勾起我们想家的心情，五个人都趴在桌上哭起来了。这可把田风急坏了，他像兄长似的动情地说："同志们，我完全理解你们思念亲人的心情，'每逢佳节倍思亲'嘛，我刚离家也是这样。但是，咱们都是革命战士，革命战士就是要四海为家呀，怎么能哭鼻子呢？"他风趣地捏捏我的鼻子，一边拿出手绢给我们擦眼泪，一边说："革命战士这样可不好啊！"于是我们擦干眼泪都不好意思地笑了。他看我们笑了，又严肃地说："同志们，现在还不是想家的时候，东北虽然是从日寇统治下解放了，可国民党还想抢吃胜利果实呢！现在局势还很不稳定、情况也很复杂……"没等他说完，我们就坐不住了，感到有些惭愧。是呀，我们是服从组织调动，甘愿吃苦到东北新区开辟工作，迎接新的战斗任务，怎能耍起小孩子脾气呢？刹时，我们精神振作起来了，煮饺子的煮饺子，剥蒜的剥蒜，有说有笑地过了一个不寻常的春节。

当时田风主要是负责《白山》杂志社的工作，还常到丹东青年学生读书会去讲课，同时还参与白山艺术学校的筹建工作，很忙。但他没有忘记我们这几个从解放区来的小八路，是未来白山艺术学校的政治骨干。即将面临着艺校来自各方面爱好艺术的青年学生，做好他们的团结、教育工作并不是那么容易的。为此，田风便开始对我们进行提前"培训"。根据当时的情况，他指定我们学习毛主席的《论联合政府》、《论持久战》和《延安文艺座谈会上的讲话》等著作。并结合当时形势给我们做学习辅导。他常常利用业余时间，耐心的、具体的给我们讲城乡差别和知识青年的特点。提醒我们要适应新的环境、干好工作，首先必须了解人团结人，才能做好人的思想工作。经过四个多月的"培训"，对我们的帮助太大了，使我们明白了，要做人的工作，首先要提高自己，包括接人待物，交友谈心。

白山艺术学校于1946年4月10日正式开学了。学生是来自省内各市、县，多数人是伪满国高（即高中）的学生和一部分社会爱好艺术的知识青年。我们从山东、苏北解放区来的一些人，分别分配到戏剧、音乐、舞蹈和美术各队学习。因为我们文化水平低，一上专业课，讲什么《文学概论》、《音乐基础理论》，我们听不懂，很苦恼，同时还要做其他学生的思想政治工作，越发觉得吃力。于是我们又找田风说："这工作不适合我们，我们还是愿意到农村去工作。"田风还是那样耐心的、不厌其烦地和我们谈心："不学习、不增长知识武装头脑，到哪里去也适应不了新形势的工作，以后不是钻地道、钻青纱帐打日本鬼子的环境了，以后要建设新中国哩，小小土八路不学习怎么能成为新中国的建设者呢？不学习怎么行呢？”我们说：“听不懂怎么办？”那时田风既是《白山》杂志社的负责人，还是白山艺术学校的副校长兼教务主任，工作很忙很忙。但不管多忙他都抽时间为我们辅导、补课，他把专业课的深奥理论像讲故事似的讲得深入浅出、通俗易懂，有时还引得我们哈哈大笑。他为我们辅导的时间大部分都是在晚上，有时我们听得入了迷连夜深了也不觉得困乏，真可谓“寓教于乐，寓学于乐”了。从此我们不仅对学习产生了浓厚的兴趣，也安心工作了，还非常敬佩他！随着学校确立了“课堂教育”、“艺术实践”、“社会调查”三位一体的教学方针后，我们除要演出还要搞社会调查等活动，这时我们都感到有了用武之地，感到心情愉快了。也正在这时候，我接到离家半年多的第一封家信，因为国民党发动内战，从陆地、海上进行封锁，通信极为困难。当我接到这封家信时，兴奋得大声的喊叫起来：“我家来信啦，我家来信啦。”大家也替我高兴，急忙把信打开激动地看起来。但当看到我的母亲在我走后不久，在为八路军纺线织布时不慎被钉子扎了手，得了破伤风死去的时候，我的头突然“嗡”的一声，只觉得眼发黑，险些倒下，接着放声痛哭，同学们围上来安慰我。田风闻讯赶来，他一边安慰我，一边向同学们说：“于华同志的母亲是一位革命的母亲，她家很穷，母亲生了八个孩子，已有五个参加了革命，我们敬佩她老人家。”说着便低头默默哀悼，同学们也跟着哀悼。这场面使我很感动！田风接着又对我说：“于华同志，你别太难过了，你的母亲也是我们的母亲，我们都要好好工作、学习，用优异的学习成绩来怀念和报答母亲。”他紧紧地握着我的手，像一股热流似的温暖着我的心。他的话既是安慰，也是鼓励我化悲痛为力量。母亲的不幸去世使我太难过了，我的母亲受了一辈子苦，解放了还未过上好日子就去世了。特别是当我从山东调往东北时，我回家住了三天，母亲就哭了三天。临出发时，还是别人偷偷把小包包拿出来，不辞而别的。万没想到这次的不辞而别竟成了我与母亲的永别，以后再也见不到慈爱的妈妈了。我痛苦到了极点，一下就病倒了，在这期间很多领导和同志们都十分同情和关怀我。特别是田风，几乎天天来看我，有时还送点糖果，说："吃不下饭，吃点糖果也好嘛，若不是抗战胜利了，你这穷孩子能吃上糖果吗？我们要想到胜利、想到未来，化悲痛为力量！"有时给我讲革命故事。最使我难忘的是他给我讲高尔基的《母亲》，讲得有声有色。我把自己的母亲同俄罗斯英雄的母亲联系起来感到自豪！思念母亲的悲痛、孤独感消失了不少。我望着他那亮亮的眼睛、挂着络腮胡子的面孔，再也不觉得是那样威严，而感到他像兄长那样温和，他是一位充满文人气质的兄长。他知识渊博，博古通今，他有讲不完的故事，说不尽的古今中外神奇的传说和多彩的世界见闻，他更擅长美术，有时画的小漫画常常逗得我发笑、忍俊不禁。这一切在不知不觉中使我对他产生了强烈的敬慕心情，并由衷地愿意向他求教，决心做个有学问的人，做个有知识的革命战士，从此，我便努力工作，努力学习，这样，我很快就适应了环境，我喜欢同学们，同学们也喜欢我，当时我虽年仅17岁，但同学们都称我为大姐，我由衷地感谢田风同志对我的帮助和教诲！

二

1946年100月，蒋介石撕毁"双十协定"，集中兵力进攻辽东解放区。中共安东省委决定，白山艺术学校撤退到辽南地区。当时，艺校只在党内作了撤退动员，对同学讲的是下乡实习，可是战火已经烧到安东市的北郊地区，安东市内形势已经很紧张了，战争的忧虑和恐惧已从许多人的脸上流露出来。实际大家心里明白，这次下乡实习就是撤退。市面上已经乱哄哄了，校内正在忙着整装待发，大部分同学忙于清理单位和个人的东西，也有的同学正在犹豫是随学校走还是留下？在战争中进攻还是撤退，对一个老兵来说可能是件平常的事，可是对刚刚参加革命的年轻学生来说，那就是生死别离的大事，跟着学校走就意味着与自己的父母、兄弟姐妹和一切亲人无限期的分离。人们的思想斗争是可想而知的。临出发前，学校安排董伟监视一名所谓有"政嫌"的女同学，没想到这个同学借上厕所的机会跑掉了。这可把董伟吓坏了，董伟哭得像个泪人似的，大家也乱成了一团。恰在这时田风来了，大家都捏着一把汗，为董伟担心。没想到田风问过情况之后，便严肃而又深沉的说："哭什么，革命是自愿的，她不愿跟我们走，就随她去吧，将来她一定会回来的。”董伟和我们听了这一席话，都非常感动，事后董伟跟我说：“田风真是个好领导，他关心人，也理解人，他虽然没有批评我，但他的态度和话，比批评我一顿还受教育。”（据了解三年后那位同学又回到了革命队伍，在一个剧团工作）。“疾风知劲草，动荡识英雄”，在革命的紧急关头，最能显现一个革命者的襟怀和品格。田风在白山艺校紧急撤退中的种种表现是令人敬佩的。10月23日下午，白山艺校和安东电台全体同志乘两只木帆船从鸭绿江向黄海进发，当时的形势是很紧张的，国民党军队已经接近了安东市郊，晚撤一步就有危险。田风和白鹰同志负责一条船，我被分配在田少伯、王金山、刘相如同志负责的那条船上。当我登上船发现田风的勤务员王同禹也在我们这条船上。我说：“小王，你这个勤务员，为什么不跟你的首长在一条船上？”王同禹气呼呼地说：“他把我安排给伙食班李班长，让他来照顾我，自己就到另一条船上去了，他不叫我照顾他，还叫别人照顾我。”这时的王同禹，是个不满15岁的穷孩子，他的任务是帮助田风做些勤杂事务。其实，更多的是田风照管他，教他读书、写日记，给他讲革命道理，学文化、学知识。田风把他当自己的子弟一样关怀照顾。船原来行驶的目标是庄河，船刚靠岸，老百姓就告诉我们：这里昨天就被国民党占领了。我们只好向大海挺进，当船离开岸口不久，海上刮起狂风，恶浪滚滚，许多同学都吐了，两天没吃东西的人，吐的都是黄色的、绿色的水。有的同学忍耐不住大声哭起来。天气继续恶化，风浪越来越大，两只船被吹散了，我们这只船的桅杆被刮断了，失去控制的船体，像一片树叶随风飘摇，时而被巨浪抛向空中，时而被冲落到浪谷。船老大跪在船头向老天磕头祈求，说他开了几十年船也没遇到过这样的天气。白山艺校全体师生，就是在这大灾大难的日子，饿着肚子，吐着苦水与狂风恶浪、与死神搏斗了七天七夜。风终于停了，浪平了，在海上失去联系的两只船也在新金县的海岸相会了。当先上岸的同学跑去迎接曾认为生死难测的那只失去联系的船的时候，真像死里逃生再相逢一样，大家激动得把田风和白鹰抬了起来，一次一次高高抛向天空，高喊着“乌啦！乌啦！”那只船的同学被接到住处后，对田风同志在海上的表现一致赞不绝口：“田风校长真可以啊！在那艰难的时刻，他强支着虚弱的身体，站在船头上，用红军过草地、爬雪山、强渡大渡河的革命精神，鼓励大家坚持下去就是胜利。并且，亲自给同学端屎尿，收拾呕吐物，领导这样做了，同学好似得到一点安慰，增加了克服困难的勇气。”直到今天回忆起当时的情况，许多同学仍十分感叹地说：“田风同志以身作则，最打动人心，这样的领导叫人心服口服。”

白山艺校到达黄海岸皮口农村进行休整，过游击生活，在睡草铺、砸冰取水的艰难环境中，还赶排了一些节目在农村演出。后于1946年11月转移到大连市，同大连中苏友好剧团合并成立了旅大文工团，团长是陈陇同志，田风担任副团长，李莫愁同志任政治指导员。

那时的大连是战后苏联同蒋介石政权签订的《中苏友好同盟条约》约定的苏军和国民党共管的地区，共产党还处于地下活动。旅大文工团为了宣传群众、发动群众，抓紧时间赶排了许多解放区的剧目，如《把眼光放远点》、《母亲》、《白毛女》等优秀戏剧，深受旅大人民的欢迎。1947年4月，我军二次解放辽南，组织决定白山艺术学校要一分为二，由白鹰、田少伯、王金山、刘相如等领导同志带领绝大部分师生回辽南继续办白山艺术学校。田风、李莫愁同志和20余名师生留在大连开辟文艺工作。同年5月6日，关东公署决定将旅大文工团改为关东社会主义教育工作团。“社教团”成立第一次演出的剧目，就是田风编导的四幕大型话剧《妻离子散》，该剧是田风在丹东时根据岫岩县一个农民的血泪家史创作的。我在这个剧目中担任农民石广生的妻子。我本来不会演戏，但大部分演员都走了，不会演也得演，可以说是“赶鸭子上架”了。我虽然出身农民，但要在舞台上演好农村妇女，可真叫我发愁。为了演好这个戏，田风除了在排演场上耐心辅导外，还在业余时间个别辅导，有时我实在演不好，田风甚至生气地说：“你的嫂子、你们妇救会受苦受难的妇女是什么样？你好好想想她们是怎样说话、怎么干活？不要装腔作势，自然点就行嘛！”这话对我很有启发，田风给我讲戏剧理论，斯坦尼体系等等我听不进多少，但是讲农村的生活、风土人情、农民受苦受难引起我的共鸣。田风看我很认真的排练，口头未表扬过我，但暗中高兴。排练之后他曾悄悄对我说：“于华，在演员极为缺乏的情况下你顶了下来，给我工作很大支持，感谢你呀！”此时田风在排《妻离子散》这个大型剧目，困难的确太多了，留下的这20多人中，真正能演戏的没有几个，柳寒生同志是河南人，是一位解放区来的，和我一样的工农干部，不曾演过戏，让他演老头，那一口地道的河南腔观众很难听懂，我是一口胶东调，可以说全剧演员南腔北调的都有。可《妻离子散》在田风精心的排练下，演出是成功的，常常出现台上演戏，台下观众高喊“打倒地主”的场面。田风和大家都非常高兴，好似胜利完成了一个战斗任务似的。但我感到演剧对我来说太难了，首先我这一口胶东话就改不了，因此我还跟田风说：“这项工作不适合我，我太缺少艺术细胞了，还是让我去做妇女工作吧。”田风对我的要求没有肯定也没有否定，那双大眼睛紧紧地盯着看我，然后用手点着我的鼻子说：“你呀，于华真是个有个性、有主见的女孩子哟！”弄得我很不好意思。

三

我和田风是1947年11月结婚的，在这之前，我作为他的学生，接受了他那样多的诚挚的教诲，学到那样多的知识，他是一位严肃的、诲人不倦的师长，我尊敬他、崇拜他，但从未想过我会成为他的妻子。我一直认为田风这人真好，他是个好领导、好同志，甚至是好朋友，但要与他结婚这是不可以的，因为他的年龄比我大许多。因此，我感到十分矛盾，我曾把这矛盾的心理跟我的好朋友董伟说了，她非常直爽地说：“那怎么不可以？田风长的既帅又潇洒，有才华，对人又好，我觉得挺好的。”

我说：“你看他好你就跟他结婚吧！”董伟笑着说：“他不爱我，要爱我，我就干。”田风是个文人，但在恋爱的方式上我觉得像我们农村的年轻人，很腼腆，他从来不跟着你穷追不舍，而是默默地关照着、追随着，当时的领导大概都明白他的意思，如团长陈陇、指导员李莫愁同志，都找我谈过话。陈陇同志是诗人，生性耿直，找我谈话时直截了当：“人家田风哪点不如你？不就是比你大几岁吗？爱情是双方真心、神圣的情感，不受什么条件的限制，田风全心全意真诚的爱着你、等着你，这是最可贵的、最值得你爱的。”他看我当时低头不语，马上就说：“好啦，就这么定了吧。”弄得我哭笑不得，第二天，田风约我到外面散步，我们坐在草地上，他坦诚、详细地介绍了他自己的经历和家庭情况，在讲到恋爱和婚姻问题时，他说他30多岁没结婚，只恋爱过一次，并详细地介绍了他和王兰恋爱的经过及由此而带来的痛苦。最后，他不容我说话就深情而诚恳地说：“我爱你是经过长期的考虑，在丹东时我就爱上了你，我喜欢你那股倔强和纯朴劲儿。”这席话使我感动，他态度诚恳、语言朴实，没有什么海誓山盟，却可以深切地感到他对事业和爱情的执著和忠贞。这次谈话使我久久不能平静，田风捧在我面前的是一颗火热的心呀！马克思给她二女婿拉法格的信中说过：“真正的爱情是表现在恋人对他偶像采取含蓄、谦恭甚至羞涩的态度，而不是表现在随意流露热情和过早的亲昵。”田风对我的恋爱态度大概也是如此吧。当时我由于年龄的关系，对这一切还不能完全理解，但对一个人真诚的爱也有所感动，所以我表示同意了。在曹维东团长的积极操办下，1947年旅大文工团年终总结工作大会，也成了我和田风结婚的典礼。婚后，我觉得夫妻同在一个单位工作多有不便，加上我本来就没有文艺细胞，我便跟田风商量要调动工作，他理解我，支持我，于是1947年底，经大连市委组织部批准，把我调到大连市妇联，担任俱乐部主任的工作。由于大连当时的环境，这个俱乐部成了联系全市各界妇女的活动中心和培训中心。这里不仅开展各种形式的宣传文艺活动，而且还负责指导各区、县、企业妇女分会的文艺工作。但是我仍然感到力不从心，这时田风帮了我的大忙，可以说是工作上的坚强后盾。在此期间，我曾写过两个剧本，一个是歌剧《李秋娥》，内容是反对封建包办婚姻的；一个是话剧《秃老美》，内容是反对封建迷信的。这两个剧本都是田风帮我构思和写成的。开始我没有信心，但觉得这两个素材很动人，大连刚从日本40多年的统治中解放出来，很需要通过文艺形式对妇女进行反封建迷信的宣传教育。我跟田风说了我的想法，他很支持我，并鼓励我说：“你干的工作，就是要宣传群众发动和教育妇女群众起来争取平等、解放。毛主席讲曾经讲过，‘妇女身上压着三座大山，不把三座大山推倒，不从思想上解放自己，怎么能自由平等，与男人一起建设新中国呢？’妇女工作很重要的。”接着他就对我讲，他在北京上中学时，他很受“一二·九”运动的影响。回家动员他妈妈给姐姐放足，妈妈不同意他就亲自给她姐姐放足、剪辫子，让他姐姐上学读书。田风对妇女解放的重要意义比我理解得深。我非常高兴。说实在的写剧本我是外行，田风看我为难就主动帮我，下班回家，我们就边吃饭边讨论剧本中的结构，有时嫌家里不安静他就带我到咖啡馆，边喝茶边讨论，有时意见不一致我们就争论起来，争论一致了，他口述我记，不到一星期剧本就写出来了。歌剧《李秋娥》的配曲是现在的作曲家王石路同志谱写的，由邮电妇女分会演出，效果很好。我心里明白，这全是田风的功劳。有时基层妇女分会搞演出活动，我叫田风去帮助指导，他便欣然接受。我们许多基层妇女干部都很喜欢她，说于华的爱人真好，一点架子没有，听到这些我心里觉得美滋滋的。

四

1949年全国解放了，大连也彻底解放了，长期处于地下工作情况的中共大连市委，于1949年4月召开了第一次党的活动分子会议，正式宣布市委的公开领导地位。大连市委为加强对文艺工作的领导，决定将旅顺文工团、金县文工团、大连县文工团和旅大市总工会职工文工团和关东社教团合并成旅大文工团，由田风任团长、荀建春同志任副团长。团内分别成立了创作、戏剧、舞蹈、音乐等专业队。那时旅大刚刚从国民党的封锁中解放出来，各项经费都紧张，文工团的经费更紧张。团里想搞个像样的管弦乐队，可是没有钱买乐器，一天田风好像发现了什么奇迹似的跟我说：“团里要成立一个像样的乐队，没钱买乐器，我犯愁好久，想出了一个办法，但不知道能成不能成，这么多年了……”我没等他说完，就问：“你有什么好办法？能变魔术变出钱来？”他笑笑说：“不会变魔术，但睡不着觉，苦思苦想，忽然做梦似的想起来了，1939年我从日本回国参加抗战，回家看望父母时不便说明，只好跟父母谎说在日本呆下不去，准备去法国留学。父母一听很高兴，母亲拿出一包金首饰给我作路费和零用。我接收了并带到北京。在北京我觉得参加革命怎能带着这包金子呢，于是就把这包金子放在我们家有股份的永兴洋纸行的掌柜那里。如果这包金子还在的话，买乐器的钱就有了。”我说：“这么多年了，兵荒马乱的，有没有就难说了。”田风说：“派人去看看可以吧，如果真有，用这笔资金建立乐队你赞成不？”我很坚决地告诉他，“如果真有，你不买乐器我也要你交公，你们家是剥削阶级，凡是剥削的钱都应该归还人民嘛！”田风高兴地拍拍我的脸说：“好于华，你太理解我了，我马上派人去看看。”他随即把文工团总务科长张永庆同志找来，与他商量，派他到北京跑一趟。张永庆同志同意了，田风还给掌柜的写了一封信。未料到张永庆同志到北京真的把这包金子拿回来了。那掌柜的不放心，还派了一个人一块儿送到大连。他高兴地说：“这下乐队有希望了，我一定要把旅大文工团的乐队办成一个乐北地区一流水平的乐队。还要向维也纳的乐队看齐。”他那股子兴奋劲是我从来没有见到的。由于我是贫农出身，对剥削阶级的界线划的可谓彻底，张永庆同志要把金子暂放在我家我都不同意。弄得张永庆没法子，哀求的说：“这多金子，我又没有保险柜，就先放在你这儿吧。”几天后，当张永庆准备到银行去卖金子时，看那包金子连动也没有动，就说：“于华同志，你见过金子吗？”我直摇头，他说：“那你看看怕什么？”说着就把包打开了，我一看全是戴过的金镯子、金簪子、金戒指等，金灿灿、沉甸甸的，应该是田风母亲用过的贴身饰物。张永庆坚持让我留个好看的戒指作个纪念。我坚决不要。因为田风一心想的是建立乐队，所以对这些东西很不在意，催着张永庆赶快把这包金子拿到银行卖掉，并派他到北京买乐器。张永庆同志认真负责地、不辞辛苦地来回跑了好几趟，买了一批极好的乐器回来。从此，旅大文工团乐队“鸟枪换炮”，建起管弦乐队，演奏水平提高很快，在音乐会上演出时一鸣惊人。当时不仅在大连是空前的，就是在东北地区几个省中也是有名气的。现在的知名音乐家谷建芬、秦咏成等同志都曾经是这个乐队的成员。但直到现在，许多同志并不知道这支强大乐队的经费来源之一是田风母亲的遗物。

只有我和张永庆等少数人心里明白，每当看到这支乐队的演出受到雷鸣般掌声的欢迎，我从心里感到田风有一颗金子般的赤心。田风就是这样的一个人，他认为革命需要自己做的事情，就义无反顾地干到底，勿须、也不应该向任何人去表白自己。人们更不知道，在全国刚解放不久，他写信给有关地方的政府，把他家在北京、天津、上海、广东等地的洋行股份也全部交公。他家到底有多少财产到现在我也不清楚。

田风搞了一辈子戏剧，但没有留下自己的作品，他在大连的八年，从下基层体验生活到创作，在他的参与下搞出几十个剧本，但他从不署自己的名字，有的剧本就像帮我写剧本一样，从构思到创作他都是手把手地教，但谁执笔就署谁的名字，有时实在找不出一个人来署名就算是集体创作的。

他在电影学院工作了十年，党给了他很高的名誉，1960年，电影学院首次评出的几名正教授中就有田风，同时还任命他为导演系主任教员。可他对主任、教授等荣誉都不放在心上，甘愿当个教书匠，白天黑夜地和学生们滚在一起。为什么至今大家还那么怀念和崇敬他，就因为他把育人视为第一。不计名，不计利。这就是他为人的宗旨。

五

了解田风的人，对田风生活严谨、爱情专一，无不敬佩。田风在几次运动中挨整时，有的人在找不到问题时，就想在生活作风方面找到突破口，可是都没有找到任何痕迹。他的思想、行为可以为人师表。同志们羡慕我找了个好爱人。可是许多人却不知田风是一个忘我工作，在家庭生活中很粗心的人，他很爱我和我们的孩子，但却又往往为了工作忘记了我们的存在。他和同志们谈创作、谈表演、谈思想，经常是谈到深更半夜。当时我还是20多岁的人，白天要工作、晚上还得上业余大学、照顾孩子。积年累月，天天如此，长期熬夜我真有说不出的苦处。我也理解田风，没有因为这些事闹过意见。但最使我不能忍受的是，1951年11月我生妞妞的时候，临分娩时他不在家，我自己从机关叫车去医院的，孩子生下三天他没有到医院看我，这次我真生气了，第三天我下楼打电话从机关叫来车，抱着孩子回家了，回到家我就给田风写了一个条子："这孩子送人，咱俩离婚。"田风看到条子忙解释说："这些天太忙了，我和王同禹去过一次，因为晚了医院关门了没能进去。"我听了更来气了："医院白天也关大门吗？"田风还要解释，说什么我也不听了，我说："你好好想一想吧！"

田风无奈默默走了出去。过了几天王同禹同志来告诉我："田风的处境不妙，东北局工作组已开始调查田风，可能田风是被整的对象。"我再也不能矜持了，急如星火地去找当时大连市委组织部长付忠海同志问是怎么回事？付忠海同志说："我们也弄不清，东北局派来了一个大的工作组，看样来头不小，主要是对着市委来的，到底怎么搞很难说。"我当时认为田风不会有什么问题的，大连的文艺工作，市委欧阳钦、韩光、郭述申等领导同志都很重视，而且也是很有成绩的，哪会有什么问题？没想到高岗要搬掉欧阳钦等领导，首先来了个"扫外围"，商业局局长朱华，外贸局局长杨勉、文联主任田风，都成了首批主攻对象。旅大的问题是所谓的"民主革命不彻底"。田风的罪名是资产阶级文艺思想追求"大、洋、全"，严重的背离了毛主席的文艺路线，还有什么"家长制"、"作风粗暴"等等。欲加之罪，何患无词，一夜之间是非颠倒，为公变成了为私，正确的变成了错误。连东北局宣传部长亲自提倡的进行剧团企业化试点，也成了田风的罪过，甚至这位部长自己也亲笔写文章批判田风的剧团企业化试点是资产阶级的产物。田风不仅挨了批还受了处分。田风有口难辩。在田风挨批判那些时间里，他虽不愿让我知道他的苦衷，但在他实在苦于写不出检讨时，回家来叫我帮助他写。他勇于自责，但我一方面帮他写检讨，一方面认为对他太不公正，从而使我认识到，他在家庭生活中的缺点，正是他一心为公的具体证明。

1954年，党中央召开了七届四中全会，揭露和批判了高岗反党集团的错误。田风、朱华、杨勉等同志平反，撤销处分，恢复名誉。田风，挨整的时候没流过泪，可是听了平反的宣告，他激动地流下了眼泪。经过这场严峻的政治斗争，同志们更加了解田风了，我也更加理解和同情田风了。田风真是一个正派的硬汉子。在批判他的所谓错误时，他从不上推下卸，就连是他把母亲的首饰卖掉武装起来“洋乐队”，他从没有表白过。一切所谓错误自己全兜了。特别是在运动中发言或写文章批判过他的人，他毫无怨言更不记恨，仍一如既往，他总是说：“能够理解，应该理解。”他能够理解别人，别人也更理解他了，包括我也是如此，他对家庭生活的种种粗心大意，包括我生妞妞时，他没有到医院去看我，我也默默谅解他了，因为我知道他都是为了工作，而不是别的。

有一天傍晚，我们俩到老虎滩散步，我对他说：“我有时脾气不好，对生妞妞的事儿，我不够理智，请你谅解我。”田风高兴地把我抱起来：“嗬！于华，我还是第一次听到你对我说一句这么客气的话呢！”就这样我们一路高兴的谈着，激动的走着。虽然老虎滩离我家有十几里路，可我们却不知不觉走到家了。

我和田风的爱情是在矛盾、挫折中不断加深的。这次我下了决心，为了支持他的工作，我愿意独自承担起家庭生活的全部担子。田风是一个不讲吃、不讲穿、生活上不修边幅的人，很好侍候，从不挑剔。当然家务事他也很少管。每月把工资拿回来任你怎么花掉也是从不过问的。50年代，我就把我的父亲、弟弟、大哥的女儿、二嫂和二嫂的女儿从山东老家接到大连，几十年如一日，他从未表示过不高兴。那确实是把我的亲人视为自己的亲人。他能把钱交给公家买乐器，自己却舍不得抽香烟，整天叼着旱烟袋，抽的是旱烟末。他助人为乐是一贯的，他在日本读书时，家里寄给他有数的钱，他愿意与家庭经济困难的同学共享。王式廓、吴天同志都曾得到他的接济。特别是吴天同志在日本东京读书时，主要是田风的经济资助。在北京电影学院时，他每月的工资要寄给我一半，一半自己用。他吃饭、穿衣都很简朴，可哪位同学生活上有困难或买不起书的时候，他都主动帮助，不少的同学向我介绍这些情况时，都感慨不已！

六

1955年初，田风跟我商量，他想搞电影导演工作。他说：“崔嵬、水华、吴天、陈强、汪洋、周克等同志，都是他过去的同学或同事，他们在电影界都很有成就，我想我也会搞好的。”我支持他。他把搞电影导演的志向跟市委提出，经文化部的同意，决定调他到长春电影制片厂去当导演。恰在这时，文化部在北京请苏联专家举办一个电影导演专修班。文化部要田风担任专修班的主任。参加这个班学习的有谢添、汪岁寒、甘学伟、郭维等30多位电影导演。

田风在这两年半的学习工作时间，结识了很多新老朋友，更增加了他搞电影导演的信心。结果毕业后文化部就把他留在北京电影学院工作。从此又转入教育战线。我们俩两地生活了一年后，1956年，大连市总工会派我到全国总工会干校学习一年，同时也与全总谈好我毕业后就留在北京工作。特别是全国总工会女工部长杨之华大姐对我说：“你毕业后就留在女工部担任女工工作处处长。”我当然也是非常高兴了。于是我们全家都搬到北京。可是万万没有想到，在我的学习还有几个月就要结束时，不幸的事情发生了。我九岁的女儿贝贝病了，她总说肚子痛，却又查不出是什么病，后住到北京人民医院检查，确诊是癌症。天哪！可把我和田风吓坏了。我们尽了一切努力，把能请的知名大夫请来会诊，都说不好办，最好是做手术，孩子的肚子越来越大，人很快的消瘦。手术那天我和田风在手术室外焦急地等待着，几个小时过去了，手术室传来的消息却是：癌细胞已经扩散、腹腔内到处都有，没办法手术，只好缝上了。这一撕碎心肺的消息，使我捶胸顿足，不知不觉把头发扯下一把，田风挨着我哭起来了，医生也含着眼泪说：“你们想哭就哭吧，哭出来也许会好点，这孩子太可惜了。”手术后四个月，我们心爱的贝贝死了。在这四个月里孩子受尽了苦，癌细胞发展得太快，刀口根本愈合不了，孩子痛得头上豆大的汗珠往下掉，可是孩子咬着牙说：“我就是不哭，再痛我也不哭……”听了这话别说我和田风这做父母的心无法忍受，就连给贝贝治病的小儿科主任也掉泪了，说：“我们做医生的治不了这孩子的病感到惭愧啊！”1957年5月30日，我们的贝贝永远离开了我们。6月1日我们买一口大人棺材把我们心爱的贝贝葬在八宝山山顶。我深知田风是条硬汉子，他经过枪林弹雨，经过无数的磨练都挺过来了。可是今天，他再也承受不住了，我们把心底里的悲痛快淋漓地哭出来，把我们的悲戚的泪水一点不留的全流出来……贝贝死后，儿科主任向我们提出了一个请求，希望家长能同意解剖，他说："九岁的孩子得这种病，癌细胞又这么恶，实属罕见，解剖对医学研究很有价值，如果你们同意解剖，你们欠医院的1800元费用可减收百分之五十。"我们俩共同的意见："既然对医学上有研究价值，我们同意献出我们孩子的遗体，但钱我们不能少交，那样我们就对不起孩子"，儿科主任含着眼泪向我们感谢！在贝贝有病期间，为了请医生、买药等，家里能卖的东西都卖了，我们欠医院的1800元，先借钱给医院。但我们俩商量，我们决不请求组织上的补助，月月从我们的工资扣，就等于我们的贝贝还活着。田风最爱贝贝，我生了四个孩子，只有生贝贝的时候他在产房外等着。这孩子既聪明又漂亮。田风几天吃不下饭。贝贝的死对我们的打击太大了。七月我毕业以后，我跟田风说："我们还是回旅大吧！我看见贝贝的同学和邻居的孩子们，看见贝贝的学校和带着她走过的街道我就想贝贝，我实在受不了啦！"田风见我天天流眼泪，哭的伤心，为我擦着眼泪说："我回去怕学校不能放，你先带两个孩子回去吧，以后我也争取回去，在大连你的朋友多，回去心情会好些"。田风做出这样的决定完全是为了我。他一贯谦让我，为我着想，自然我也要关照他。我心想，我回去一定设法把田风调回去。因为旅大市委和文艺界是一定会欢迎他回去的。这样，我就带着两个孩子又回到大连，和田风又过着两地分居的生活。没想到八年中大连曾多次派人到北京商调田风都未得到同意。

八年的分居生活，每当我看田风身体不好，我就后悔当初不该回大连。田风只有每年寒、暑假回大连探视。但就是这短短的两个假期，不但我和孩子们盼他回来，旅大话剧团、歌舞团、杂技团的同志们也盼他回来。田风每次回到大连就像块磁铁似的吸引着文艺界的朋友，受到大家的欢迎。都希望利用这个时间请他给指导排练节目，田风除了晚上回来，白天很难在家里看到他。有一年春节晚上，全家人等他回家吃饭、过年，到八九点还不见人回来，我打电话到处找他，结果在杂技团找到了，我生气地说："你不用回来了。"就把电话给挂上了。他回来说："杂技团家在外地的同志很多，他们非留我在那里不可，还要我给讲讲，你说我好意思走吗？”我想想也是，田风从来就是这么个人，我也就只好原谅他了。田风是一个忘我工作的人，这点我太了解他了。所以后来我在生冬冬和冬梅的时候，他在北京，我也不告诉他免得他为难。1958年，正值田风在上海电影制片厂和崔嵬、沈浮同志拍摄《老兵新传》时，（崔嵬同志是导演兼主演，田风做副导演，片子是在北大荒拍的）这时我发现腋下长了一个大疙瘩，经铁路医院、医学院医院检查，确诊是恶性肿瘤，铁路医院要我立即住院做手术，当我知道是恶性瘤时，我心里很难过，心想这下完了，田风和孩子怎么办呢？

父亲还有哥哥们管，可我若不在了，孩子们怎么办？尽管我心里很难过，但仍不想让田风知道。他好不容易有这么一次实践的机会，决不能影响他的情绪，特别与崔嵬同志合作，当初在晋察冀火线剧社的时候，崔嵬同志是社长、田风是导演，这次合作该多么难得呀。可是医院在手术前非要亲人签字不可，我说不用了，我单位签字就行了，但单位又不敢负这个责任，结果还是单位给田风发了电报，田风接到电报立即赶回来了，此刻我能想象出田风的心情，坎坷的道路，艰难的人生，我们爱女的离去，夫妻长久的两地分居，如果说我们休戚与共、相濡以沫的话，那么他的命运更苦，生活的更难，在我身处生死攸关的时刻，他还能经得起这些打击吗？我更替他担心。手术是在大连铁路医院由黄院长（兼外科主任，台湾籍人）亲自给我做的。手术后经化验，不是恶性瘤，是个干状的大结核包。

田风焦急不安的脸上露出了笑容。这个结果是皆大欢喜的，市妇联、市总工会的同志们跟我说：“于华，这场虚惊可非同小可，我们背地不知流了多少眼泪，田风当你面装着镇静，可他当我们哭的教人伤心。”手术没事了，田风说：“这下我可放心了，我明天就回到北大荒去。现在正拍外景紧张的时期。你好好休息，我走了”。“工作就是你的命，没事了，你走吧，你这个老兵再好好的演一场新传吧！”田风看我挺高兴的，他也就精神抖擞地向我告别，回到北大荒去拍他的《老兵新传》去了。

七

1964年，田风患急性肝炎回大连养病，我看他身体实在不行了，而他调回大连工作的希望已成泡影，我必须到他的身边去照顾他。于是我下决心要求组织上同意我调到北京去。这时我已是大连市妇联副主任、党组副书记，市里本不想放我走，可市委几次调田风又调不动，也很同情我们，市委立即与中央组织部联系，很快得到同意调我到北京工作的答复。田风高兴的拍着我的手的说："于华这太好了，以后咱们永远再也不分离了，这苦日子我也过够了。"孩子们听说全家都要到北京和爸爸在一起兴奋极了。冬梅还小，妞妞和冬冬围着爸爸："那以后我们就可以天天和爸爸在一起了！"田风美滋滋地摸着孩子们的头："是的是的，以后我们就可以天天在一起了。爸爸可以带你们在北京好好玩玩了！"

但是全家正在高兴、我们夫妻分离八年的生活即将结束，全家团圆即将到来的时刻，不幸的事又发生了。1964年8月，突然接到北京电影学院的加急电报，要田风立即回京。田风也不知道是什么原因，还以为传达中央重要会议精神呢，立即买了车票就回北京了。半个多月过去我没有接到田风的来信，我打长途电话到北京，让他到中央组织部问问父亲和嫂子的户口可否一块儿转去？可是田风在电话里声音颤抖地说："你不要来了！"就把电话给挂上了，我感到十分惊奇，怎么回事？

我去北京也是他盼望已久的，怎么又不让我去呢？我百思不解。我把这情景跟市委组织副部长付嘉兰同志说了，她说田风不会有什么问题，要不你就去一趟，一方面看看是怎么回事，一方面到中央组织部联系一下你搬家的事情。我很快到了北京，田风看到我一句话也没说就抱头大哭起来。田风是一个克制力很强的人，他很少这样激动、这样痛心。我急忙问他到底发生了什么问题？他说："我说不清楚，我回来以后才知道，我教的导五九班半数以上的学生被定为'反革命小集团'，有几个学生被定为'反革命'，我教的一班学生全毁啦。"我问："他们到底是什么问题？"他说："我也不清楚，我回来以后学院就让我交代'反革命小集团'后台的问题。你不要来了"。我看他痛苦的样子，我说："越是这样，我越应该马上来，家搬来了以后对你生活上、精神上都可以有些照顾。”于是，我立即给大连市妇联打电话，请她们帮我做搬家的准备。9月中旬我把家搬到北京。我和我的三个孩子及我父亲、嫂子、嫂子的女儿，一家七口人都来啦，可是田风并没有因我们的到来感到欢乐，虽然我们和孩子天天在一起了，但根本没看到他和孩子一起玩玩。他还是整天愁眉苦脸、唉声叹气。我劝他：“实事求是，不要怕，旅大那次审查后来还不是给你平反？”他说：“只我自己还好说，可那班学生本来已毕业了，是我主张再延长一年，是我毁了他们的呀！”此时此刻的田风是非常孤独的，没有一个人敢到我们家来。会一个接着一个地开，每次开会回来，他的脸上都挂着愁容，天天写检讨，但总是过不了关，特别是学院组织全校师生下乡搞四清，最后大家都出发了，没让他去，他感到不好了，他说：“于华，看样我的问题严重了，我连下乡的资格都没有了。”是的，自从大家下乡搞“四清”，学院里组织了一个九人特别小组，批判会人数虽不多但调子越来越高。田风只笼统地承认自己是“反党小集团”的后台是不行的，要交代出具体的事实和动机。田风不会说假话，永远不会。所以他只是承认和批判自己出身不好，资产阶级的立场没有转变，严重的背离了党的教育路线和文艺路线，是过不了关。田风再不是过去的田风了，他那潇洒、文人气质完全看不到了，此时的田风全然变了样，他不洗脸不刮胡子，简直像一个囚犯。最后有一个月，他几乎没有脱衣服睡过觉……晚上睡不着随时爬起来写检讨，有时写一夜到天明，纸上还是两行字。我说：“田风你实在写不出来，你口述我给你写吧。”他说：“我说什么呢？我没有什么说的呀……”作为一个心地善良、无限忠于党和社会主义的知识分子，怎能承受得了这一切？我感到田风的处境太难了，精神也很不正常，但问题到底严重到什么程度我也不了解。我也是十分苦恼的。于是我就把田风的情况如实向我的组织上作了汇报。在这种情况下，我所在组织的领导只能要我多帮助他，并对我给予鼓励和安慰。可田风的情况一天比一天恶化，整天嘴里念道的就是一句话：“鸡蛋里挑骨头，鸡蛋里挑骨头啊！”我安慰田风说：“咱认了，愿定什么罪就定什么吧，我于华要饭吃也有你田风一口。”可是这时田风什么也听不进去了，整天在屋子里走来走去，连吃口饭也是走着吃，他在想什么呢？

1965年1月25日三九寒冬的夜晚是我全家最不幸的日子。当晚我下班回家时他已出门，等到10点他没有回来，等到12点还没有回来，我心想，这次会开的可够长的了，到了下半夜他还没有回来，我有点急了，就到学院办公室找他，看到办公楼所有窗户都是黑黑的，又到宿舍楼去找，见到汪岁寒同志家的灯还亮着，我才松了一口气，以为是田风到汪岁寒同志家里了。我急忙到岁寒家敲门，岁寒的夫人梁未如同志一说：“田风没有来”时，我的心“咯噔”一下，心想天这么晚了，他能到哪儿呢？莫不是他去散步忘了时间？于是就去太平湖公园找他，太平湖公园只有几个破冰的人，那天天气特别冷，风又大，我围着公园边走边喊：“田风、田风！”回应我的只有呼啸的北风。我拖着沉重的脚步回到家里，心里忐忑不安，但故作镇静，不敢惊动父亲和孩子们，但我已预感到了情况不妙，就再也坐不住了，下半夜三点钟我到演员剧团大院找到学院党委书记，我告诉他田风到现在没有回家，他说：“明天还要开会，他能到哪里？”这时我再也忍不住了，我问：“田风到底有什么问题？”书记说：“他本人没有什么问题，导五九班是他教的，怀疑他是导五九班‘反党小集团’的后台”。我问：“有什么根据？”“根据还说不上，但他是有责任的”。我听到这里，真有点火了：“既然没有根据为什么这样整他？”书记虽没有再说什么，但答应马上组织人去找田风。我回到家，天已经快亮了，但我没有敢把田风失踪的事情告诉家里人，设想也许田风能回来呢？但早上八点多钟，院长、党委书记都来了，我从他们脸上的表情就看得出是出事了，他们说：“很不幸，田风同志死了。”我的天哪！田风死了？我的头上像重重地挨了一棒，眼前天昏地暗，再也看不见什么东西，当我醒过来时身边围了好多人，医生说：“你抽疯了，别说话好好休息休息。”从此，我经常抽疯，患上令人难以承受的癫痫病。当时，我怨恨田风千不该万不该这样做，我们一家七口人投奔他而来，在北京我举目无亲，这叫我怎么办？他就这样狠心撇下我和三个幼小的孩子，自己走了，永远的走了，再也不回来了。我们全家老少七口人哭成一团，听到孩子们那哀哭声，我的心都要碎了。我实在承受不了啦……

我十分感谢轻工业部副部长夏之栩大姐为首的一些老大姐及同志们对我的理解、同情和关怀。事情发生之后，轻工业部政治部人事司和机关党委的领导同志都来了。来之前，她们已到学院党委了解情况。到我家时都十分悲痛地说："于华，你别太难过了，你要坚强些，既然田风本人没有什么问题，相信组织上会把问题弄清楚的。"话虽不多，但对我当时的处境是极大的安慰，极大的支持。我感到有了力量。是的，田风为什么下这样的决心，离开他一生所追求和奉献的文艺事业，离开他用心血培育的学生们，离开我和他心爱的三个幼小的孩子？不弄清楚，他背着黑锅去了，可这黑锅我和我的孩子要背到什么时候呢？我不能被感情压倒，是应该弄清问题的时候了。我约请北京电影学院、文化部、北京市委大学部的领导谈话。当我谈到田风的过去和我来北京这四个月的所见，田风对党、对人民是无限忠诚的，他是委屈的。我要求组织上进一步弄清他的问题，给他做出一个公正的结论时，北京电影学院的领导和文化部、市委大学部的领导，都深表同情，表示一定要认真对待这个问题。不久经过文化部、市委大学部和学院党委的研究，给田风做出了一个没有什么问题的结论。

由于我长期不管家，一直是父亲管钱，嫂子买菜、做饭，仅我一个人每月一百多元的工资养活七口人，这日子是相当不好过的。但我不愿让组织上知道我的困难，我未申请过一分钱的补助。是我的哥哥、嫂子们给了我很大的帮助。不久，"文革"的疾风暴雨又来了，新的灾难又降临了。田风这个已经死去的人，再一次被揪了出来。这次不仅是"反党小集团"的后台，而且还是"叛徒"、"反动学术权威"，个个横祸接踵而来，我的家被抄了；孩子在学校被当成"牛鬼蛇神"的狗崽子被批斗了；田风的骨灰盒从八宝山革命公墓取出放在学院大院里晒着；晚上拉我陪着骨灰盒在一起被批斗，让我交代为什么要包庇这个"叛徒"？为什么为他鸣冤叫屈？每斗我一次，我回家就抽一次疯，最后竟把田风的骨灰撒掉，骨灰盒砸烂。我受株连，挨批斗只是因为我是田风的妻子！连轻工业部一些对田风问题有所了解的领导和同志，特别是给我以安慰和鼓励的领导也跟着遭殃，被加上了“为叛徒翻案”的罪名，夏之栩大姐还为此挨了批斗。毋须多言，凡经历过当年运动的人都会可想而知，那时，为我们的国家和我的小家，我是多么的难过啊！

1976年，以江青为首的“四人帮”反革命集团被揪出来了，全党、全国人民无不拍手称快。特别是党的十一届三中全会的召开，清算了林彪、“四人帮”的罪行，纠正了“左”的错误路线，恢复了党的实事求是的政治思想路线，拨乱反正，落实了党的干部政策和知识分子政策，田风的冤案才得到了彻底的平反。我为我们的党、我们的国家高兴，也为田风高兴。

1979年，文化部、北京电影学院党委，对田风的问题，重新做出复查结论。结论谈到：“1964年文艺假整风时，把‘导五九班’半数以上的学生打成‘反党小集团’，纯属错案；把田风同志作为‘反党小集团’的后台，修正主义文艺、教育路线的执行者，进行批斗，是完全错误的。田风同志之死，纯属冤案……为了全面落实干部政策、表彰田风同志的功绩，给田风同志重新举行骨灰安放仪式，为他平反昭雪，恢复名誉。”

1979年4月 24日，北京电影学院在八宝山革命公墓为田风举行了骨灰安放仪式。田风是在国家危亡的关键时刻、在革命最艰苦的年代，抛弃优越的学习环境、抛弃富足的家庭生活，投身到革命队伍的，他酷爱艺术，在美术以及导演、表演艺术上都有较深的造诣，但因为没有留下作品，而不被人们所熟悉。然而，为了给祖国培养更多的新人，他默默无闻地做着园丁的工作，把自己的心血和才华奉献给青年一代。他自己常说：“只要在我教过的学生中，有几个能成为对社会主义建设有贡献、艺术上有造诣的人，我就满足了”。如今他所培养的学生、遍布祖国各地，有些同学成为著名导演、演员、舞蹈、音乐、美术家，当然，这些名人主要是党的培养和个人的努力。但对田风来说，这正是他一生的渴望和为之而奋斗的夙愿。

1994年2月

与父亲在一起的短暂日子

■ 田兰　田冬冬　于冬梅

每当我们凝视墙上的油画，心情久久不能平静，思绪万千。山林青翠，小路蜿蜒，野花艳丽，一切是那么熟悉，都在画里，就在眼前，使我们忘不了孩提时常玩耍的地方，更忘不了赋予这些大自然生机的人——我们的父亲。

从小我们和父亲在一起的时间就很少，少得使我们觉得可怜。父亲1954年离开大连到北京工作时，只有田兰（三岁），冬冬和冬梅还没有出世。以后10年间，父亲只是在寒、暑假才回大连，假期里父亲既不属于我们，也不能归他自由支配，旅大话剧团、歌舞团、杂技团的领导，经常请他去指导工作或排节目，许多演员、导演都想趁此机会与他多谈谈。父亲去世后，他的学生们常到我们家看望母亲和我们，他们聚在一起追忆父亲，谈他如何讲课、排戏，辅导他们，如何像家长一样关心、体贴他们，甚至训斥他们，连父亲的习惯手势和面目表情他们都记忆深刻，模仿得惟妙惟肖，我们听了心里真是又羡慕又“嫉妒”，他们同父亲在一起的时间和父亲对他们的教诲远远超过了我们。父亲就是这样把所有的心血和爱都倾洒给他热爱的事业和他的学生和同事们。

我们小时候，特别盼望放假，盼着父亲早些回来。那时我们常想，如果我们都是大孩子该多好，就可以和父亲谈好多好多的事，把父亲给“占有”了。也许父亲能看出我们的心思，在百忙中也抽出点时间来陪陪我们这些小女孩。记得有一年暑假，父亲对我们说：“咱们去南山写生好吗？”我们高兴地跳起来，抢着帮父亲拿画箱、拎马扎，我们从家里一直走到南山。父亲问：“你们说咱们去哪里画好？”我们几个嚷着：“要有花有草树多的地方，这样您画画我们可以采花去。”父亲说：“好！女儿们要采花，那就找有花的地方。”我们来到一个小山坡，父亲选好了位置支起了画板，我们几个就跑到山坡上采着叫不出名的野花，红的、黄的、白的……几双小手都拿不下了，个个忙得满头大汗，兴奋得两腮通红。我们得意地把采来的鲜花给父亲看，父亲笑着眯起眼睛问：“你们知道什么颜色的花放在一起才好看？”我们抢着说：“把花放在一起都挺好看的。”父亲说：“不见得吧。”他说着边从我们手中抽出几支组合在一块，又抽出另几支放在一起，我们看着经父亲搭配后的鲜花，一组色彩淡雅别致，另一组绚丽多彩，经父亲指点，我们才知道这其中大有学问。父亲经常给我们讲些通俗易懂的中外故事，深入浅出地教我们许多知识，使我们潜移默化地得到了父亲的艺术熏陶。我们十分爱听父亲讲话，尤其是爱听父亲同别人聊天，他和别人聊天的内容都离不开艺术。

我们很崇拜父亲，总觉得他肚子里有讲不完的东西，每次听都是那么新鲜有趣，以至到我们家来找他的人，没有呆一会儿就走的，往往一谈就是几个小时或更长的时间。父亲有时不让我们听，怕耽误我们做功课，或许认为我们还是孩子听不懂。可我们却十分好奇，总是找点理由，进屋拿点东西什么的，然后悄悄地在旁边听一会儿，听他们讲剧本、讲人物、讲道具、讲舞美……父亲讲得起劲儿时，往往站起来，边说边比划着。以前我们看杂技变魔术节目时都挺纳闷，一个大活人钻进箱子里，转一下怎么就没有了呢？有一次，听父亲和杂技团的叔叔谈道具的改进，才恍然大悟，当时父亲边谈边还在纸上画出道具改进的图形，那位叔叔如获至宝地把图收好拿走了。父亲年轻时，曾在日本东京美术学校留学过。一次他在家里听收音机，调频道调出日语台，他听了会儿，又跟着讲了起来，我们都很吃惊，“怎么父亲还会说外国话？”父亲笑着对我们启发道：“人只要勤奋，就没有翻不过去的山，蹚不过去的水，也就没有学不会的东西。”这句话对我们的启迪太深了，而且一直成为激励我们努力进取的座右铭。

父亲爱才，十分注重年轻人的培养，所以无论是他的学生们，还是爱好艺术的年轻人，他都孜孜不倦的帮助他们。他独自在北京时，他的宿舍是学生们最爱去的地方，父亲同他们海阔天空，无所不谈。“文革”中，这也成了父亲的一大罪状，被斥责为“裴多菲”俱乐部。在大连放假时，也时常有年青人找到家里来，有的请父亲修改剧本；有的想当演员请父亲辅导；有的作画的拿着作品，请父亲指教。记得有一年一位个子不高、很腼腆的姑娘，是位高中毕业生，常来找父亲，她希望自己能当个演员，请父亲帮助她。父亲没有马上回绝她，而是耐心地同她谈人生，谈青年人的理想与追求，父亲告诉她，演员这个职业看起来很令人羡慕，但做一名真正的演员是要付出很多艰辛，首先不仅要具备外在的条件，更重要的是要具有较深的内涵和修养，我们每个人在社会上只是职业的分工不同，但只有找到适合自己的位置，才能充分发挥自己的特长，更好地为人民服务。父亲语重心长的这番谈话，使姑娘很受感动，她打消了做演员的念头，最终成为一名光荣的人民教师。

田兰小时乳名叫妞妞，上小学后学名就成了田妞妞。到了小学五年级，有一天父亲说：“妞妞，你这个名字不难听，可你不能一辈子都叫妞妞，到了七八十岁成了老太太还叫你妞妞，你愿意吗？”妞妞想也是，就同意改个名字。父亲沉思了片刻，用征求的口气问她：“你自己想叫什么名字？”当时学校正好组织看《年青一代》，女主角林岚深深地吸引着她，她对父亲说：“叫田岚好吗？”父亲同意了。第二天，妞妞让父亲写个便笺给老师带去，父亲想了片刻对她说：“妞妞，‘岚’字不错，很有诗意，可就是你这座小山压在了爸爸头上，这可让爸爸太累了。”妞妞明白了父亲的意思，连忙说：“是爸爸背着女儿，那才有意义呀。”父亲听后哈哈大笑，于是提笔写了便笺。事隔不到一年，妞妞有次去医院看病，护士小姐不认识“岚”字，在走廊里大喊“田风”，这下父女同名了，弄得妞妞哭笑不得。只好回家央求父亲，不想再让爸爸背着她了，还是改个字，但最好不改音。父亲又提笔写了“蘭”字，妞妞说：“这么多笔划太多了，找个少点笔划的好吗？”父亲忍不住笑了：“傻孩子，这‘蘭’字是‘兰’字的繁体字，知道了吧。”从此妞妞的大名就改为了“田兰”。父亲酷爱艺术，用自己的身心耕耘着艺术，他也十分希望自己的女儿们能热爱艺术。我们很小时，父亲就买来了小提琴，请人教我们。后来又请了旅大市歌舞团的王石路叔叔教妞妞弹钢琴，那时我们都很贪玩，每次自己练琴时，我们都悄悄地溜出来，看人家排练舞蹈，觉得很有趣，这样漫不经心地学了半年，都没什么起色。可父亲一直惦记着我们学琴的情况，放假回来，总要问我们学得怎么样了，有一次他对妞妞说：“我要听听你弹得怎么样了。”这下妞妞可着慌了，抓紧时间好好练琴，可为时已晚，一天父亲同歌舞团的几位领导谈完事后一起到琴房听妞妞弹琴，她紧张得两手不听使唤，把老师叮咛过的重点也都忘了，几首自认为练得很熟的曲子弹得断断续续，弹完后父亲没有责怪她，只是说：“看来你可能不是学琴的料。”现在妞妞回想起来，感到父亲当时一定是非常失望，所以也就没有让她再学下去。等妞妞真正懂事后十分懊悔，太不理解父亲的一片心意。现在每当她看到别人弹钢琴，每当听到优美的钢琴曲，都会想起这段往事，想起父亲，心中有种说不出的滋味。

父亲爱海。每年暑假回来无论怎样忙，他都要带我们去海边。每年的这一天是我们最欢乐的日子，我们在海滩上捡贝壳、捉小螃蟹、堆沙子，只在岸上嬉戏，却不敢下海。游泳是父亲“逼”我们学会的。每次父亲把我们赶到海里，我们都紧紧地套着救生圈。父亲说，“你们这样永远也学不会游泳。”他劝我们拿掉救生圈，他来保护我们。我们半信半疑地把“救生圈”拿了下来，父亲手拉着我们，教我们换气，又让我们把头埋在水里，双脚拍打着。开始我们觉得很自在，一会儿父亲的手不见了，吓得我们要命，想喊父亲，还没等喊出声来就喝起水来，双手双脚不由自主地乱划着，就要往下沉了，这时被父亲一把揪了起来，“还不错嘛，就这样你们不就会游了吗。”我们心里害怕极了，责怪父亲不该不告诉一声就撒手，可父亲却说：“这才叫经风雨，见世面，什么事不磕磕碰碰怎么能行？”以后我们再也不用父亲给“辅导”了。

1964年9月，我们全家随母亲搬到了北京，与父亲团聚了。我们高兴极了，这回可以生活在父亲身边了。可我们觉得父亲比以前苍老了许多，人更消瘦了，背也有些驼了，脸上再也见不到以往的笑容，跟我们也很少讲话。一个人关在屋子里踱来踱去，整天愁眉苦脸，唉声叹气。我们不知道父亲那时已在挨整，处于生与死的边缘。1965年的初冬，是个寒冷的冬天，阴沉的天气使人感到压抑和心寒。1月25日那天，我们清楚地记得冷清的家里突然陆续不断地来了许多人，我们听到母亲在她和父亲的卧室里痛哭，从人们那惊慌和不安的神情中，我们预感这关系到父亲，父亲怎么了？

我们不敢想，也不敢打听，心里都忐忑不安。母亲哭着告诉我们："孩子，你们的父亲死了。"我们先是惊呆了，不理解这到底是怎么回事，当我们看到母亲那失常、那悲痛万分的样子，我们才真正明白，我们亲爱的父亲真的死了。我们怎么能相信这个残酷的事实！父亲就这样离开了我们，我们从此再也见不到我们的父亲了，我们三个人不约而同地扑到母亲的怀里放声大哭，我们的姥爷、舅妈，全家哭成一团。母亲看着我们坚定地说："孩子，相信我，我是最了解你们的父亲的，他为党兢兢业业地工作，他是个好人，他没有问题，早晚总会弄清楚的。"在八宝山革命公墓，我们望着躺在棺木中的父亲，他就像睡着，睡得那么安详宁静，坦然自若，无论女儿们怎样悲惨地呼唤，他都不睁开眼睛，他都不答应，永远地不答应了，三岁的小冬梅不理解死的含义，哭着要爸爸回家。父亲你太累了，你太苦了。为什么不告诉妈妈，为什么不同女儿们告别，就这样悄悄地走了？我们不明白这是为什么，也不懂得这是为什么，我们只知道从此我们就失去了尊敬的父亲，爱我们的父亲。三岁的小冬梅再也不能坐在您的腿上，摸您那扎人的黑胡碴儿；九岁的冬冬再也不能把成绩单高高举起来，让您猜得了多少分；父亲，您给妞妞画的肖像才刚刚动笔，您心里一定会很遗憾的吧？！我们无法控制自己，只要一想起同父亲告别的情景，总是泪流满面，泣不成声。父亲给我们的时间太短暂了，我们到北京仅仅四个月，父亲就去世了，我们怎么能不伤心、痛哭！

1966年8月，“文革”开始了，父亲虽已去世，但仍逃脱不了对他的“批斗”，反倒因他的含冤去世，而更罪上加罪，“叛徒”“执行修正主义文艺路线”“反党小集团后台”等多顶帽子再次扣在已不在人间的父亲的头上，母亲和我们都因父亲的“问题”受到牵连，母亲多次半夜被揪去陪着父亲的骨灰盒批斗，在学校里我们被划为“黑帮”子女，造反派要我们交代父亲的问题，我们说不清楚就说我们是没有划清界限，红卫兵到我们家造母亲的反、抄家，全国大串联时，我们哪里也不允许去，只能按时到学校去接受改造，那时，没有人跟我们讲话，没有人敢与我们来往。1968年9月，妞妞去黑龙江兵团插队劳动，她认为远离开北京，就能摆脱出困境，没过多久，她明白了父亲的不白之冤仍伴随着她，不管吃多少苦，流多少汗，都是洗刷不掉的。1972年9月，冬冬正在北京外语学校附小学习，外交部根据周总理的指示，挑选一批外语基础好的学生到国外学习，冬冬初试、复试都已通过，最后还是因父亲的问题政审不合格，被淘汰了，冬冬心里很痛苦。“文革”期间，母亲经常劝慰我们，你们应当相信你们的父亲，他背叛了自己的家庭，在学生时期就参加了党的外围组织，在抗日战争初期，他毅然从日本返回祖国投身革命，并加入了党的组织，他对党、对人民是忠心耿耿的，相信终有一天会对他做出公正的结论。

1979年4月，党的十一届三中全会以后，父亲的冤案得到了平反昭雪。在骨灰安放仪式上，八一电影制片厂的著名演员胡朋同志满含泪花拉着我们的手，亲切地说：“我和你们父亲在晋察冀火线剧团就认识，那时我还是个小鬼，你们的父亲是我们的导演，他教我们演戏，大家都很尊重他，他可是位好导演。”父亲终于得到了公正的应有的评价。也许他想不到这28年间的风风雨雨和翻天覆地的变化。父亲，您现在可以瞑目了，您热爱并为之而奋斗的社会主义祖国富强了，您热爱的事业在发展，您热爱的学生们在奋进，您热爱的孩子们已自立。

1994年2月

（田兰、田冬冬、于冬梅：田风同志的女儿）

弟弟对我的启蒙

■ 田秀文

我的弟弟田风和我最亲。因为我是大姐，他幼年的饮食起居都由我来照料，直到上中学，他穿的衣帽鞋袜还都是我亲手缝制的，所以他和我的感情很深。田风从小就非常聪明。他的智力明显高于同龄的小朋友。他性情温和，懂礼貌，长的眉清目秀，尤其是嘴唇总像是涂了唇膏一样，红红的，很招人喜欢。我们常把他打扮成女孩子的模样在院子里扭秧歌。他扭秧歌的舞姿特别好看，常逗得全家捧腹大笑。同时，他还在美术方面显露出不凡的天赋，他画的画经常受到客人及小学老师的夸奖。父亲的老朋友们都说他是老田家的“千里驹”。父亲对他格外疼爱，每天下班回来总喜欢看他扭秧歌或画画。为了使他的天才得到进一步的培养和发挥，父亲请来了当时小有名气的画家——关常钧（字子衡，新中国成立后曾在辽宁省文史馆工作）教他画画。关老师膝下无儿无女，把他当成掌上明珠，每天慈父般地耐心指导，使他的国画水平提高很快，为他后来从事绘画打下良好基础。

田风是在北京志诚中学读的高中，在那里他阅读了大量进步书籍和中外文艺作品。他生活俭朴，学习刻苦，对同学互助友爱，常把家里寄去的钱节省下来帮助贫困的同学。而他自己则是衣帽不齐，每次假期回家时还经常向我们讲述一些进步道理，虽然他当时只是个中学生，年龄也比我小许多，但思想已经相当成熟，在他的启发下，使我这个大门不出二门不迈，深入简出的人从沉睡中醒悟过来，对封建礼教有了新的认识，明白了女子也应和男子一样，享有平等的权利，为社会为人民做些有益的事情。于是，我和父母据理力争，终于放开了20余载的缠足，还完成了职业师范的学业，成为一名人民教师。

在共产主义思想的影响下，田风与父母的隔阂越来越大，经常和父亲的旧观念发生矛盾。而父母对他的“激进”言行既不满意又十分担心，为了束缚他的手脚、不让他再和那些进步同学往来，决定给他找一个门当户对的对象，早日完婚。万万没想到，他得知后，不但拒绝婚事，而且从此离家十年杳无音讯，和家里断绝了一切来往，直到1946年才见他一面。新中国成立后，由于种种原因，我也很少能见到我想念的弟弟。1965年他在北京电影学院含冤去世的消息也是几年后才知道的。我这个当姐姐的，为没能最后见上弟弟一面而感到万分悲痛。是万恶的“四人帮”害死了我的弟弟田风，他们抛洒骨灰，批斗家属，坏事做绝。

今天，我弟弟能得到平反昭雪，对生者是莫大的安慰，应该感谢党的好政策。

1994年3月

（田秀文：田风同志的姐姐）

一方砚台 几多真情

■吴　咸

田风同志是王式廓同志的挚友，他们俩先后离开了人间，田风同志已经离开我们28年，我丈夫王式廓不辞而去已经20年了。我很怀念式廓，也很怀念田风同志，田风同志热情、真诚、开朗、助人为乐的好品德，深深铭记在我的心中。式廓在我面前常谈论着田风的为人，田风同志不仅是式廓的好友，也是我十分敬佩的人。他在北京电影学院工作时，常到我们家来玩，式廓可以放下画笔，陪田风谈个半天一天，这是式廓最兴奋愉快的时刻。他们两人谈过去、谈工作、谈国家大事，当然谈绘画方面更多。式廓的画请田风提意见出主意，田风同志谈吐很幽默而又风趣，常常使式廓兴奋得开怀大笑，我这个主妇当然充当招待员，冲茶、做饭等，即使我们到田风家玩，我也要下厨房搞吃的，因为当时田风的夫人于华同志还没有调来北京。我呢，很愿意而高兴地充当这个角色，因为这是生活，很有意思的生活，使他们在紧张工作之余，可以休息一下，轻松愉快的平衡一下他们的肌体，很有好处。

1935年暑期田风同志和式廓双双被日本东京国立美术学校录取，这个学校本来规定每年只录取一名外国学生，但是1935年该校破例录取了他们两个外国学生，这实在是令人惊喜若狂的一件事，这个美术学校，是日本国立的美术方面的最高学府，集中了全国最优秀的美术专家和大师为教授，他们的老师藤岛武二就是一个了不起的大师。式廓曾对我讲过当时应考东京美术学校的一些事，他们俩一块儿上考场画素描（石膏人体），式廓画人体就能很快而准确地注意抓住大的关系，最后用手从上到下一蹭，整体感统一了起来，画完成了，就离开了考场，田风见到式廓已画完，就也学式廓用手蹭蹭，大的关系统一后，他也昂首挺胸走出了考场，结果他俩都考上了。可见他俩的考试成绩使得学校专家教授非常非常的满意，得到日本美术大师很不平凡的赏识。当时田风同志对式廓说："见你已画完，心里有些焦急，因为开始我画得太细，觉得离画完还早，只好模仿你用手蹭蹭了事。"田风同志率真而不虚伪，对朋友诚诚恳恳、老老实实，这是他们所以成为知心朋友的根本。他们俩从此形影不离，同住一间房，同吃一锅饭，一齐画画，一齐参加中国共产党海外支部领导的进步学生运动，一同学习马列主义，真是志同道合，亲密无间。双方家长供他们学习的经费除交学校的学费外，生活费用不分你我合在一起开支，田风同志家里比较富裕，式廓家里没有钱，是他父亲卖了田地供他留学，式廓在经济上是有困难的，田风同志的大度、豪爽的气量，使式廓在生活上能维持下来。有一次双方家长没有按时寄钱，他们已经到了饿肚子的困境，田风就把自己的一条羊毛毡拿到当铺当了点钱来供俩人充饥。

田风同志很喜爱美术，所以考美术学校，但也爱好戏剧，戏剧活动占去他不少时间，式廓在这点上对田风有点意见，说他脚踏两只船，式廓希望他能专心搞美术，认为他画画有田风；而田风对式廓的绘画能力非常佩服、赞赏，认为老师就在他的身旁。

有一次式廓对田风谈到画油画不容易，老了，画起来就会有很多的困难，那时只好改画中国画了。田风马上就说："我的一个学生送我一个大砚台，你什么时候画国画就用得着了，我给你搬来，学生送我做个纪念，送你能用得上，是一个更有意义的事。"式廓推辞，田风说："那你就把你那个小砚台给我，咱俩交换吧。”式廓把小砚台送给他，过几天田风同志真的就把大砚台送来了。这个砚台我们一直放在式廓画画、写字的大桌子上已经二三十年了，它永远是个纪念，也是我们家的传家宝。可以看出他们两人的感情如此之深。

田风同志经常和我们谈起他的夫人于华同志迟迟解决不了调往北京工作这件事，他希望早点团聚，妻子、孩子不在身边，生活上没有人照顾，为此田风那种潇洒、堂堂的仪表，减退了些。毛料西装裤皱皱巴巴也穿上了身，他到我们家来，式廓就要他换下来让我为他烫平，他寂寞，有孤独感，精神就不大萧然，我们是能理解他的。

在1956年暑假的一天，田风高兴地带着他漂亮的妻子于华同志和他们九岁的大女儿贝贝来到我们家做客，他们全家团聚了，贝贝活泼又可爱给我们带来了无穷的快乐，那确实是我们最最高兴的一天。不幸的是，活泼可爱的贝贝，于1957年5月因癌症而夭折，这给他们的打击太大了，甚至极度的悲痛使于华同志不愿再在北京再住下去。而田风同志很长时间沉闷不语，痛苦异常。式廓便经常邀他到家里谈谈画，以宽慰他痛苦的心！

1964年“文艺整风”，田风同志挨整，式廓也处于困境之中，我们很长时间没有见到田风同志了。1965年1月底的一天，于华同志痛哭流涕地告诉我们田风同志含冤去世了。式廓和我都惊呆了，我们不敢相信，可这又是现实，我们甚至不能安慰于华同志，只有眼泪代表着我们心中的愤懑。接着“文革”的疾风暴雨来临，式廓也作为反动学术权威被批斗、监管。就在这种情况下，1967年，有人向式廓调查田风同志在日本留学时的情况并交代他们在日本东京时的关系，式廓实事求是地把他们在日本留学期间参加进步组织的情况及他和田风的关系，写了证明材料。这份《我和田风在日本东京时的关系》证明材料，就是在这种情况下亲笔写的。

“文革”期间，田风同志的骨灰盒被造反派取出砸烂，骨灰被撒掉了。1973年于华同志买了一个骨灰盒，要由式廓手书。没想到，1974年5月23日，式廓在河南生产队深入生活，因劳累过度，突发脑溢血，抢救无效而逝世，时年62岁，当时一个亲人都不在身边。现在他们两个好同学、好朋友都长眠于八宝山革命公墓。今天，党和人民为式廓和田风搞画展、出书，纪念和弘扬他们的革命精神，为党的文艺工作所做出的贡献。他们在九泉之下是可以安息了。

1994年2月

（吴咸：曾任中央美术学院研究部秘书、党委专职干部、组织委员，中国美术研究所党支部书记等职；田风同志的同窗王式廓的爱人）

铭记血的教训 弘扬田风精神*

■ 田聪明

对于田风老师，早已耳闻，比较深刻了解是这次。通过大家的发言，我认为田风老师为人师表、德艺高尚、桃李满天下，虽然他去世时只有53岁，但是他的死重于泰山。现在离他去世已经30年，但是他一直活在电影界以及电影界以外的许多人的心中。今天我想只表示对田风老师深切的怀念和崇高的敬意，以及对于华老师表示慰问。这是我说的第一点。第二，我们党已经走过了七十多年的历史，我们党犯过错误，一路走来，比较曲折，但田风老师这件事，代价之大，教训之惨痛，值得我们永远铭记在心。从我做起，希望电影界的所有同志，为我们能有一个正常的党内的生活，为创造和维护保持一个良好的教学环境，而共同努力。像列宁同志所教导的，现在我们对田风老师最好的纪念，是从我们本质工作做起，做好我们现在的工作。目前中国电影处在一个非常困难的发展时期，我们的工作概括起来，就是抓创作、抓改革、抓管理、抓队伍，集中起来，拍出好影片，是硬道理。而拍好影片最重要的是导演，重点培养这么多导演

---

* 本文系田聪明同志1995年1月在北京电影学院召开的“忆田风”座谈会上的致辞整理而成，题目为编者后加。

的一个楷模，我们都应该学习田风老师的为人。学习田风老师的这种敬业精神。并且切实把它化作我们前进的力量，指导我们的艺术创作和艺术实践。不管遇到什么情况，我们都应该像田风老师那样毫不动摇、坚持到底。虽然现在整个电影环境中，有一些不那么好的、与电影艺术所传达的或者所应该具有的品格不相配的事情，应该引起我们足够的重视，我非常赞同刚才许多同志讲到的就是从做人开始。我相信，只要我们大家都这样做，就像滚雪球一样，能够团结一致，中国电影的繁荣和振兴是完全有希望的。

（田聪明，时任文化部副部长）

著文立说 缅怀田风*

■ 刘国典

各位老前辈、各位领导、同志们、朋友们，“导五九班”的各位同学们，今天在北京电影学院和大连市文化局联合举办、分地举行《忆田风》文集的首发式和“忆田风座谈会”，我们用这样一种方式来纪念田风教授逝世三十周年，对出席会议的各位领导、各位老前辈，校友们、同志们、同学们，我代表北京电影学院代表大连市文化局向与会的同志们表示深深的谢意。对于田风同志的家属——于华同志的出席表示热烈的欢迎。《忆田风》文集的出版以及忆田风座谈会的举行，我们已经酝酿很久。刚才郑洞天老师座谈会已经酝酿了两年，原本座谈会预计在去年的教师节来举行的，但是由于各方面原因，《忆田风》文集才刚刚出版，由此可知，“忆田风座谈会”的举行是我们盼望已久的。

田风同志1912年8月出生在辽宁省新城县，自幼习画。在高中没有毕

---

* 本文系刘国典同志1995年1月在北京电影学院召开的“忆田风”座谈会上的发言整理而成，题目为编者后加。

业的时候就考入了美术专科学校。从1938年的冬天，田风同志学习了毛主席所著的《论持久战》、《游击战术》等书籍，了解了中国共产党的抗战主张，决心参加革命。后来在根据地同志的启发和教育下，在1939年10月5日到平西。我们向戏剧电影教育家田风教授表达诚挚的怀念，同时也从他为革命事业拼搏献身的精神当中汲取前进的力量。

我想，纪念田风同志，应当学习他热爱祖国，投身反对帝国主义的坚定立场。田风同志在青年时期，在中学读书的时候，依然走向街头，进行抗日救亡的宣传，组织并参加了一些左翼的戏剧活动，积极参加当时“学联”组织的一些革命活动。纪念田风同志，应当学习他顽强的战斗意志。在抗日战争爆发以后，他在敌后导演了许多剧目，成功地再现了抗日根据地军民顽强战斗的意志和无畏的民族气概以及战斗的乐观主义精神，在部队和根据地广大群众当中起到了革命和宣传作用。纪念田风同志，要学习他克服困难勇于开拓的精神。抗战胜利以后，党组织派田风同志到辽宁地区开展工作，他克服种种困难，创办并组编了刊物《白山》，还坚持为部队和广大群众演出，并培养了一批革命文艺干部。田风同志在旅大复杂的新区开辟工作，坚定地贯彻党的文艺路线，占领文艺阵地，并创作了发对霸权斗争的大型话剧《离离草》，为旅大文艺工作打下了良好的基础。纪念田风同志，应当学习他热爱青年、诲人不倦的良师品德。田风同志在从事电影艺术教育教学的期间，毫无保留地把知识传授给学生，他既重视理论教育，又重视理论与实践的结合，重视艺术实践。田风同志热爱青年，循循善诱，为了探索和创新，把全部精力都贡献在党的艺术教育事业上，赢得同学们和同志们的爱戴和尊敬，并评为党的优秀教师和好干部。鉴于田风同志对革命事业对戏剧电影工作的贡献，北京电影学院、大连市文化局在中国影业总公司、中国影业协会的资助下，决定了以一种著文立说的方式来表达对这位令人敬仰的同志的缅怀。

大家都知道，改革开放使得各地文化交流的不断扩大，因此，作为教育工作者，我们更要弘扬这些民族文化的优秀传统，要汲取世界上一切优秀遗产和精华，要清除封建文化残余与资产阶级文化的侵蚀，在教育的实践中，认真贯彻德智体全面发展和方针。江泽民同志近来指出：坚持社会主义物质文明和精神文明一起抓，是我们的基本方针。发展社会主义的市场经济也需要精神文明，需要精神文明为社会主义市场经济建设提供强大的精神动力和智力支持。要坚持把教育和科学基础放到优先发展的战略之位，进一步繁荣文化事业。在江泽民同志要求深入进行爱国主义、集体主义和社会主义教育，大力弘扬、艰苦奋斗、勤俭节约、无私奉献的光荣传统和优良风尚之时，我们举办“忆田风座谈会”，回顾田风老师作为一个具有很高造诣的人民教师，处处为人师表，事事严于律己，宽以待人，鼓励学生为党和人民刻苦学习、努力工作的精神，这将会在各方面产生积极的推动力。在座的各位领导、老前辈，以及同学们都对座谈会的召开给予热心地关注和大力支持。任仲夷同志、郭述申同志、黄中同志、谢铁骊同志、谢添同志等为文集题词，荒煤同志还为本书撰写了序言，在此，向他们表示诚挚的敬意。

（刘国典：时任北京电影学院院长）

读文集 再识田风*

■ 沈嵩生

走进会场，看到田风同志的照片，我好像又听到他带着东北口音的普通话，好像他还依然站在讲台：还是那件黑色皮夹克，还是烟不离手。我跟田风同志不在同一个系，跟他接触不是很多，所以对他的教学活动，我了解得并不多。当时是苏联专家来北京电影学院，联合电影学院邀请的一批老艺术家，组织成立了四个专修班。当时我是一个25岁的青年，对这些很受尊敬的老艺术家，我怀着一种敬而远之的心理。但是有几位老艺术家，特别是田风老师，他特别喜欢和年轻人一起聊天、吃饭，在路上、在食堂、在篮球场上，我们经常就某个话题谈得兴高采烈。当然主要是他讲，我们听。谈论的话题我已经记不太清楚了，但给我印象最深的是两件事：第一件事是1961年上半年，他刚从北大荒摄制组回来。原来我在摄影系，对创作非常向往，想去摄制组。田风老师说，作为一名共产党员，

* 本文系沈嵩生同志1995年1月在北京电影学院召开的“忆田风”座谈会上的发言整理而成，题目为编者后加。

哪儿需要就往哪儿去。最后，我服从了分配到了文学系。虽然田风老师的话并不一定起决定性作用，但是对我却有很大的影响。后来当别人有类似的问题，我给他们工作,我就学老田。那个时候，我就叫他老田，他叫我嵩生，有时还叫我老沈。我们年轻人对别的老师就叫×××同志，或者叫×××老师；对田风我们就叫老田，他就是我们心目中的老田，就用他和我们做工作的方式去做别人的工作，这一点是我向他学习的。第二件事情是1961年9月，我开始给“61班”讲“艺术概论”。我在大学里主要学的是电影制作，到了电影学院，专职也是摄影。之前一直没有系统学过文艺理论，当时领导分配我参加“艺术概论”的编写，回来以后就教，教得怎么样，我心里一点底也没有。有一天，在路上，我在前边走，老田在我后面，他叫住我，说你的课，学生的反应还行。然后，我们就分开了。这样一句肯定的话，让我实了许多。田风是第一个作为系领导、作为老师向我反馈了学生对我的讲课的感受的人，对此，我非常感动。

通过这部文集又让我重新认识了老田，在我心中又重新树立起一个新的田风形象。因此和老田不在同一个系，他的教学活动、生活，包括他最后的遭遇，我都是从旁人那里听说的。通过这部文集，我才比较全面了解老田，重新认识了老田。

第一是田风的人格的魅力。在这部文集里面记录了田风不同时期同志们对他的回忆，感受到每一个时期的田风都像一个团火，像一块磁铁，时时吸引着周围的同志、朋友、学生。暑假期间，他好不容易才有时间和家人们团聚，但那时他也不得空闲，老是有人到他家找他，跟他聊天，向他请教。这是什么呢？这是人格的魅力。老田的性格中有两个闪光点：一个是忘我，另一个是赤忱。对人的忘我，对人的赤忱，我不是说真诚，而是赤忱，他就是这样以赤忱之心来待人。所以，老田确实是一名名副其实的、响当当的共产党人。

第二，他在教学上勇于创新。50年代，中国教育多采用苏联的教学模式，北京电影学院也基本上是按照苏联教学模式。我是苏联专家的助教，后来苏联专家走了，我就开始讲课。当时老田也采用苏联教学模式，但不是简单地模仿苏联，他有自己的创新，比如导演系的四门课：剧作、表演、蒙太奇和场面调度，在场面调度课堂上，他带同学实习，不断地锤炼，最后深入生活。在导演系，深入生活是一件大事，在导演系是空前绝后的。老田当时就突破了苏联的模式，这就是老田的教学创新。

第三，在教学上教书育人。读了《忆田风》之后，我发现田风的教学思想值得研究，他的教学思想，可以说是社会主义的教育思想和儒家的教育传统的结合，是苏联的电影体系与我们革命年代所形成的革命艺术教育的传统以及儒家教育传统的结合。现在我们在实际教学中教学和育人有时候是割裂的，教学归教学，育人归育人，如何合为一体却很难做到。但老田从白山艺术学校开始就把教学和育人融为一体，哪怕是指导学生的作业，他也能做到教书和育人融为一体。再比如教学相长，教学相长出自《礼记·学记》，意为教和学两方面互相影响，互相促进，互相提高。田风能够做到“教学相长”，很多同学都说他课堂上非常严格，课下却很慈祥，他还让学生郭宝昌给他写剧本。他在教学的同时，也吸取学生的长处，这就是教学相长，这是老田的一个教学特点。

第四是理论与实践的结合，生活体验和技巧训练的结合，这些是艺术教育所必须的。尽管老田留学日本，学习又是油画，但是他从小所接受的儒家思想，在他的课堂上有明显的体现。如因材施教、启发诱导、学思并重，等等。但是田风吸取的儒家的教育思想，这是他长期在与实践的结合中摸索出来的。作为一名艺术家，田风没有给我们留下传世之作；作为一个教育家，田风也并没有留下一本完整的教材著作；作为一个革命家，田风曾经出生入死，一生为国为民操劳，但是他最后得到了什么回报呢？不要说高官厚禄，他甚至长期和家人分居，连安逸的生活也没有得到，但是田风留给我们很多：他的高尚的人格、忘我的工作精神、无私的奉献精神，还有培养了一代活跃在中国舞台上的电影艺术家，他们的每一部电影作品都包含着田风的心血。所以田风在天之灵，应该安息了。

谢谢！

（沈嵩生：原北京电影学院院长）

再忆与田风一起战斗的光辉岁月*

■黄　中

今天参加这个会，我感慨颇多。首先祝贺《忆田风》文集的出版。文集中收录的每一篇文章字里行间都散发着田风老师的人格魅力。今天是田风老师逝世三十周年，能有这么多同志聚在一起来回忆田风。我可以肯定地说，三十年后，我出不了这样一本书，肯定不会有这么多人聚在一起谈论、回忆我。所以我为田风同志骄傲。

我们俩在一起时间不长，第一次大概是两年：1943年2月—1944年9月。那时我在冀中根据地的晋察冀火线剧社，刚刚经历日寇的五一大扫荡，群众被杀和被抓的达5万人，区以上干部牺牲了三分之一左右，火线剧社的同志也分散了，形势非常严峻，敌后斗争也变地更加残酷了。田风通知在种情况下，来到火线剧社作导演。虽然我也在文艺单位工作过，但是我不懂得文艺，一不会唱，二不会写，三不会演，仅仅是偶尔在京戏跑跑龙套什么的。在排练期间，有时，我会被田风导演安排一些小角色。在排演《前线》时，

---

*本文系黄中同志1995年1月在北京电影学院召开的“忆田风”座谈会上的发言整理而成，题目为编者后加。

我扮演一个通讯员，由于缺乏舞台经验，在排戏时经常“卡壳”。我就是这么一个水平。这是第一阶段。

第二阶段，抗战结束，我是从冀中调往东北的第一批干部，因为一些其他原因，我要比其他通知更早一点到东北。到了（中共）东北局第二天就和田风同志一起工作，那时苏联红军还在，要成立“中苏友好协会”。我和其他两位同志负责筹备这个机构，恰好这时田风同志也来到东北，他也是东北人。于是，我们就邀他一起筹备中苏友好协会，这项工作大概筹备了12个月。随后不久，东北的解放军在一夜之间从沈阳全部撤走，整个东北一夜间变成国民党的了，伪满警察也摇身一变成了国民党士兵。东北局要求我们再坚持一段时间。因为我们名义上是中苏友好协会的，而且田风和我平时都是西装革履，不易引起敌人的怀疑，就这样，我们留下了。我们在东北办报宣传，积极揭露国民党政府“假和平”的阴谋，很快我们就暴露了，组织上命令我们撤退。田风同志和我们一起撤退。一开始，我们在苏联红军的协助下秘密离开，但是没走多远就把他弄丢了。所以我俩在一起时间并不太长，有两个时期值得回忆。《忆田风》文集增加了我对田风同志更多的了解。田风同志是个“老来红”，越来越成长，从冀中到安东，从安东到大连，从大连到北京，田风同志的光和热越来越显示出来。

最后，我补充一些文集没有提及的内容。在当时民族解放运动的高潮时期，田风同志满腔热情地从日本回来，投奔了共产党。但是，由于斗争的激烈，田风同志受到了委屈，包括在“火线剧社”的时候，当时我任指导员兼支部书记，那几年，我从来没有听过他一句怨言，没有表示过一点不满，显示了田风同志政治上的深厚品格。另外，在当时我们那些人中，只有他一个是留过洋的，他是科班的美术学校的学生。按照一般的理解，留过洋的会有傲慢、小气等一些坏毛病，再加上他特殊的家庭背景，但是我没有看到田风在这方面一丁点的优越性表现。这也是田风同志的个人品德的表现。

那时候我们5个人，睡在同一张炕上，现在只剩下我一个人，有牺牲的，有自然病故的，我还算是有幸活到现在看到国家的某些盛事。我们曾经是睡在一张炕上的老战友，生死与共的战友。这个会我怎么能不参加呢？昨天她（于华）还到我家来了。我一定得来。我这个老朋友，值得我学习，我为他骄傲。田风同志桃李满天下，而且都是艺术界的卓有成就者，他和这些学生建立了深厚的感情。我向他学习，为他骄傲。

谢谢大家！

树立电影教育的标尺*

■ 郑洞天

听了前辈的发言，我们非常受教育，现在我代表导演系的师生说几句。田风老师是导演系的创建人之一，也是最早的系主任之一，今天导演系在校的绝大部分老师是田老师教出来的。“文革”以前，五个班，每班都不同程度地受到了田老师的教诲。我经常想，电影界需要一种奉献精神。不管在什么大潮之下，还是要做一些对得起国家、对得起人民的事情。总的来讲，中国导演其实继承了田风老师他们创建的这样一个传统。但是，我们这些晚辈和田老师相比，还差得非常远，我们可能在某一方面能够做出一定的牺牲。比如为了教学，我们可以暂时放弃一些创作机会，花更多的时间在教学上面。但是至今，至少在我，还没有这样一种思想准备，也就是说为了学生可以付出自己的生命。仅此一点，一想起田风老师，我都觉得非常地惭愧。田风老师非常值得我们怀念和学习。沈嵩生老师刚才总结得非常好，田老师的全部的教学活动归结到一句话，他是用自

* 本文系郑洞天同志1995年1月在北京电影学院召开的“忆田风”座谈会上的发言整理而成，题目为编者后加。

己的整个一生在教育我们。我是受到田老师恩惠最晚的一班学生，我们当时好几个班都非常羡慕“导五九班”的同学和田老师的那种亲密关系，而且也听闻一些他讲课的风采：渊博、大度、丰富的知识以及和同学们非常融洽的关系。我也偶尔去过田老师的那间宿舍，既是单身宿舍又是备课室，又是和同学们天天在一起、不分早晚的那间宿舍。当时他非常清贫，一旦和同学们在一起他就什么都忘了，他是那样的一种非常开朗、达观、亲切的生活状态和精神状态。这些都是值得我们学习的事。直到今天，我们有一个标尺，就是老师和学生之间，有没有田老师当年和学生那样的关系，可以肯定地说目前还没有，应该说这值得我们学一辈子。他和其他老师一起开创的电影导演的教学事业，在今天来讲应该说取得了一定的成就，这一点对我们来讲也是很值得学习。他没有亲眼看到他培养的学生取得了这么高的成就。就这一点，我们比他幸运得多。

在座的“导五九班”的同学，应该都是电影界非常有名的导演和创作人员。多年来师长教育我们，教师是一个非常辛苦的职业，是要甘于寂寞的职业。关于这一点我们是做得到，但是遇到一些具体问题的时候我可能就有些犹豫，有些动摇……反正我做不到田老师那样无私，为保护学生甚至付出生命。在此，我想代表导演系全体教职员工在田老师的遗像忏悔并立誓，继承田风老师的精神，做像田老师那样的教师。教师这个职业，无论在任何情况下，最重要的就是看自己心里的一种标尺、价值观。电影学院之所能取得今天的成就，是和以田老师为代表的新中国电影教育事业拓荒者，包括今天与会的很多老师的心血分不开。那么具体的关于田风老师的很多很多更具体的事情，我想“导五九班”的同学可能更有发言权，下面请“导五九班”的同学来发言。

谢谢！

（郑洞天：时任北京电影学院导演系教授）

把心中的崇敬献给于华老师

■ 肖桂云

恩师田风离开我们已经半个多世纪了，在这漫长的岁月里，师母于华与田风的学生们一直保持浓厚的师生情谊，甚至成为挚友。在当今浮躁的社会环境下，田风老师的学生和于华老师依然保有这样的人间真情，难能可贵。

我是北京电影学院导演系六零班学生，田风老师是导演系主任兼导演系五九班的主任教员。田老师指导的导五九班教学小品演出不仅在电影学院特火，在当时的北京各大艺术院校也很有影响。当时，“导六零班”的老师常常有事不能来上课，田风老师就常常来“救火”，同学们甚为欣喜，因此，田老师也是我们班的老师。不仅如此，田老师常常牺牲自己的周日休息时间，让同学们学到在课堂上学不到的知识，大家收益颇多，感触极深。

田老师是我的恩师，他是我考北京电影学院的主考官。1960年我已考取黑龙江艺术学院，很担心此事会影响我考北京电影学院，这种不安很快被田老师发现。我一进考场，田老师就向：“你害怕吗？”我回答：“害怕！”田老师笑道：“怕什么？”我看他慈祥的微笑，情不自禁说出理由，紧张的心情也随之放松下来……复试之后，我试探性地问田风老师，北京电影学院和长春电影学院情况，并流露出想早实践的心情，田老师很爽快地说：“你这傻孩子，到北京学习电影艺术多好呀，这里是亚洲一流的电影学院，有最好的师资力量。首都有很好的艺术氛围，全国性的文艺演出和世界各地文化交流都集中在北京，这样的学习机会多好，多开眼界啊，来北京学习吧。”他的一席话决定了我一生的电影追求和人生归属。

1964年的深秋格外寒冷，我们要离京赴山西雁北地区农村搞社教八个月，离京前我到田老师家告别，凌晨四点钟屋里居然点着灯，可见田老师又是一夜未眠。轻轻的叩门后，开门的是田老师。往常门一开田老师就热情地让我们进屋，而今天他站在门口没有让进家里的意思，我明白他是怕连累我们。他站在门口不动，师生伫立着，走廊灯很暗，一亮一亮的烟头让我看到了他面容清瘦憔悴，我向田老师说：“我们要去山西社教了，您要多保重呀，您的健康……”说不下去了。田老师见状淡淡苦笑说：“走吧，那里很苦，你们也要注意身体！”又是一个暂短的沉默，我的泪水涌出，鞠躬离开，又情不自禁回头看，田老师依然站在门口，师生这种言简情深的分手，竟是最后的诀别。

虽然田风老师含冤离世几十年，学生们不忘恩师的教诲，不忘师母于华老师，闲暇和逢年过节常去看望师母。自田风老师离世至今，师母搬了五次家，我们总是“跟踪而至”。师母同田风老师一样，视学生如子，一直念记着田老师的学生，并常到学生家看望。2001年夏，李前宽开着一辆别克车在北三环路上，为了躲闪前面的一辆车，把旁边的一辆车给撞到人行道，两辆车都损坏了，好在人还安全，前宽向那辆被撞的师傅表示歉意，并表示一定赔偿。当前宽知道这辆车是国家盐业总局的车时，顺便问：“认识一位名叫于华的人吗？”那师傅道：“嘿，她是我们的老局长，我还给她开过车哪。”于是前宽给于华老师拨了个电话，并汇报发生的事。于华老师第一句话是：“前宽没撞着吧？”对学生的安全十分关切，然后才说 “让师傅接电话”。师傅接完于华电话，只说了句：“得，老领导发话了，只要安全就行了。”由此可见一斑。于华老师退休多年，下面的人对她依然十分敬重！有趣的是他们担心我知道此事会着急上火，下了前宽的车钥匙，于华老师、前宽和女儿共同向我保密，这事三四年后我才知道。

2003年4月29日，北京正值“非典”肆虐时期，几乎全城人都躲在家里，大街上静得可怕，可是为田风老师立碑的日子早已定下，田风老师的三个女儿相继从国外回来。李前宽、我、郭宝昌、李伟、许雷、侯克明等如约来到八宝山，共同为田风做祭奠活动，并没有因为可怕的“非典”更改时间，足见师生情深。

师母于华八十寿诞之时，学生们专门为于华老师在京城“满福楼”百福厅举行了十分隆重的祝寿会，田风老师在美国的两个女儿携夫带子专程赶来，还有于华老师所在单位中国盐业总局和协会领导与其他同事，大家欢聚一堂，畅谈、表演节目、翩翩起舞，其乐融融，那情那景，感人至深。

改革开放以来，师母于华看到田风的学生在电影事业上取得了成就十分高兴，还亲临现场助威。1988年深秋，我们拍《开国大典》时，于华老师携大女儿妞妞一同到天安门城楼为我们甘当群众演员，于华老师穿上当年的干部服装与总政老同志们一起认真当绿叶，站在毛泽东、周恩来等老一辈革命家身后，妞妞则扮演宋庆龄副主席秘书一同登上天安门城楼，她们的身影历史地印记在这部影片中。

2003年中国电影家协会和中国电影基金会在北京香山饭店组织了一次别开生面的“第四代电影导演研讨会”。所谓第四代电影导演是指“文革”前电影学院毕业的导演群体，他们是中国电影承上启下的一代电影人，其代表人物有吴贻弓、王好为、丁荫楠、李前宽、肖桂云、黄蜀芹、郭宝昌、谢飞等。他们刚走出校门就遇上了“文化大革命”，真正展示艺术才华是在改革开放后这三十余年，这些导演拍摄了一大批电影力作，撑起中国电影的半壁江山。这批电影导演大都得益于田风老师的教导。作为导演系主任和导五九班的主任教员，田风的教育理念和工作之风不仅影响了北京电影学院导演系的教学，也影响着这一代电影学子们的精神风貌。田风老师的育人品格、做人风范依然留在大家心中。

会后还特别出版了一套介绍第四代电影导演的丛书，这套丛书中无处不体现着教学理念和育人思想。正是田老师育人之道的英明，才涌现了这样一大批优秀导演人才队伍。在那次联欢晚会上，学生们把田风老师的夫人于华请到会上，与师母共同分享第四代电影导演丰收的喜悦。从北京、长春、上海、广州、西安等各地专程赶来的电影学院师生足有二三百人。李前宽、翟俊杰和倪萍主持，演出节目，叙旧、游戏、跳舞，中间活跃的串场引来阵阵欢声笑语，这些虽已走向社会多年的学子们，再聚首重现学生时代的童心，以欢乐调侃的方式表达内心的喜庆心情。其中华彩的单元是为第四代导演中作出突出贡献的导演颁奖，这是大家自创的开心“奖项”。例如，经大家举手表决为谢飞导演颁发了一个“最具女人味的男导演奖”，为石晓华颁发了“最耐得住寂寞的女导演奖”，为江西的张刚导演颁了“为喜剧做出贡献的苦导演”等。奖品是美术大师韩美林先生一幅幅画作，十分精致而贵重。最后压轴奖是为田风夫人于华老师颁发“最具情感爱心奖”，韩美林亲手绘制一幅洁白的天鹅，姿态十分优美动人，当学生为师母颁发此奖时，在场师生起立鼓掌，向这位为田风老师平反付出毕生心血，为抚育子女健康成长付出艰辛代价，向几十年来为田风学生付出诚挚爱心的于华老师致敬。这一电视专题在CCTV-6电影频道播出后，给全国观众留下了美好印象。

于华老师是山东人，14岁参加革命，16岁入党，在大连市文艺工作团工作。她与田风老师在解放战争硝烟未尽的艰苦岁月共结连理，为了祖国的解放事业、为了新中国文艺事业的建设，两人长期两地分居，婚后二十多年间真正在一起的时间却没有几年。1956年田风老师调到北京电影学院，于华老师工作生活在大连。既使寒暑假田风老师回大连，也整天与大连的文艺界老部下研究剧本创作、排练演出等。田老师是一个把热情和才智无私奉献给新中国艺术事业建设的人，是一个只顾大家而忘却自家小家人。50年代初于华老师是大连妇联年青的领导，后来担任轻工部的领导工作，“文革”后担任中盐总局和协会的主要领导工作，是新中国为数不多的女干部中的佼佼者。作为一位部级领导，于华老师也是一位一心想着工作，而舍弃小家的无私奉献者，田风和于华老师是一对高尚的人、无私的人。

1964年在田风老师挨整最严酷的时候，于华携父带女全家六七口人搬到北京，那是一段令人心痛的岁月啊！田风病情日渐加重，还每天挨批挨整写交待，直到他绝望地离开人间，半年多来，没有人来过家中探望。面临这样严酷的现实，于华老师一边为丈夫讨公道奔走诉冤，一边既要照看好八十多岁的老父和二嫂，又要抚养三个幼小的孩子。在那些艰难的日子里，多少艰辛泪水和汗水只有她知道。“文化大革命”无情地冲击着她，田风的骨灰被“造反派”们抛洒、批判，她所在单位漫天的大字报声讨于华为“反革命”丈夫翻案，冷酷和无情几乎把她湮没。但她依然坚信田风老师无辜，坚信田风老师无罪，坚信田风老师是一个正直的好人。她是敢于捍卫真理的共产党人，一个坚守挚爱丈夫的好妻子。

寒冬过去是春天，当中华大地春风化雨时，于华老师再次为正义呐喊，锲而不舍地为田风讨回公道，上自党中央和相关部门领导，她几乎都找遍了。从胡耀邦、黄镇、程子华、夏之栩等中央领导直至文化部和北京电影学院的党委领导，均认为学生们在红旗下成长，都是爱党爱国的，从根本上否定了导演系五九班存在所谓的“反党小集团”，更不存在所谓的田风是什么反革命黑后台。1979年，党中央终于为田风老师彻底平反昭雪，召开了平反大会，举行了田风骨灰安放仪式，从中宣部、文化部、教育部、北京市委、电影学院等有关部门主要领导及文艺界人士共两百多人参加了田风老师骨灰安放仪式，这是正义的胜利，是于华老师奋斗不止的结果。我们有理由向这位为捍卫真理而战的师母致敬！

师母于华一直盼着能为田风出一本书，以表达对田风老师的哀思和缅怀。一次，我们和郭宝昌在师母家谈论出书时，大家只顾研究讨论出书的具体事宜，桌上的一只酒杯突然爆裂，酒洒满桌，这一“灵异”现象使大家意识到这可能是田老师在天有灵向我们传递一种信息。于是我们郑重向田老师斟酒汇报。在李前宽的奔走努力下，《忆田风》文集终于问世。当前宽把精装本《忆田风》双手送到师母眼前时，她激动地手捧《忆田风》泣不成声。这是夫妻情意的自然流露，也是对田老师和师母于华老师最大的宽慰。

岁月是最公正的裁判，实践是检验真理的唯一标准。当年的反动学生如今成为国家著名导演。田风老师当年拍胸脯为一个资本家的后代郭宝昌打保票，把他招进北京电影学院，事实证明田老师是“伯乐识马”，没有看错他是一个好导演的料。而当年只会整人的人果然事业无成。时代在发展，真理伴随时间再一次得到验证。田风老师尊重历史、尊重知识、尊重人才，也必然被历史尊重。在北京电影学院院庆六十周年之际，田风老师获“新中国电影教育的开拓者”殊荣。

2012年9月在田风老师诞辰一百周年之际，中国电影家协会、中国电影基金会、中国电影博物馆、中国电影资料馆、大连文化局和北京电影学院等多家单位，在北京电影学院隆重举行了“人间自有真情在——纪念新中国电影教育的开拓者田风诞辰一百周年”大会，国家广电总局、中共北京市委、市政府以及电影界众多单位及代表和电影学院师生，再次向这位新中国电影教育的开拓者田风老师致敬。在世界一流的中国电影博物馆特别为田风老师开设展柜，介绍了这位在新中国教育战线上默默耕耘毕生，并做出重要贡献的开拓者，田风名字将永远镶嵌在中国电影画廊里。

几十年风雨岁月，我们这些得益于田风老师教导的学生，深深感到“人间自有真情在”的可贵，是任何金钱都无法计量的。细细想来，田风老师在他短暂的革命文艺事业奋斗中，所以能做到全身心投入教育事业，因为在田风老师背后有一位了不起的妻子——于华老师，有于华老师的支持、包容和忍耐，才可能有田老师的彻底奉献。师娘受苦了，学生们得益了。每每想起田老师和学生们在一起的时间，远远超过他与于华老师和孩子们在一起的时间时，我们这些学生们心中充满感激。

于华老师克服巨大困难把三个女儿妞妞、冬冬和冬梅培育成国家栋梁之才，在师母身上透着对子女伟大母爱，又延续了丈夫对学生们的关爱。几十年师生之情不断，这是人间真情、人间大爱。我们在缅怀恩师田风老师，也叠化着对师母于华老师深深地爱，心中油然而起崇高的敬意，在这里，让我们把心中的崇敬献给于华老师。

2014年2月

爱听他的“骂”*

■ 吴天忍

我叫吴天忍，是“导五九班”的，田风老师的学生。我昨天刚从上海赶来。上海有一大批同学，因为忙着各自的工作离不开，委托我作为代表，我先把他们的一封信读一下：

北京电影学院、大连市文化局，尊敬的各位领导，各位老师、同学们：

接到为纪念忠诚的革命文艺家、电影教育家田风教授逝世三十周年“忆田风座谈会”的通知，我们非常激动，非常欣慰，这件事终于办成了，由衷地感谢你们。然而，由于各自都忙于工作，不能抽身与会，只得委托代表参加，很遗憾，望能见谅。田风教授是我们非常爱戴的老师，三十年过去了，直至今日，他的音容笑貌仍历历在目，我们不能忘怀，他那兢兢业业、无私奉献的教育精神，为培养我们他全身心地

---

* 本文系吴天忍同志1995年1月在北京电影学院召开的“忆田风”座谈会上的发言整理而成，题目为编者后加。

投入教学，以带病之身没日没夜和同学们生活在一起，循循善诱、谆谆教导，终于使我们学有所成。我们不能忘怀他那高尚正直的道德情操，他爱真理、爱生活、坦诚、无私；他厌恶虚伪、狡诈，反对文过饰非。他总是谆谆地告诫我们，要诚实做人，对搞文艺工作的人，尤其如此。这对我们这群刚刚步入成年的学生来说，有终生的影响。我们不能忘怀他那慈父般的胸怀，在那风风雨雨的年代，为了保护我们这群幼稚的青年少受伤害，他总是用自己的胸膛，尽量挡住从各个方向射来的明枪暗箭。真的，若不是这样我们之中的许多人的命运可能更为悲惨。也正因为如此，在那荒唐的年代，他终于被莫名其妙的明枪暗箭击倒了，献出了宝贵的生命。他是为我们，为党的电影教育事业殉职的，这我们将永远不会忘记。田风老师不幸逝世已经三十年了，而我们也都年过知天命了，每当缅怀田风老师的为人处事，我们更感到他的精神、品德、胸怀的弥足珍贵。他是我们中华民族优秀师道的典范，是我们的楷模，也是我们的精神财富。我们将更加努力拼搏，力争业有所成，以告慰田风老师的在天之灵。

再次谢谢诸位，谨祝会议成功。

——于杰、黄蜀芹、达式彪、付金功、王秀文、吴贻弓、金仁俊

信我念完了。刚才进会场的时候见到了好多老同学，老师，大家都奇怪地说，哟，吴天忍，你怎么这样了？我已经年纪大了，头发也秃没了，而田风老师却在比我现在还年轻的时候就已经离开了我们。会场上田老师的照片，画得很像，我看了半天，是像。田风老师的形象在我脑子里永远是活的。他的音容笑貌、他的谈笑风生，一切历历在目。我是苗族学生，进学校的时候怎么也不懂，完全是田风老师把我带进来。而且，田风老师布满了伤痕的身上，其中有一部分是因为我。记得1960年我回到家乡，那里满目疮痍，森林砍光了，人饿死了，但是从家乡回来要谈大好形式，我不懂，就谈了家乡的真实情况，这下可闯祸了，挨批了，原因是反第三面红旗。这个罪名在当时那个年代是很重的。那个时候我年轻，我又害怕被开除，最后我到田老师那里，田老师跟我说：“你说那些干什么？好好

写个检讨。”我问田老师会开除我吗？田老师说：“这你别管了，好好写个检讨，以后好好学习，把经历放在学习上，将来能做出点成绩来就是对家乡父老最好的回报。你管不了那些。”后来我才知道，田风老师为了保护我，他做了很多，而且他也感觉到，我说的并不是假话。但是他也不能鼓励我说那些真话。从这件事，田老师为了保护学生，他付出的太多了。作为一个老师，给我印象最深的就是教我怎么做人，这点我受益最多了。自从做了导演以后，每一次到北京来送审影片到了电影局，影片通过以后，一走到小西天那儿，总要往那里望一下，如果田老师在的话，我肯定第一个向他报喜。同学们也提到，如果田老师在的话，那间陋室永远是我们聚会的地方，看他笑，听他说，甚至爱听他“骂”。比如我在二年级谈过一次恋爱，失败了，萎靡不振。田风把我叫去，他问我怎么回事？在他面前我不敢讲假话。他说，你，你谈恋爱？你这个穷学生，你谈得起恋爱吗？读书不好好读，那么小年纪谈什么恋爱，你将来好好读出来，当导演以后来不及吗？他骂得很对。我们同学被田老师骂也心甘情愿，还感觉挺高兴。我想，这就是田老师的人格魅力。看了于华老师的回忆录。于华老师说田老师是一辈子搞文艺工作、文艺教学，但是没有自己作品，这当然很遗憾，但是我不觉得遗憾，我认为田老师最伟大的作品就是他的教学思想、他的人格魅力。每个同学在谈及田风老师时，都有一个共同的想法，要像田老师那样做人，要像田老师那样为人处世，这就是田老师的作品，这个作品将是我们民族的伟大的作品。所以作为田老师的学生，尽管我已经不年轻了，但是我还要继续努力，不辜负他的期望。

谢谢领导，谢谢同志们。

（吴天忍：导演；田风同志任北京电影学院导演系主任兼主任教员的“导五九班”学生）

不署名的编剧*

——不为大家所知的田风另一面

■ 于 华

因为时间的关系呢，我就简单说两句。田风去世30年啦，他是1965年1月25号去世的。听到他去世的噩耗，我非常难过。可是30年后的今天，召开“忆田风座谈会”，我又非常激动。我听到在座的每一位老领导，每一个同学的讲话，我都在流泪。但是，我今天所流的，是高兴的泪水，是感激泪水。我为田风感到高兴，感到骄傲。我16号参加在大连举行的《忆田风》文集的首发式，从大连市的市长，到文化局的新老局长，以及文艺界的同志，一百多人到会，座谈会的气氛和我们今天的气氛是一样的，也是那么激励人心，我也流泪了，同志们也流泪了。为什么？大家都讲过了，我也不再重复。最后，有一点我必须说明，前面有同志发言说田风没有留下什么艺术作品，对此，我若不说明恐怕没有人知道。当年旅大在田

---

* 本文系于华同志1995年1月在北京电影学院召开的“忆田风”座谈会上的发言整理而成，题目为编者后加。

风领导下，从创建到工厂、街道、农村体验生活，一直到创作、演出几十个剧本，都是田风日日夜夜地领导同志们一起干的，谁最后整理就是谁的作品，哪个同志不接受那就是集体的创作。有一次田风说他们为了写一个剧本一直写到天亮，最后叫哪个同志签名，哪个同志也不同意。同志们都说这个作品应该署田风的名字，田风也不同意。因为剧本写到了天亮，干脆取了一个名叫“谢天亮”。“谢天亮”就是写到天亮。田风在旅大的这种工作方式，在“导五九班”也是一样。这一点，我曾经不太理解，他每天晚上工作到十二点，天长日久地这样的工作。那时，我既年经又得带孩子，又得工作，真有点熬不过来。但是没过不久，田风挨整了。田风把一切的财产献过国家、献给党，把他母亲的十几两金子也献给了文工团，为团里购置了乐器，武装了乐队，可以说在当时那个乐队在东北算一流的乐队。可是在挨整的时候呢，没有人提到这件事。而我家里有一套别人送的破沙发，却被人提出浪费公家的财产。我心里不平，这件事教育了我，我觉得田风是个可爱的人，我应该谅解他，我应该爱他。而且我跟田风讲，你在北京工作，很忙，即便我生孩子你也不用回来，所以我生冬冬的时候（这书上有写了），田风在北京没回大连，我甚至没通知他。但是，他在北京到底怎么工作的？我确实不了解。十年的分居生活，促使我最后下决心调到北京来。可是我调来北京才第四个月，田风就离我们而去。那时，大孩子是妞妞12岁，冬冬9岁，最小的孩子3岁，我一家七口，还有老父亲。一家七口在北京人地两生，举目无亲。他去世以后，党组织照顾我们，还有亲戚朋友们照顾我们，可是他到底是什么问题？ 我不太清楚。可是这几年来，“导五九班”的同学只要到北京就会来看我，他们并不认识我，都来看我。我从“导五九班”的同学对老师这份情意，我了解了田风，特别是在这次组织编写这本书的时候，凡是我打电话邀请写文章的同志，没有一个同学推迟、拒绝，而且写出的文章都是那么感人。由此，通过这件事情，我对田风的认识更加深刻了。虽然我们结婚到现在，再差两年到金婚了，但是我们真正在一起生活的仅仅是四年。我能够为田风把三个孩子养大，我还很好地为党工作，田风给我的鼓励，就像同志们讲的是一样的。所以今后呢，在我有生之年我还要继续努力，要教育我的孩子，要很好的学习，特别是为国家做贡献。今天，同志们的发言充满了感情，我十分十分地感动，我也十分十分地感谢，谢谢同志们。

与爱同行 薪火相传*

■ 张丕民

我在这里说点心里话，说些感受，这就是——人间自有真情在。

今天来的时候我在想，这次纪念会可能是主要讲的是师生情谊，老师对学生的一个感情，但是我同时又发现这里面也有学生对老师的感谢，这就是田风同志离开我们47年，今天给他做百年诞辰的活动的原因。老师爱学生，学生想着老师，因为田风老师对事业的这种真情，所以我说这个题目非常好。人间自有真情在。今天我们这里来了很多的同学，很多年轻人，我觉得很高兴。如今的社会是市场经济社会，我们中华民族优良传统坚持得很好，但某些地方和传统文化确确实实有了一定距离，在这种情况下，我们年轻人应该用一种什么样的真情来对待老师、对待事业、对待同志、对待社会、对待一切，这是值得我们深思的。

之前有人说过，“热爱是人类最好的老师”，爱才能推动文明、推动

---

* 本文系张丕民同志2012年9月22日在“纪念新中国电影教育开拓者田风同志诞辰一百周年纪念会”上致辞整理而成，题目为编者后加。

社会更和谐的发展，我参加这场活动最大的感受就是，我们田风老师这一生留下来的育人的思想让我很感动，北京电影学院提出来的“尊师重道，薪火相传”校训特别好。今天，我们这么多的老艺术家和前辈们为了自己的同事、老师聚到一起，来纪念我们的田风老师，特别是我们年轻的同学们也能来了解一下这位老人，我觉得特别好。我看了一下材料，田风老师确确实实很早就参加了革命，而且非常有才华，又是画家、又是戏剧家，又是电影教育家，但是他的一生非常短暂，53岁就离开了我们，这是非常遗憾的，但是他留下的精神财富确确实实是大家都忘不了的。像前宽老师和我们都很熟悉，都是非常好的朋友，他们今年来这儿是为了什么？就是为了师生的感情。我想，还不仅仅是师生的感情，作为这一代人，他希望把这种真情来传播下去，真正像咱们北京电影学院的校训一样。

我今天就想说这些感受，我衷心地要对田风老师说声“谢谢您”，您在100年周年的时候仍然给予了我们今天一个很好的教学、教材榜样。

谢谢大家。也衷心祝愿于华老师身体健康。

（张丕民：时任国家广电总局副局长）

大爱育人 甘为人梯*

■ 鲁 炜

尊敬的丕民部长，尊敬的各位艺术家，同志们、朋友们：

今年是田风同志诞辰100周年，我们怀着对先生的崇敬和思念之情，在北京电影学院召开纪念会，深切缅怀他的杰出成就和高尚品格，深入探讨如何在新形势下学习和弘扬田风同志留下的宝贵精神财富，这对于我们更好地继承和弘扬电影教育的光荣传统、推动电影事业大发展大繁荣，具有十分重要的意义。

田风同志是我国优秀的戏剧家、画家、导演、艺术教育家，是新中国电影教育的开拓者，是深受人们喜爱和敬重的老一辈革命文艺家。在革命战争的艰苦岁月里，他以对党的无限忠诚，为党的革命文艺事业付出了巨大努力。新中国成立后，他先后担任北京电影学院导演培训部主任、到院系主任，把全部心血和才华投入到电影教育事业中，教书育人，无私奉献，培养出一大批结束的电影人才，为新中国电影教育和电影事业的发展做出了卓越的贡献。田风同志的一生，是革命的一生、奋斗的一生、伟大的一生，他献身艺术的精神，“大爱育人”的操守，宽宏博大的情怀，坚

* 本文系鲁炜同志2012年9月22日在“纪念新中国电影教育开拓者田风同志诞辰一百周年纪念会”上致辞整理而成，题目为编者后加。

持真理的品格，已经载入了中国电影教育的史册，载入了中国文艺发展的史册。他不仅是首都人民的骄傲，也是全国文艺界的旗帜和榜样。

当前，首都文化改革发展迎来了黄金期。发挥首都全国文化中心示范作用，实施文化创新、科技创新“双轮驱动”战略，建设社会主义先进文化之都，赋予了广大文艺工作者重大责任和历史使命。我们要继承和弘扬田风同志的伟大精神，牢记职责，努力工作，为开创首都文艺事业的崭新篇章而不懈奋斗。

一是学习田风同志爱党爱国的高尚情怀。像他那样坚定政治立场，牢记党的宗旨，始终把自己的命运同国家和人民的命运联系在一起，大力弘扬伟大的民族精神和时代精神，把更多更好的精品力作献给党、献给祖国、献给人民。

二是学习田风同志“大爱育人”的职业操守。像他那样把真情和大爱倾注到艺术教育事业中，严于律己、宽以待人，为人师表、甘为人梯，特别要注重对年轻人的培养，关心他们的成长，帮助他们解决实际困难，为青年优秀人才培植成长的沃土。

三是学习田风同志坚定执着的艺术追求。像他那样怀着对艺术的无比热爱和执着追求，勤奋努力、刻苦钻研，广采博纳、融会贯通，与时俱进、开拓创新，在艺术创作的道路上不断探索尝试，不断攀登艺术高峰。

四是学习田风同志伟大崇高的人生品格。像他那样牢固树立正确的世界观、人生观和价值观，始终牢记文艺工作者的社会责任，不断提升品德修养和精神境界，努力做让党和人民放心、德艺双馨的文艺工作者。

北京电影学院是田风同志生前工作的地方，他的伟大精神和崇高风范，已经深深融入到电影学院的建设发展中，深深融入到电影艺术教育和人才培养中，成为电影学院永不褪色的精神旗帜。希望北京电影学院继续秉承田风同志留下的宝贵精神财富，紧紧抓住首都文化改革发展的历史性机遇，充分发挥自身优势，努力培养更多优秀人才，着力打造精品力作，为首都电影、中国电影的发展做出新的更大的贡献。

谢谢大家！

（鲁炜：时任北京市委常委宣传部长、北京市副市长）

弘扬田风精神 推进电影人才建设*

■ 侯光明

尊敬的丕民部长、鲁炜市长，各位老领导、老前辈，各位嘉宾，老师们，同学们：

今天，我们怀着十分崇敬的心情在北京电影学院举行纪念大会，纪念田风同志诞辰100周年。在这里，我以电影学院并以我个人的名义，特别感谢上级领导的大力支持，感谢中国电影家协会、大连市文广局、中国电影基金会、中国电影资料馆、中国电影博物馆等合办单位，并向所有受业于田风同志和与他一同战斗过的老同志表示崇高的敬意。我更要向田风同志的夫人于华老师表示崇高的敬意，您辛苦了！您是坚强而伟大的女性，我们向您学习！

---

* 本文系侯光明同志2012年9月22日在“纪念新中国电影教育开拓者田风同志诞辰一百周年纪念会”上发言整理而成，题目为编者后加。

田风同志是老一辈北京电影学院人的优秀代表，他的思想精神是那一代人精神的缩影，是电影学院的宝贵文化财富。他是一名好党员、好干部、好教师，他的一生是为革命文艺、电影教育战斗的一生、光荣的一生。在他53年的生命中，贯穿着他对党、党的文艺事业和电影教育事业的挚爱之情，他把全部心血和才华无私奉献给党的文艺事业，献给了年轻一代，为我国文艺事业培养出一大批杰出的人才和优秀电影导演。

2010年建校60周年之际，经过认真研究，学院授予田风等23位同志“新中国电影教育开拓奖”，其余22人包括干学伟、王树薇、王阑西、卢梦、司徒慧敏、白大方、吕锦瑗、孙良录、孙明经、吴印咸、吴国英、张客、李居山、杨霁明、陈汀声、陈波儿、周伟、钟敬之、夏衍、许键、袁牧之、章泯。正是在他们的努力下，经过60余年的不懈奋斗，今天的北京电影学院已经成为全国唯一、亚洲最大、世界知名的电影高等院校，去年《好莱坞》杂志对世界电影学院排名，北京电影学院位列第三，北京电影学院受到了国际同行的认可，正在走向世界。去年的十七届六中全会在党的历史上第一次做出了推进文化大发展大繁荣的重大决策，国家推进电影强国建设的战略部署也已到了关键阶段。北京电影学院正借势而上，全力推进“5+1”战略，为建设世界一流电影学院而奋斗。此时此刻，我更加怀念老一辈电影学院人，他们的功绩将永远载入北京电影学院的历史史册！学习、传承和弘扬他们的思想精神是落实电影学院校训“尊师重道，薪火相传”的优良传统使然，是建设世界一流电影学院的战略任务使然，是我们建设一流大学文化、培养电影合格人才的神圣使命使然。今天，我们召开这个纪念大会，不仅仅是在精神层面进行提炼，也要从教育思想层面进行提炼；不仅仅是给田风同志的，也是给老一辈电影人的；不仅仅是在回忆历史，也是在激励当下；不仅是缅怀故人，更是启迪来者。

我们纪念田风同志，就要学习弘扬老一辈电影人忠诚于党的文艺事业，信念坚定、始终如一的伟大情怀。田风同志生于富裕之家，早年又在日本东京美术学校师从日本著名画家藤岛武二学习油画，本可过一种留洋知识分子的悠闲生活，然而他为了探求救国救民的真理，积极参加中国共产党海外支部领导的左翼活动，又在抗战爆发后几经周折，毅然奔赴晋察冀抗日根据地参加了八路军。在烽火硝烟中，他无私无畏，曾忍着慢性胃炎的折磨、小肠疝气的疼痛投入大生产运动，背粮背水，下煤窑背煤；他勇于奉献，曾受组织委派担任《挺进军》画报主编，竟放弃了对油画的艺术追求，操起了创作漫画的笔；他敢于斗争，1942年他作为冀中军区火线剧社的导演，在日寇的残酷扫荡中不停地演出，成功排演了《十六条枪》、《血泪仇》、《白毛女》等振奋民族精神、促进革命事业的戏剧。

田风同志是新中国成立后大连市第一任文联主席，是大连革命文艺工作的开拓者和奠基人。1944年抗战胜利后，田风同志又服从组织安排，赴东北开辟工作，在极其艰苦的情况下，创办并主编了党的文艺刊物《白山》，同时筹建了白山艺术学校，其间他冒着生命危险，在炮火中把艺校师生从安东转移到了大连，为党的文艺事业保存了力量，培育了一批革命文艺干部。1947年，田风同志服从组织安排，继续留在大连，在形势严酷而又复杂的新解放区，田风同志主持了旅大文工团、旅大文联工作。为了给文工团搞个像样的管弦乐队，他把母亲留给他的金银首饰卖掉换回了乐器，他认为只要革命需要的事情，他就干到底。解放不久，他又把家里在北京、天津、上海、广东等地的洋行股份全部交公。1952年，他被东北局高岗派往旅大的工作组视为资产阶级文艺的代表人物进行批判，其中苦痛可想而知。1954年平反后，他又于1955年5月以极大热情来到北京电影学院工作，先后任导演系教员、主任、党委委员，把自己毕生的热血献给了党的电影教育事业。然而他又一次因政治运动遭受了不应有的批判，终而不幸离世。田风同志的一生，经受了两次政治运动错误路线的迫害，经受了艰苦岁月和严酷生活的考验，然而他对党的文艺事业自始至终抱着一颗赤诚之心，他曾说，“革命者一定是要吃亏、受苦和牺牲的”。这就是田风——一个真正共产党人的伟大情怀。

我们纪念田风同志，就要学习弘扬老一辈电影人为电影教育事业倾注全部热情和精力，爱生如子、提掖后辈的崇高境界。来电影学院后，田风同志与家人分居两地，只有每年寒暑假才可团聚，其他时间他都和同学们在一起，他的宿舍是可以任何时间接待前来讨教的同学们的，他对每一位同学的情况都十分熟悉，同学们有困难，他都会力所能及地帮忙，给他们解除思想的疙瘩，指出前进的方向。三年自然灾害时，他把党照顾他的黄豆、糖、点心等营养品分给同学们吃，从不单独受用。他把自己娴熟的美术技艺和多年舞台经验毫无保留地传授给同学们，他还亲自动手指导制景片、绘背景、抬地板、打灯光等等，身教胜于言教。他爱而不溺、爱严结合，常常对有过失的同学严加训斥，他曾说过，“我们任何一点放松或失误，都会在艺术上丢分，甚至给党造成重大的损失”。他要求同学们在政治上进步，他曾说：“你只要活着，就要每时每刻想着这个问题，能不能入党是一回事，努不努力是另一回事，政治上不求上进，业务上就没有前途……”他爱学生爱到了毫无保留。1963年底“文艺整风”，在导演系59班揪出了“学生反动小集团”，他因为是系主任又兼任导演系59班班主任而受到株连。调查组逼他写交代材料。他说：“如果他们有什么问题，那也是我的问题。是我没教育好，不能怪这些孩子！”最终，他付出了生命的代价。不仅仅是在电影学院期间，从部队文工团、白山艺术学校，再到旅大文工团，他惜才爱才，关心文艺人才的成长，培养和发挥他们的才能。田风同志在绘画、戏剧、影视创作等方面有很深的造诣，然而他留给我们的最大财富不是惊世骇俗的艺术作品，而是新中国文艺界和电影界的一大批杰出人才。他常说：“只要我教过的学生中，有几个能成为对社会主义建设有贡献、艺术上有造诣的人，我就满足了”。这就是田风——一位真正的艺术教育工作者的最可宝贵精神。

我们纪念田风同志，就要学习弘扬老一辈电影人探索艺术规律和电影教育规律，服务人民、文化自强的创造精神。在晋察冀根据地，田风同志坚持向工农兵学习、从生活出发，导演的《把眼光放远一点》、《母亲》、《血泪仇》等剧目，成功地再现了抗日军民顽强的战斗意志、无畏的民族气概和战斗的乐观主义精神。转战东北时期，他创作了反映反霸清算斗争的大型话剧《妻离子散》和一些歌颂劳动人民的艺术作品，先后领导和创作了几十个反映工农群众斗争生活的剧本。他是新中国电影系统教学的开拓者。在上世纪50年代中国电影教育的摸索期，田风同志走了一条理论与实践相结合，重在实践的教学之路，从实物动作教起，到单人、双人、多人小品，直至片段、大戏，拍摄默片和短故事片，从而初步形成了系统的电影教学体系。在教学中，他一直强调，要对艺术保持真诚，他曾说："我最恨一个艺术家对自己的艺术创作采取不严肃的态度……，没有献身精神，一辈子也成不了艺术家！"他指导的"导五九"的独幕剧《骆驼祥子》、《伤逝》、《虾球》、《绿林行》等，全部改编自中国有影响的小说，《送她一只表》更是师生们生活后自己创作的结果。他一直强调同学们要深入生活，关心中国的实际，他经常带着同学们观摩中国的传统戏剧、曲艺，下工厂观察生活，他说："不懂得中国的传统美学，不熟悉中国的文学、美术、戏曲，不懂京剧，就不能做一个中国的电影导演。"这就是田风——一位真正的中国文艺工作者的文化自强精神。

胡锦涛同志在清华大学百年校庆讲话中提出，高校的使命之一是文化传承和创新。学院把文化建设作为建设世界一流电影学院"5+1"战略之一，制定了学院"十二五"文化建设方案。我们践行"尊师重道，薪火相传"的校训，把传承历史、弘扬传统作为学院大学文化建设的重要内容，以"经史并重"、"经实共举"、"经人相倚"的"三经理念"为指导，以校史教育为重点，着力推进艺术观教育。学院将开展教育思想大讨论，总结提炼包括田风同志在内的一大批优秀电影学院人的思想精神，将建设的校史馆展览老一辈电影人的奋斗事迹，将深入开展"学史明志，学史建碑"文化传承系列活动，从而使老一辈电影学院人的思想精神魅力在新的时代条件下散发出更多夺目的光芒，使学生们充分了解电影学院校史和前辈的奋斗事迹，把老一辈电影人的崇高精神和深邃思想一代代传承下去。今天，学院把承办田风同志诞辰100周年纪念大会作为落实文化建设战略的一个重要举措。我们永远不会忘记老一辈电影学院人为学院建立、建设、发展作出的重要贡献，我们永远铭记老一辈优秀电影学院人的精神思想和人格风范。田风同志与长眠在祖国万里山河的新中国电影教育开拓者一样，将永远活在北京电影学院人的心中——英名长存，永垂不朽！

在座的各位老领导、老前辈，你们有的是田风同志的战友，有的曾受教于田风同志，有的对田风同志的艺术思想和教育思想有深刻的思考和体会，对田风同志都有很深的感情。希望大家畅所欲言，共同回忆他的点点滴滴，深入探讨他的教育思想，全面总结他的崇高精神，为繁荣中国电影文化，为推动电影教育事业科学发展贡献力量！

谢谢大家！

（侯光明：时任北京电影学院党委书记）

历尽风霜 始终不渝 鞠躬尽瘁 死而后已*

■ 董福君

尊敬的各位领导、各位同志、尊敬的于华夫人：

在纪念杰出的艺术家田风同志诞辰一百周年的隆重时刻，我作为田风同志曾经战斗和工作过的大连文艺界的代表能够参加这次会议并做这个发言感到十分荣幸，也十分激动。首先请允许我代表田风同志在大连工作期间结识的老朋友、老同志以及大连文艺界的同仁向田风同志表示深切的怀念和崇高的敬意。1946年受党的委派，田风同志带领同志们穿越敌人的封锁线到大连开辟革命文化工作。田风同志在大连工作的六年期间以崇高的革命理想、坚定的革命信念、高尚的人格魅力、深厚的艺术修养和务实的工作作风，在大连留下了光辉的足迹。

田风同志是大连新闻与事业的开拓者和奠基者之一，他于1946年创建并领导的旅大文工团不仅在当时为大连的新文化建设做出了不可磨灭的贡献，而且成为大连艺术事业的最初血脉，一直延续至今。他是大连文艺界

* 本文系董福君同志2012年9月22日在“纪念新中国电影教育开拓者田风诞辰一百周年纪念会”上发言整理而成，题目为编者后加。

最早的著名艺术家之一，他指导的大型话剧《钢铁是怎样炼成的》以高度的专业风范和精彩的舞台演出而震惊了东北，一直成为话剧艺术家们难以忘怀的典范之作。他是大连艺术界的恩师，他用深厚全面扎实的艺术知识熏陶和感染者自己的同志，采取的一系列具体有效的方式培养了一大批艺术人才，这些人才在以后的数十年逐渐成为大连戏剧、音乐、舞蹈、杂技、舞台美术等方面的骨干人才和领军人物，为此大连文艺界感谢他。

田风同志在大连工作期间，不仅以其艺术品格和能力感召着我们，而且以及高昂的奉献精神感动我们。大连界的老同志曾讲过这样一件事，田风同志在大连组建交响乐团时，因经济短缺无力购买乐器和服装，田风同志赶回老家取出母亲留下的遗产遗物变卖，为乐团购置了乐器和服装。田风同志这种公而忘私、全力以赴的事例还有很多，为此大连文艺界也敬仰他。在大连工作期间，由于“左”的思想影响了田风同志，并使他遭受到了不公正的待遇，受到了错误的批判。田风同志离开了大连，但是在大连无论何时提到这位曾为大连文化事业做出过杰出贡献的艺术家，人们都充满了敬爱之情，这种敬爱不仅保留在那些熟知田风同志的老同志心中，也流淌在不认识田风同志新同志的身上，为此大连怀念他。

纪念田风同志是为了怀念，更是为了学习他的精神。大连第一位市长、老革命家韩光同志曾为田风同志题词：历尽风霜，始终不渝，鞠躬尽瘁，死而后已，高度概括了田风同志的高尚精神。我们就是要以这种精神勉励自身，激励自身，向田风同志那样以高度的自觉和无私的奉献，以严谨的态度和扎实的作风做好工作，做好事业，把大连的文化发展不断推向新的高度，推向老一辈革命家、艺术家理想的境界，谢谢大家。

（董福君：时任大连市文广局副局长）

一方砚，一生情*

■ 郭宝昌

这个会准备了大概有半年了吧，一开始师娘（于华）不愿意这么操作，主要怕浪费很多人力、物力，给电影学院添麻烦。这是学生自动发起的，要纪念田老师，包括田风老师的家属。纪念田风老师是我们永远不能忘记的。因为我与田老师有比较特殊的关系吧，田老师对我是特别好，在同学里面大家也都知道是对我最好的，而且是专门给我开小灶，我受田老师的恩惠不是一般的，所以一想起田老师我总会很痛苦。今天我不知道该说些什么，好多老师也都说过了。我深知我是导致田老师的遭遇的罪魁祸首，我是当时被抓出反党集团的头子，我也没得到什么好下场，但是我活过来了，我们的老师却送了命，他没能走到今天。假如不是这样的话，至少能赶上90年代的好日子，但是他没赶上，人没了，说什么都没用。刚才记者采访我的时候也问我，让我讲一下那件事的过程。我说不出来，40集的连续剧可能也说不完。但是刚才我看到师娘向电影博物馆捐赠田

---

* 本文系郭宝昌同志2012年9月22日在“纪念新中国电影教育开拓者田风同志诞辰一百周年纪念会”上发言整理而成，题目为编者后加。

老师的遗物，其中的一个砚台让我想起很多的往事。今天是田风老师诞辰一百年，我想起了50年前我们给老师作了五十寿诞。那时，我们是大学三年级，知道老师要过生日，怎么给老师过生日呢？大部分同学经济状况很不好，但我当时不穷，那会儿我们家还很富裕。大家东拼西凑了一点票和一点钱，买了一盘花生、一盘瓜子、几个苹果，好像还有一盘海棠，这就是给田风老师过五十大寿的物品。当时田风老师特别反对，有规定不允许这样做，我说这是家庭里面，我们是您的子女，子女给家人做寿，有什么不妥当的。后来田风老师勉强同意了，实际上这仅仅是一次聚会，大家唱歌，朗诵，有一个同学写了一首诗赞美田老师，内容已经记不得了，大概是说田风老师像少女一样的纯洁。我觉得那句话说的特别好。我当时想我应该送田老师点什么呢？因为田老师画画的，有一次他提到想作画但是没有砚台，我就想送老师一方砚台。在我在家里的小仓库找出一个很大的砚，非常漂亮，而且母亲也非常同意我把这个砚台送给老师。母亲是三房的掌门人，平时不把任何人放在眼里，但是对田风老师特别崇拜。田风老师说什么她都同意，那时母亲已经开始张罗我的婚事，几乎一个礼拜相亲一次，田老师知道后非常生气，就找到我母亲："宝昌还没毕业，干嘛这么早就给他找媳妇。媳妇的事请以后交给我，就由我来办。"我的婚姻大事怎么可以由别人做主，任何人说这个话，母亲都不会同意。但是，田风说了，母亲就同意了。母亲对田风言听计从。砚台有好多土，母亲就让人把砚台擦洗干净，并用一个漂亮的包皮包好。田老师看到砚台高兴极了："现在我可以作画了！"我说："您作的第一幅画必须送给我。"田老师欣然同意。此后暑假我陪田老师回家，等我们回来的时候已经是风声鹤唳，阴云密布了。后来的事情大家都知道的。但是田老师答应送我的画一直没有兑现，直到1979年老师平反时，师娘告诉我那个大砚台在田老师手里没有搁了几天送别人了。原来，老师和师娘一起去王式廓老师家里，发现他作画的砚台很小。田老师就说，你画画怎么用这么小的砚台，这怎么能画画呢。王式廓说："我买不起大砚。"田老师就说："我有个学生送我一个大砚，送给你吧，现在我在电影学院教学作画的时候少。"就这样，我送给田老师的那方大砚台，田老师就送给了王式廓老师。今天于华老师今天捐赠出来的那个小砚台，是王式廓老师的那个。本来这是一件友谊长存的事，但是田老师没好意思告诉我，也就没跟我提送给我的第一张画。但是这方砚台却在整风期间变成田风受贿的一个罪证，多么可笑、多么荒唐啊，假如田老师是有意受贿的话，他怎么会转手就送人了呢？但是我用一个砚台“贿赂”田老师，想要得到什么？田老师收受我的贿赂又给与我什么呀？所以欲加之罪何患无辞。田老师所有的罪名就是这样编造罗列出来的，没有一条是真实的。这样来迫害一个老革命、老党员，那么正直的、对教育事业做出那么大贡献的老师吗？

有人问我，人生中最美好的是哪一时期？我在田老师身边度过了那四年多是我一生中最最辉煌的、最最美好的时期。那是我人生最愉快的时候，我觉得当时就像鲜花铺在路上，前途无限光明，即使金字塔我也可以爬到塔尖。我也想到了之后那一段地狱般的日子，我们的田老师就这样离开了我们。我永远不会忘记田风老师对我们的教育，对我们的培养，以及他那种舍身忘己的精神，他的开拓精神，他在教育上创新的精神。还有一个不能忘记就是这样的人间悲剧不要再重演了，有人希望我们忘记，我希望我们都不要忘记，就像一句电影台词说的：忘记过去就是背叛。

谢谢。

难忘人生的导师*

■ 张 毅

人上了年纪往往变得很奇怪，眼前的人和事常常觉得淡然，如过眼云烟，像电影中的膜片黑白变；而回头反顾60年的人和事却愈发得清晰明朗，如鸟语花香，历历在目，像彩色片时间和记忆这种逆向反差，另人惊奇感叹，其中的奥妙我解释不清。这些年我在回忆自己一生经历时，田风先生的音容笑貌始终占据一个巨大的空间，我想我是幸运的，在刚刚投入舞蹈事业时就遇到了这样一位难得的导师、领路人。他对我的影像中是终生的，在艺术上、创作上在文化修养、审美跨度上、人格塑造方方面面。今天发现处处都有田风先生当年为我打下的底色，这种感受不仅我有，是当年旅大文工团的同事、朋友们都有相同的感受，可以说，至今大连的文化艺术事业的很多方面都还保有鲜明的田风烙印，田风当年的艺术思想深刻地影响着大连文艺品格的形成和发展。20年前大连市文化局和北京电影学院共同主编出版了《忆田风》的纪念文集，通过多数人的回忆为世人生

---

* 本文系张毅同志2012年9月22日在“纪念新中国电影教育开拓者田风同志诞辰一百周年纪念会”上发言整理而成，题目为编者后加。

动地描述出田风先生感人的艺术家形象和人格魅力。当时正值中国社会转型时期，在文化领域，各种新的外来的文化观念思潮另人目不暇接，对田风先生的回忆更多地集中在感情和往事的记录，而对田风先生艺术思想的深层挖掘做得还不够。又一个20年过去了，在今天回忆田风先生，我想有这样几点感受。首先，作为一代艺术大师，田风先生是一位罕见的艺术通才，他的文学、美术、音乐、表演、导演乃至舞蹈、杂技，几乎任何一个领域都表现出他过人的才华，同时对这些领域特定的艺术规律他的洞察力和驾驭能力也是常人难以想象的，今天想起来这仍是一个难解的迷。一个人的天赋和精力如何分配安排才能做到这一点呢？这一点在当今讲究专业化的时代，是很难理解的。但田风先生做到了，他的艺术思想和实践两方面证明了这一点。中国文化历来讲贯通，而专业化是西方文化的特点，田风先生既有贯通又有专业的精神，两方面的相辅相成，游刃有余。我想探索田风先生的艺术思想，这一点是应当重视的。其次，60年前田风先生很多事情在今天看来不仅没有落伍，相反还很超前，当年在旅大文工团他就设想过舞美、服装、创编等专业化的制作，并有过初步的尝试，今天这些想法正一步步地成为趋势。在艺术观上，类似的地方很多，在这里不一一列举了。再次，田风先生精通中外文化，他的骨子里却是典型的中国文化，就表现在他的艺术生涯是因人传艺，而不是因艺传人，什么意思呢？他首先把人放在第一位，人格的自我完善是第一位的，其次才是艺术的完成。他最终不是单纯靠艺术成就来留名，而是完美的人格境界和精湛的艺术修为互为表里，交相辉映。接触过他的人都会有这样的深刻的印象，高层次的美学品位影响着他举手投足之间，注重生活细腻之中，而且是那么自然，因为有如沐春风的感觉，这样的人才会有这样的作品，而这样的艺术大家今天能有几位？与艺术相比，这种人格精神才真正可流传后世的真正财富。纪念田风先生应更多地注重他的艺术世界的灵魂，也是当下这个时代再最缺乏的。

谢谢大家。

追忆 缅怀 继承 发扬*

■ 王 瑞

各位师长、各位同学：

今天在田风同志百年诞辰的纪念会上，我们怀着无限敬仰之心共同追忆他的生平事迹，缅怀他对电影教育事业做出的伟大贡献，继承发扬他对电影艺术的执著追求的精神，以及对教学勇于创新的精神。田风老师对学生在专业上精益求精，高标准、严要求；生活上无微不至的关心。他把全部的心血投入到为国家培养电影人才的事业中。田风老师不仅专业技艺精湛、艺术造诣高深，而且他能把全部所学倾心教给学生，他就像黄河路口的船工，把一批批学生渡过河，送上通往成功的彼岸，自己甘当渡工。他始终忠于自己的信念，始终怀有艺术家和教育者的良知。因为国家的需要，田风老师数次改变职业和专业，毫不在意个人的名利，甘当垫脚石，

---

* 本文系王瑞同志2012年9月22日在“纪念新中国电影教育开拓者田风同志诞辰一百周年纪念会”上发言整理而成，题目为编者后加。

为新中国电影事业培育出更多的优秀导演。他对艺术精益求精、勤奋劳作的精神，为学生呕心沥血、殚精竭虑的奉献精神是伟大的，是永远值得我们尊重和学习的。即使在受到不公正待遇的时候，他依然处处保护学生，这展现了他知识分子的高风亮节。田风老师在电影教育方面创造性地提出了很多的教育方法和要求，他要求导演系学生学会表演、大量进行表演训练，强调功夫在戏外，强调表演和实践生活相结合，要求学生认真观察生活并设置了一系列课程。田风老师发挥自己在绘画方面的专长，引进电影中多视点的教育方法，对舞台设计进行创新，让学生在创造人物形象上学到真本事，为导演系的学生打下了坚实的专业基础；同时他还要求学生广泛涉猎各个艺术领域，丰富自己的艺术知识，提高艺术修养。他曾说过，不懂中国传统书法、不懂中国戏曲就不能成为一个导演，这是要求学生博闻强识，拓宽艺术事业，有了宽阔的艺术起点才能高高树立起专业的技能期值。他还带领学生们完成一部大戏的全部工作，从舞台、美工到化装、服装全部由师生自己动手完成，这样使学生动手能力大大提高，也明白了拍摄的具体工作应该怎样做，为今后领导剧组工作打下基础。田风老师提出建立导演系教学档案，把学生的拍片过程汇报表演记录下来，作为教学档案存档，供今后的学生学习。当“导五九班”演出在电影学院获得成功后，他又带领学生将演出推向社会公开演出，受到了热烈的好评，这证明了他的教学方法的成功，是他经过反复锤炼最终形成的教学成果。这些凝聚着田风心血的教学经验至今仍然是我们导演系宝贵的财富之一，他确立下来的教学思想和教学方法至今仍然培养一代又一代的导演发挥着作用，他确立下来重实践教学的风格依然是导演系的教学特色，他创造了由简入繁的表演训练、编剧训练、拍摄训练等仍然是先进的教学模式和方法，对学生培养、全身心的投入和关爱，使他在教学上成绩斐然。

“导五九班”在他的教导下，成才率极高，全班23名学生日后独立胜任导演工作的竟达到21人，是电影学院导演系自创建以来成才率最高的一个班级。今天我们缅怀前辈田风老师是为了纪念他的优秀事迹，是为了继承伟大精神，学习高尚品格。我们沿着田风老师的足迹继续他的事业，在他创立的这些优秀教学方法、教学模式的基础上不断探索，不断创新，不断提高，用先进的教育培养出优秀的导演，为中国的电影事业培养合格的导演。今天导演系的教学方法、教学资料都是在田风等老一辈教师打下的基础上逐渐建立完善起来的，继承和发扬这些优良传统是我们对老一辈电影教育家最好的纪念和尊重。让我们继承田风老师的事业，发扬他的精神，在新时期面对新问题时以专业、敬业的精神去创新改革，不断建立先进的教学方法和教学模式，培养出更多合格的优秀的导演人才。

谢谢。

（王瑞：时任北京电影学院导演系主任）

附录一：田风生平简介

1912 出生于辽宁省兴城县。

1926－1930 于沈阳市立第十小学和辽宁省立第十初中读书。

1931 入读北平志成高中。

1934 赴日本东亚日语补习学校学习。

1936 考入东京国立美术学校学习油画，成为日本著名画家滕岛式二的得意门生。留日期间，田风参加了进步留学生组织的“艺术座谈会”、“戏剧座谈会”、“留东文化座谈会”等活动，加入了“中国留日剧人协会”和中国留学生“学联”等组织。在留学生排演过的《雷雨》（曹禺）、《洪水》（田汉）、《钦差大臣》（果戈理）、《娜拉》（易卜生）等剧目中，做过演员、导演和演出工作。

1939 回国参加八路军平西抗日挺进军，任政治部宣传干事，编《挺进画报》。

1941 调晋察冀北方分局社会部任日文翻译。

1942 调冀中军区政治部火线剧社任导演，创作了《血泪仇》、《把眼光放远点》、《母亲》、《十六条枪》及秧歌剧《子弟兵与老百姓》、《兄妹开荒》等作品。

1945 加入中国共产党，同年10月奉调东北开辟工作，任沈阳市中苏友好协会宣传部长。12月，又被派往安东创办《白山》杂志社，任社长，同时兼任白山艺术学校副校长及导演。这期间，他上课排戏，并创作歌剧《妻离子散》，还排演了夏衍的《离离草》。

1949 他奉命率白山艺校撤离安东来大连，与大连中苏友协剧团合并成立“社教团”，任副团长，后任市文联主席兼旅大文工团团长。

1952 在文艺整风中，田风受到错误批判。

1953 调离旅大文工团去东北党校学习。

1954 中共旅大市委为其平反。

1955 调北京电影学院，先后任导演培训班主任、导演系主任、教授。

1959 任北京电影学院导演系主任、教授。

1964 在社教运动中又遭迫害。

1965 田风逝世，终年53岁。

1979 中共北京电影学院委员会为田风彻底平反，恢复名誉，并召开了追悼会。骨灰安葬在北京八宝山革命公墓。

附录二：田风生平故事

■ 郭宝昌

1912年，辛亥革命推翻了旧中国持续两千多年的封建帝制，在这一年后，也就是孙中山就职为中华民国临时大总统的前夕，在中国最后一个王朝的东北故都——沈阳的一个军官家庭，诞下一个男孩——一个最新的民国国民，他叫田广生，后改名田风。

立志出乡关

虽然出生于一个殷实的军官之家，但田风既没有走武行的路，也没去经商，而是从小学习国画，与艺术结下了不解之缘。中学时期，他受当时进步思想影响，曾于1931年“九一八”事变后的抗日救亡运动中画过一些抗日宣传画。20岁刚出头，他进了北京美术专科学校，1934年留学日本，考入了著名的东京日本国立美术专科学校，成为日本著名画家藤岛武二的得意门生。这位颇具美术才华的大学生同时酷爱戏剧艺术，往往是黎明前登自行车赶到海滨画日出，而其他休息时间和假日，则全泡在剧场里，把热情和心血投入到留学生在日本的戏剧活动中。他在曹禺的《雷雨》、果戈理的《巡案》、易卜生的《娜拉》等戏剧排演中做演员、导演和组织工作。他待人诚恳、思想进步，赢得了很多同学的友谊。就在这期间，他同后来中国艺术界的名流吴天、张水华、任白戈、杜宣等人结成为事业的好友、革命的同志，他们共同参加了中国共产党在日本领导的留学生“学联”左翼文化活动，成为中共海外支部领导的“文化座谈会政治经济学小组”成员。

寸心思报国

抗战爆发后，在追求艺术进益的同时，田风时刻不忘自己的家乡沦陷在日寇的铁蹄之下，1938年，作为东京美专三年级学生，还有一年毕业的田风同志，参加抗战的愿望迫不及待，毅然回到了祖国，并于第二年10月奔赴解放区，参加八路军平西抗日挺进军，任政治部宣传干事，编《挺进画报》。为团结自己、消灭敌人，他暂时放弃了对油画等新艺术流派的追求，竟然操起了漫画的笔，发表了不少结合时事进行宣传的漫画作品。与此同时，他更精于艺术，1942年之后，作为冀中军区“火线剧社”的导演，他成功排演了《十六条枪》、《血泪仇》、《白毛女》等优秀作品。

春风东北起

抗战胜利后，田风同志得到了组织的信任与重用，被派往东北开展工作，1945年秋，沈阳第一次解放时，他被任命为中苏友好协会宣传部部长。不久，他又被派往安东开辟文化工作，并在此间创办了文化期刊《白山》杂志。1946年，国民党军进犯安东，东北民主联军做战略撤退时，组织上授命田风、白鹰等同志带领一批文化战士奔赴旅大地区开辟革命文化工作。经过艰难的海上跋涉，1946年冬，田风同志风尘仆仆来到大连。在大连一工作就是勤勤恳恳、毫无取索的六年，在此期间，田风与白鹰等同志创建了旅大文工团。旅大文工团一出世就接受了一项无上光荣的任务，那就是承担了组织中华人民共和国开国盛典的大连文艺庆祝活动，田风同志是这次活动的具体筹划者和总指挥。活动的成功举办与同年大型话剧

《钢铁是怎样炼成的》的精湛技艺引起了全东北文艺界的震惊！六年工作期间，田风同志为大连文艺事业的发展留下了难以磨灭的功勋，可是，正当他全身心投入新的改革试验之时，却因“左”的思潮影响，在1952年遭到了极不公正的批判和不应有的党纪处分。1954年，党的七届四中全会以后，旅大市委为田风同志平反，宣布处分作废。1955年，他被调到北京电影学院工作，从此，他离开了多年苦心经营的大连文艺事业。

往事已酸辛

1959年入学考试的考场格外肃穆，因为1956年电影学院招收的第一届本科生在1957年的“反右”中有一半以上被打成了“右”派，所以1957年没有招生。到了1958年，只允许内部招生，政治条件成为了首要标准。等到1959年，重新恢复在应届高中毕业生中招考，有一个出身资产阶级家庭的考生报考了导演系。走进考场的刹那，他的心情非常紧张。考场的长桌后面坐了十五六位考官，审视的目光令人心悸，正当中坐着的是当时导演系主任田风。一试所有题目测试完，总共花了17分钟，是几百名考生中所用时间最短的，田风老师批评这名考生所做的小品与考题不符。考生垂头丧气地走出考场，之后绝望地去看榜，竟然发现自己榜上有名，于是开始准备复试。在考文化课的间隙，一群学生站在教室外面神侃，远远地只见田风老师在树荫下来回踱步，大家小声议论着他，却无人敢上去搭话。突然，他停住脚步，对着这名资产阶级家庭出身的考生招了下手，田风跟考生聊了一个多小时，从事业到家庭，从艺术到文学，最后他问考生：“喜欢电影吗？”“喜欢。”“那就把毕生的精力贡献给祖国的电影事业吧。”考生不知道，这次谈话后，招生会议上发生了一场大的风波，没有一个老师同意在这个风口浪尖上招收一名“黑五类”考生，田风老师拍了拍胸脯说：“这个学生我要定了，不就是出身不好吗？我担保！全班都是工农子弟，有这么一个资本家有什么了不起，出了问题我负责！”1959年9月1日，这名考生成为了北京电影学院导演系的一名学生。5年后，这次招生表态成为田风被批斗的重要导火索，老师最终不堪重负，在这场阶级斗争中自杀身亡。这名学生谨记老师的使命，成为了一名优秀的导演，并且在日后扶持了“第五代”，他就是郭宝昌。

春蚕到死丝方尽

1963年，电影学院根据上级指示“抓阶级斗争”，抓出了一个“以郭宝昌为首的反革命集团”。当时田风老师患病，正在大连休养。得到通知后他回到北京，被要求揭发以郭宝昌为首的反革命集团的罪行，田风老师为了保护学生，他坚持说，自己觉悟不高，没有看出他们是反革命。那个时候，北京高校将此列为大案中的大案，市委就有工作组在这儿坐镇。调查组逼他一定要承认那是反革命集团，要写下来。田风老师说，“我觉悟不高，我没有看准”，“如果他们有什么问题，那还是我的问题，是我教育不好，不能怪这些孩子”。他反复强调这几句。最后他选择自杀。多年以后，有人看到田风老师最后的几篇“交代材料”，仍然是把所有责任拉到自己身上，坦荡地面对死亡。

化作春泥更护花

每当想到田风，我就感到人间还有爱，还有真情，人间还是美好的。便使我去勇敢地面对生活。老师的学识、为人，正如一团炽烈的火，从未熄灭过，几十年过去了，我依然清晰地记得这一切，我要把它写下来，纪念老师。

附录三：挥泪忆恩师

■ 大连电视台

（画外音）田风是我国优秀的戏剧家、画家、导演、教育家，新中国电影教育开拓者。1912年，生于中国最后一个王朝的东北故都沈阳，名田广生，后改名田风。田风的一生，把全部的心血和才华，无私地奉献给了党的电影教育事业，奉献给了年轻的一代，他为我们大连的文化事业的发展，做出了难以磨灭的功勋，为我国文艺事业培养出了一大批杰出的人才和优秀的电影导演。2012是田风诞辰一百周年。一百年的历史烟云，足以让岁月为之褪色，但田风的艺术精神与人格风范却历久弥新，至今仍在后辈学子间心口相传。

主持人：田风这个名字，对于很多年轻的朋友来说，可能会比较陌生，但是他在中国电影史上，对于新中国电影教育事业的发展，却是功不可没。他用毕生的精力，培养了一大批优秀的艺术人才和优秀的电影导演，像我们大家非常熟悉的，第四代电影导演李前宽、肖桂云、郭宝昌、黄蜀芹，等等。田风同志与大连有着非常深厚的情缘。1949年他参与创建了旅大文工团，担任旅大文工团第一任团长兼市文联主席。田风同志把毕生的心血和才华都交给了党的电影教育事业，交给了年轻的一代。今天在这样一个纪念大会上，就让我们在他的众多学生、后辈的深情回忆当中，一起来走进这位新中国电影教育工作者不平凡的人生。

田风，原名田广生，出生于辽宁省兴城县，话剧导演、戏剧家、画家。

1926年至1930年于沈阳第十小学和辽宁省第十初中学习。

1931年入读北平志成高中。1934年9月赴日本东亚日语补习学校学习。1936年2月考入东京美专学习油画。1945年6月，田风加入中国共产党。1945年10月奉命调东北开辟工作，任沈阳市中苏友好协会宣传部长，12月，又被派往安东创办白山杂志社，任社长，同时兼任白山艺术学校校长及导演。这期间，他上课排戏，并创作歌剧《妻离子散》，还排演了夏衍的《离离草》。1949年的11月，他奉命率领白山艺校撤离安东来大连，创建“旅大文工团”，任团长。1952年文艺整风中，田风受到错误批判。1953年调离旅大文工团去东北党校学习。1954年11月，中共旅大市委为其平反，1955年5月，调入北京电影学院，先后任导演培训班主任，导演系主任，教授。1964年社教运动中，又遭破害。1965年1月25日，田风逝世。终年53岁。

1979年中共北京电影学院委员会为田风彻底平反，恢复名誉，并召开了追悼会。骨灰安放在北京八宝山革命公墓。

田风同志是位平凡而伟大的艺术教育家，他将全部精力和才华无私奉献给年轻的一代，为我国电影事业培养出一大批杰出的导演。

2010年北京电影学院建院60周年校庆，授予田风同志新中国电影教育开拓奖。

2012年9月22日上午，“人间自有真情在：纪念新中国电影教育开拓者田风同志诞辰一百周年”大会在北京电影学院举行。

北京电影学院党委书记侯光明、北京电影学院院长张会军、中国电影家协会主席李前宽、著名导演郭宝昌、北京电影学院导演系主任王瑞、著名舞蹈家张毅等，应邀从四面八方赶来，纪念这位昔日的恩师、同事、战友。现在就让我们带着电视机前的观众朋友们一起走近田风。

郭宝昌导演：非常不愿意回忆这段往事。因为每次提起这个，心里总是很难过，很纠结。虽然过了50年了，但是这种心结始终解不开。非常让人难过。今天能够有这样一个纪念百年诞辰的活动，我非常非常高兴。因为你们是大连电影台，我对大连有深厚的感情。1963年的时候，田风老师曾经带我去大连，就住在他家里，我那会儿有幸可以每天聆听他的教诲。田风老师可以说是一个伟大的人，是一个了不起的老师，他能够这样在教育事业上投入，用一个同学的话来说，他是第一人，也应该是最后一人，没有人像他那么投入的来教学生。把自己毕生精力能够贡献给学生，家都不顾了，所以这些事情我们回忆起来依然非常感动。

主持人：说起郭宝昌，就一定会想起中央电视台的重头大戏《大宅门》，这是一部内涵丰富、艺术性强的电视剧。如果说郭宝昌能够取得今天的成绩,那必然会联想到一个人，这个人就是他的恩师田风。1959年，郭宝昌顺利地成为了北京电影学院导演系五九级的一名学生。然而他所不知道的是，这个出身资产阶级家庭的学生在招收的问题上，却引起了一场很大的风波。没有一个老师同意在这个以政治出身为标准的风口浪尖上招收一个“黑五类”的考生，只有田风拍着胸脯说：“这个学生我要定了，不就是出身不好吗，我担保。全班都是工农子弟，有这么一个资本家的后代有什么了不起，出了问题我负责。”谁都没有想到的是，五年后的这次招生表态，却成为了田风被批斗的重要导火索。田风最终不堪重负，选择了自杀。每当提到这里，郭宝昌的心里总会有一种愧疚，总会流下眼泪。而他唯一能做到的就是，谨记老师的使命，成为了一名优秀的导演，并且帮助培养了中国第五代导演张艺谋、田壮壮等。这与田风打下了的良好基础是分不开的。

郭宝昌导演：因为在当时最残酷的那个年代，他挨整，实际上我是罪魁祸首，因为我们那会很年轻，说了很多真话，但是某些真话在当时是被当做反动言论的，那种话是不能说的，所以我们班23个同学，有8个被打成了“反革命”小集团。这样，必然要牵扯田风老师。他就被当做“黑后台”给抓住了，对他进行了非常残酷的打击，非常无情的迫害，那不是一般的迫害，我看过当时整他的会议记录，那真是一点人性都没有了。我不知道为什么还有这样整人的手段，可以这么无耻的去整人。现在回忆起来，我依然非常气愤。但是就在那样的情况下，他没有别的反抗，我们也不可能有什么反抗，那会儿唯一的反抗就是自杀。他走了。我觉得走得很悲壮，这是唯一的反抗形式，也是一个共产党员来表白自己的真正的人格力量。我是半年以后才知道了这个事。我当时已经被关进大牢里面在劳改，我根本就不知道他去世的消息，后来我回到学院，去交待问题的时候才听说他走了。这个打击对我来说太大了，而且影响了我的一生。我觉得所以走到今天，我之所以还可以坐在导演的位置上，还可以拍片子，完全是田风老师赐予的。没有他，没有我；没有他，没有我的今天。因为田风老师不但在招生的时候就破例招收了我，那时是阶级成分非常严格的那个年代，像我这样资本家出身的是不予考虑的，是不能够入学的。但是田风坚持原则，他认为学习好的，成绩好的，而且是这么年轻的学生，他觉得是可以教育好的，他收了我。在五年中，他的谆谆教诲使我能够在今天成为一个导演，我也继承了他过去很多很好的作风，我觉得这对我后来的影响非常大。后来无论遇到什么困难，我都会想到他。我都会想到他是怎么对待他的同事、学生的，这影响了我的一生。所以在今天，能够有一百周年的这样一个诞辰纪念，我觉得是对我们后人的一种激励。我将永远记住今天。我也会永远记住田风老师，永远不会忘记。

侯光明书记：田风老师是一个好党员、好教师、好干部，这是当年中央给他做平反决定的时候，对他的一个高度评价。田风老师一生忠诚于党的电影教育事业，艺术事业，也忠诚于他的事业，对电影教育事业的发展，起到了重要的开创性的奠基石的贡献。今天，我们举办这样一个活动，至少有以下重要的原因，第一个这是我们学校“尊师重道，薪火相传”这样一个校训使然，我们要尊重一辈一辈的老师，没有老师的提携，后辈不可能成长到今天，当然，我们在尊重他们的同时，更尊重教育规律，推动教育的发展，吾爱吾师，我更爱真理。第二，我想是由于当前我们要变电影大国成为电影强国，建设世界一流电影学院，这样一个历史背景使然。我们要开创新的历史未来，我们一定要缅怀当年田风老师那种精神，总结过去的经验。第三，这也是我们广大师生在尊重老师，还有我们的校风、学风的一种自然体现。想到田风老师，自然让我们想到当年他们这样的一代人。应该不能不提的是，在我们六十周年校庆的时候，经院党委慎重研究并报有关部门批准，我们推出了新中国电影教育开拓者23人，田风老师就是其中的佼佼者，因此我们今天纪念田风老师，同时也是向老一辈电影教育事业开拓者们学习，他们包括陈波儿、章泯、吴印咸、钟敬之，等等，他们为新中国电影教育事业和中国电影的发展立下了汗马功劳，也取得了大的成绩。应该说今天中国电影和中国电影教育由小到大，由弱到强，由零散到系统，我们正在走向世界。

张会军院长：今天我们在北京电影学院纪念田风老师的活动，有很重要的意义。我们必须要尊敬老教师，他们曾经为中国电影事业培养了很多人才，更为重要的是让学生和老师都知道，如果没有这些老教师的努力，也就不会有北京电影学院的今天。同时中国电影产业的发展，离不开一代一代的年轻人，我们通过这个活动，凝聚学校的力量，让更多的学生能够认真的学习，更主要的是让现在的老师能够看到，默默无闻、为中国电影事业做工作，就会得到大家尊重。北京电影学院的校训是“尊师重道，薪火相传”，我们通过这样的方式，来表达我们对老教师的怀念。

王瑞老师：首先，我觉得今天这个活动是很有必要的，我上学的时候，田风老师已经故去，我并没有见过田风老师，但是我的老师是田风老师的弟子，而且从我1985年考进电影学院，到现在，导演系一直在继承和倡导田风精神：对学生的专业学习要求是很严格的，甚至是严酷的，但是对学生的生活也是很关心的。导演系的老师和学生的关系真的像一家人一样，这个基础是田风老师为我们打下的，现在我们还在继续保持和发扬田风老师这种精神。今天在电影学院所召开的田风同志诞辰一百周年纪念大会，就是对这种精神的肯定和要发扬下去的一种决心。我觉得时代在变化，可能教学的方法、方式在变化，但发扬田风精神不会变，要始终要保持下去。

司徒兆敦教授：田风老师带了我们五年，最后在教育岗位上的只有我和韩小磊。韩小磊已经走了。当初谁让我留校教学的，我不知道，因为田风老师那时候已经挨整了。那时，我并不想教书，因为田风老师的精神、学养，在我们面前，那就是一座高山，那样的高度我们很难达到。最难学到的是田风老师的人品、人格魅力，他可以为学生去死，这个是任何人都做不到的。当时要整我们班的“反革命集团”，田风老师说，我是系主任，也是这个班的主任教员，有什么事，我负责。工作组逼着他写交待材料，要交待这些学生是有问题的，是“反革命”。田风老师最后说：“我觉悟不高，我看不出来，如果有什么问题，还是我负责。”我是在他挨整时期毕业留校，后来在去山西搞社会主义教育回来的途中，听说田风老师已经离开我们了，当时我并不知道他是怎么离开的。回到学校，便知道了他死得是那么壮烈，他所写的材料，甚至他写的检讨全部找出来，内容都是保护学生。去世当天，田风老师穿上他那特别范儿的大衣——呢子大衣，跟师娘就说，我对不起孩子，我毁了他们，就走了，就再也没回来。一想到这件事，我就觉得作为一个老师，那种责任太重了，所以我最初很怕当老师。因为他的学养、他的人品、他的知识丰富，谁也比不了；他对教育的那种一往情深，谁也比不了。还有最值得骄傲的是，一入学，田风老师就对我们说，我家的门24小时为你们开。半夜一敲门，他肯定起床接待你，解答你的问题，能做到这一点，实在了不起。今天，正如郭宝昌所讲，我们不能忘记。今天这会开得很重要，对现在的教育状态是一种鞭策、警醒。现在我已经调离了北京电影学院，去了新的学校，唯一值得说的，这些年我谨记田风老师这一点，就是我家的门也为学生24小时开着。

主持人：1946年冬，田风风尘仆仆来到大连，在大连一工作就是六年，是勤勤恳恳、毫无索取的六年，也可以说这是他一生中操劳最重、倾洒心血最多的六年，也是给大连文艺事业做出宝贵贡献的六年。1946年大连第一个文艺团体——旅大文工团，就是在田风与几位解放区来的同志领导下创建的。当时田风任团长，旅大文工团一出世就接受了一项无上光荣的任务，那就是承担了组织中华人民共和国开国盛典的大连文艺庆祝活动。田风是这次活动的具体筹划者和总指挥。庆祝活动的成功举办与同年大型话剧《钢铁是怎样炼成的》的精湛技艺震惊了东北文艺界。六年的工作时间，田风为大连的文艺事业奠定了良好的基础。1955年，田风被调到北京电影学院工作，每一年的假期，田风都要回到大连，名义上是假期，事实上田风一天都没有好好休息过，每天的行程都被安排得满满的，大连话剧团、歌舞团、京剧团以及杂技团的人纷纷登门拜访，向田风讨教，学习。大连著名艺术家田成仁、谷建芬、张毅等都与田风有过来往。而今在大连的文艺事业大繁荣大发展的时候，我们不能忘记一个人，他是大连文艺事业发展的奠基人，他就是田风。

李前宽导演：我觉得田风老师在中国电影的教育事业上所做出的贡献是不可磨灭的。北京电影学院建院60周年校庆的时候，颁发给他一个奖章：新中国电影教育开拓奖，这是一个很高的荣誉，是对他历史的一个客观公正评价。第四代导演，包括吴贻弓、丁荫楠、谢飞、郭宝昌、肖桂云、黄蜀芹等一大批导演，还包括一大批在电影教育事业上卓有成就的教授，像司徒兆敦、韩小磊等，都是他的学生。可以说，第四代导演是受田风教育最大的受益者。他的教学理念、博大的情怀、丰富的知识以及对艺术的感悟，全方位地影响这一代，形成了第四代导演的现实主义创作方向，可以说，田风对中国电影的贡献是他给予第四代一个启蒙的、开拓的、楷模的一种影响和教育。在“文革”以后，改革开放刚刚开始，我们能够冲到电影生产第一线，能够开花结果，硕果累累。作为田风老师的学生，在获得了一些成就的时候，我们更不能忘记教育我们的恩师，所以那些曾经受田风老师教诲的第四代导演，甚至包括后来电影学院毕业的第五代导演，今天都来参加田风老师诞辰一百周年纪念大会。田风老师不愧是对新中国电影教育做出卓越贡献的大教育家。

另外，大连文艺工作者协会、大连文工团（即旅大文工团）的建立，是在新中国成立之前，而参与创建的一个重要人物，就是田风老师。1946年末1947年初，田风老师带着两船文艺工作者，（这两船年轻的文艺工作者，都是白山艺校的骨干）冒着枪林弹雨，冲破敌人的层层封锁线，辗转十几天到了大连，和大连的中苏友好协会的文工团合并成立了“社教团”。后来以“社教团”为核心，将金县、旅顺、大连县文工团和属于总工会的职工文工团等五个团合并，成立了旅大文工团，团长是田风、导演是田风。大连话剧团、文工团那些老人谈起来的时候，他们说我们的老团长田风是导演，见我们布景画得不好，同我们讲又讲不清楚，因为我们的底子薄，没有什么绘画的基础，也没有什么经验，他就自己画，旅大话剧团好多布景片子都是田风画的，至今他们保存这些画作。

在旅大文工团，田风是总团团长兼导演，为大连培养了一批艺术人才，包括后来的大连话剧团的黎军团长、李其昌导演，作曲家谷建芬等都是他的学生，还有大连歌舞团的著名编导张毅，大连杂技团的很多人，都受过他的教诲。回过头来想，他那么热爱大连的文艺事业，关心大连的文艺事业，因为他是大连的第一个文联主席，又是总团的团长，我所知道的，每一次回到大连，他都对大连的各个团的创作很关心很扶持，包括旅大文工团的一些乐器，包括洋鼓、洋号、小提琴，等等，都是用他自己的金条以及妈妈留给他的金银首饰换来的，这些金条和金银首饰是家里为他将来生活而备的，他都毫无保留地贡献出来，全部卖掉，武装了旅大文工团的乐队，所以他对大连文工团贡献极大。不仅如此，更重要的他还没有忘记大连文艺的创作，他参与写了很多剧本，从来不署名，他说，要署名就署“天亮”吧，就是迎接新中国，迎接社会主义阳光，他从来不署自己的名字，这是他对大连文艺工作极大的扶持，所以田风是大连文艺事业的大功臣，是大连文艺工作的开拓者，是大连文艺事业苗圃里的默默耕耘的园丁。由于他的无私奉献，大连出了那么多优秀的艺术家。我也是大连人，我也是他培养的。田风对我们的培养花很多心思，做了大贡献。所以大连文艺事业，特别是新中国成立以来的大连文艺事业，田风也是开拓者。

肖桂云导演：虽然田风老师教的我时间不长，很快他就走了，但是他的一言一行，至今依然清晰地印刻在我心里。特别是在我就毕业的时候，田老师那时候挨整，我根本就见不到他，无法知悉他的生活状况。在此之前，他生病的时候，我有时候还去给他包顿饺子。

主持人：那个时候是偷偷摸摸的吧？！

肖桂云导演：对啊，因为他都在挨批判嘛，你不这样也不行。我包的饺子，他特别满意。以前他帮我们排练的时候，也都跟我们一样，吃馒头、咸菜，所以能有机会为他做点什么，我特别开心，这也是对老师的一种报答。当时在电影学院，我的毛线活特别好，很多同学都求我给他们织这织那的，我为田风老师的爱人于华老师织了围巾和帽子，他特别高兴。田风老师把自己的课余时间都给了我们，我们能为老师做一点事情，真是一种极大的安慰。

有一段时间，没有看到他，我心里特别着急，因为第二天我们就要到山西去搞社教，一去就是8个月，回来以后参加毕业分配，我就和另外一个同学约定，走之前去看望一下田风老师。早晨六点钟大队出发，凌晨四点钟我们偷偷到老师那儿，一敲门老师就把门打开了。我想田老师应该一宿没睡，而且叼着烟卷站在那儿，往常他把门一打开，就让我们进屋。这回他打开门出来，把门关上了，站在门口，就不想让我们进去。当时我和我那个同学准备了一肚子的话，就不知道该怎么说了。我们三个人站在那儿，很久，走廊里一只特别特别小的灯发出昏暗的光，看不清什么，只有通过他抽烟的一股一股的亮光，才能看到他的表情，是忧郁的。后来，我们就说："老师我们要走了，你一定要保重身体。"他说："好，好，你们去吧。”因为楼上随时都可能下来人，我们也不能长时间在那待着，我们就赶快跟老师伸出手来，握别。老师没有伸手，我们很失落地就离开了。当我们走的时候，还回头看，田老师并没有回屋，还站在门口，看着我们。当时我们俩心里难受极了。在8个月的社教工作中，我们一直在惦记着老师，其实他不跟我们握手，是为了保护我们，因为他当时受到了严密的监视，如果跟我们握手的话，可能会牵连上我们。在那个时候，他想的还是学生，他做的一切都是为了学生。而且他也说了，你们到了乡下以后，一定要好好地锻炼自己，这是非常好的机会，你们要认真的工作，听党的话，我们也是这样做的。

主持人：那就是你们见到老师的最后一面。

肖桂云导演：对，后来我们就盼着能够赶快回到北京，看看老师怎么样了，还没等回北京的时候，就传来了老师已经去世的噩耗，我们那次就是诀别。所以那个场景永远难以忘却，仿佛永远都定格在我们眼前。

张毅编导：当我回忆自己一生经历的时候，我很难忘的，就是老团长，就是田风先生。可以这么说，他的音容笑貌，一言一行，一直影响着我的艺术人生。我很幸运，因为我刚参加旅大文工团的时候，我能够得到这样一位难得的导师、领路人，我觉得非常荣幸。我想在旅大文工团，当时的同事和朋友们都有这样的感受。田风同志对大连的文艺思想以及大连的艺术人格的形成和发展，都起到了巨大的作用。

田风是一个艺术的通才，包括文学以及导演、美术、音乐、舞蹈，甚至戏曲、杂技，他都具有这种高度的驾驭能力，所以在大连文化界，大家一致认为田团长是我们在艺术道路上的领路人。我想说，他给我留下最深刻的印象是1952年，那时我们在田团长的领导下，编导了一部反映抗美援朝的舞剧，其中有一段情节很难用舞蹈来表现。这段情节大致是，志愿军将士在前方打仗，后方妇女们送饭到前线去，其中有一个妇女背着婴儿，几次上山送饭都因为风雪太大没有成功，最后这个妇女解下了婴儿，放在山洞里，继续顶风冒雪爬上山坡，为志愿军送饭。这时，敌机轰炸，死伤一片，硝烟弥漫，硝烟中出现了一个志愿军的通信兵，他突然听见了婴儿的哭声，仔细寻找，最后在山洞里找到了婴儿，他把婴儿抱起来，迅速离开了被轰炸的地区，当战士抱着婴儿离开的时候，那个妇女送饭回来了，发现婴儿不见了，就是这样一段戏，要用舞蹈来表现是非常困难的，大家都没有办法，田团长当时看见了一条裹着婴儿没有拿走的一条带子，马上把这个带子拿起来，启发演员，就拿着这个带子，来抒发自己的悲痛欲绝的感情。在此之前，大家都对这个场景的表现束手无策，因为舞剧很难表现这个场面，田团长就借着这条带子，教演员借物来表达的情感。后来演出很成功，这一段舞蹈表现非常生动。在东北三省会演的时候，受到了广大群众的热烈欢迎和专家的一致肯定。

田团长的艺术观念是很深的，因为当时他就说，只要古今中外的一切有价值的东西，我们一定要学习。因此，我们当时的舞蹈队请了芭蕾舞教练，把西方的芭蕾舞作为训练来用，同时我们还排演了当时延安的《陕北秧歌》、《红灯狮子舞》，还有一些戏曲方面的东西，所以古今中外的，凡是有价值的，他都统统拿过来，吸取精华，这对我们团，不管是从事戏剧、音乐，还是舞蹈的人都拓宽了视野。今天，我们纪念田风先生百年诞辰，继承和发扬他的艺术观念、教育思想和处事风格就是对他最好的纪念。

于华老师：我很激动，因为北京电影学院、中国电影家协会和大连市文化局为田风同志搞了好多次的纪念活动。1995年出版了《忆田风》纪念文集，并在北京、大连举行了首发式。大连的同志到现在都不忘田风。那时候我也在大连工作，1959年到1964年在旅大市妇联担任副主任。虽然田风在大连工作不太长，但给大家留下的印象很深。

主持人：不得不说，田风是个实实在在的工作狂，在自己有限的生命中，没有多少时间陪自己的家人。1947年，田风与小他17岁的于华结了婚，婚后的生活，聚少离多，在15年的婚姻生活中，两个人真正在一起的时间没有超过5年。田风同志逝世后，疾风暴雨降临在这个苦难的家庭，于华作为田风的妻子，受株连也被批斗。用于华自己的话说是："多么难啊！"

于华老师：田风应该说是公而无私的人，他从来不讲吃不讲穿，他更不出去玩什么的，在他短暂的一生中，他所做到了他应该做的，这就是一个共产党员的标准，他确实是一个真正的共产党员。他心中没有自己，也可以说基本上没有我们这个家庭，只要他在哪儿工作，他就大量的时间用在工作上。我们俩结婚15年，真正在一起生活不到5年，我们俩分居10年，在10年里面，学校有寒假、暑假，他可以回家探亲，但是，即便他回家探亲，所有白天的时间，旅大文工团、歌舞团、话剧团、杂技团，甚至是京剧团，都利用他暑假间隙，请他指导，好像是安排好似的，他几乎没有一整天在家待着，陪孩子玩玩，白天的时间基本上都在各个团里，帮人家排戏。他是一个工作狂，他就想把自己知道的东西毫无保留地教给别人，这一点我还挺感动，所以我对他的不满，变成了理解，最后变成赞许。虽然田风并没有多少时间陪我，并没有给孩子多少教育和多少爱，但是在我的心目中，他是最好的人，一直到现在，我纪念他。大家纪念他，怀念他，是希望田风精神，能够在北京电影学院发扬下去，这是最好的纪念。我谢谢大家，谢谢电影学院。

2012年9月22日

（大连电视台导演：柏成健；大连电视台主持人：郭丽娅）

编后记

田风是北京电影学院导演系的教授，在他去世后的五十年间，他的学生和战友多次为他做纪念活动，而且得到相关部门领导的高度重视和支持。2012年9月22日，在北京电影学院隆重举行“人间自有真情在：纪念新中国电影教育的开拓者田风诞辰一百周年”。学院师生、田风教导的学生和战友天南地北汇集一堂，共同缅怀这位杰出的戏剧家、画家、导演和艺术教育家。

他把大爱献给了历史，历史必然把他留下。他把情感无私献给了学生，学生必然把爱回报老师。这种因果关系似乎是一种客观定式。

历史无情又有情，当年在那场无情的政治运动中，田风老师遭遇无情迫害，时光虽已过去五十年，历史告诉我们，人们心中真情永在。重温当年田风老师对党的事业无私奉献，缅怀田风教授把全部才华和热血献给了学生们，他的人生境界和做人品格，一直为人们所敬仰，他的教学理念今天依然有其可贵价值。

因此，在二十年前出版的《忆田风》和这次“人间自有真情在—纪念新中国电影教育的开拓者田风诞辰一百周年”活动的基础上，编辑出版《人间自有真情在：新中国电影教育开拓者田风传略》是件很有意义的事。

田风教授尊重知识和人才的教学理念在那个年代遭到了不公正对待。田风的艺术人生在五十三岁定格，正当年富力强就过早地离开我们。人间自有真情在，历史拨乱反正尊重了田风，尊重了知识和人才。田风没有轰轰烈烈壮举，也没留下不朽的电影作品，他是北京电影学院导演系系主任，是很优秀的教授，他教导出了诸多艺术家和优秀导演，他所培育出无数优秀人才即是他厚重的“作品”，而这些人才创作出多少优秀作品，对国家、对社会有多大影响是难以估量的。郭宝昌导演就是其中一个，当年田风教授伯乐识马，看中他是导演的料，力排众异把这个资本家的后生招进电影学院他的门下，后来，这成为整田风说事的炮弹，对他进行无情的斗争，为了保护学生，田风别无选择。郭宝昌这个“反动学生”历经磨难，最终不出田风所料，成为著名编导，学生为老师争了气，且几十年不忘感恩，把内疚与缅怀变成对师娘的孝心，这是人间真情，是中华民族美德。在当下“拜金”、“拜名”、“利己”的社会浮躁中，人间真情何等可贵。

在材料不多的情况下编辑出版这册书，是件艰难的事。该书的出版得到田风教授夫人于华同志和她的女儿们鼎力相助，她们还向中国电影博物馆献出了田风教授仅存的遗物。感谢中国电影博物馆首先为田风老师开启了新中国电影教育开拓者的展柜。感谢中国电影家协会和中国电影基金会，特别要向北京电影学院侯光明书记、张会军院长和导演系师生表示谢意和敬意，我们的母校充溢着人间真情。感谢国家广电总局张丕民副局长，北京市鲁炜副市长，感谢大连市文化局，有这些领导和相关单位的支持，纪念田风活动更具含金量。

特别感谢中国电影出版社，感谢电影学者崔君衍同志，谢谢编辑甄晓文同志，没有他们细致的编审校正，这册传略的出版难以实现。

要感谢的还有为纪念田风老师的活动和该书的出版默默付出的战友和同学。作为纪念田风老师活动的策划和该书的主编，前宽在此一并鞠躬致谢了。

李前宽

2014年4月18日

图书在版编目(CIP)数据

人间自有真情在：新中国电影教育开拓者田风传略／李前宽主编.--北京：中国电影出版社，2014.3

ISBN 978-7-106-03839-7

I. ①人··· II. ①李··· III. ①田风（1912~1965）—传记 Ⅳ. ①K825.78

中国版本图书馆CIP数据核字（2014）第000236号

人间自有真情在：新中国电影教育开拓者田风传略

李前宽 主编

出版发行 中国电影出版社（北京北三环东路22号）邮编 100013

电话：64296664（总编室） 64216278（发行部）

64296742（读者服务部）Email：cfpygb@126.com

经　销 新华书店

印　刷 中国电影出版社印刷厂

版　次 2014年6月第1版 2014年6月北京第1次印刷

规　格 开本／787×1000毫米 1/16

印张／21.75 插页/16 字数／320千字

书　号 ISBN 978-7-106-03839-7/K · 0167

定　价 58.00 元